ALLES GEREGELT

Das KONSUMENT Vorsorgebuch
5. Auflage

Begräbnis

Digitaler Nachlass

Erbrecht

Organspende

Patientenverfügung

Erwachsenenvertretung

Testament

Verlassenschaft

Vermächtnis

Vorsorgevollmacht

Verein für Konsumenteninformation (Hrsg.)
Manfred Lappe

ALLES GEREGELT

Das KONSUMENT-Vorsorgebuch

5. Auflage

Impressum

Herausgeber
Verein für Konsumenteninformation (VKI)
Linke Wienzeile 18, 1060 Wien
ZVR-Zahl 389759993
Tel. 01 588 77-0 | Fax 01 588 77-73 | E-Mail: konsument@vki.at
www.vki.at | www.konsument.at

Geschäftsführer
Mag. (FH) Wolfgang Hermann

Autor
Dkfm. Manfred Lappe

Lektorat
Patricia Davis
Gerhard Früholz

Grafik/Produktion
Günter Hoy

Stand
Dezember 2023

Foto Umschlag
tsyhun/Shutterstock.com

Druck
Holzhausen/Gerin Druck GmbH, 2120 Wolkersdorf

Wir bedanken uns bei allen Institutionen, die der Verwendung der Formulare im Serviceteil zugestimmt haben. Die Formulare sind im Internet unter den folgenden Adressen als Download erhältlich.

Patientenverfügung
https://www.patientenanwalt.com/ihre-rechte/patientenverfuegung/

Organentnahme Widerspruch
https://goeg.at/Widerspruchsregister

Bibliografische Information der Deutschen Nationalbibliothek
Die Deutsche Nationalbibliothek verzeichnet diese Publikation in der Deutschen Nationalbibliografie; detaillierte bibliografische Daten sind im Internet über <http://dnb.dnb.de> abrufbar.

Verein für
Konsumenteninformation
ISBN 978-3-99013-122-0

€ 25,–

Ich will mein Leben selbst bestimmen! Ein Wunsch, den wohl viele von uns hegen. Entscheidungen über Geldangelegenheiten, Wahl des Wohnortes, Inanspruchnahme von Hilfe, Delegieren von Entscheidungskompetenz, … – das alles gehört dazu. Nicht nur in der Gegenwart. Auch für die Zukunft hat man Pläne und Vorstellungen.

Doch die Verwirklichung dieser Pläne kann jäh durchkreuzt werden: Unfall, Krankheit oder die Begleiterscheinungen des Alterns können jederzeit dazu führen, dass wir zeitweise oder sogar dauerhaft nicht selbst entscheiden können.

Wer aber trifft dann die für unser Leben wichtigen Entscheidungen? Und können wir bereits heute juristisch dafür vorsorgen, dass diese Entscheidungen in unserem Sinne sind und uns nahestehende Menschen eingebunden werden? Nicht zuletzt: Wie können wir (mit-)entscheiden, wer von den uns wichtigen Menschen was aus der Verlassenschaft erhält?

Der Gesetzgeber hat – quasi als Notlösung – einige allgemeine Regeln und Rahmenbedingungen vorgegeben. Sie folgen rein formalen Kriterien und stellen sicher, dass alle anfallenden Aufgaben zugeteilt sind; letztlich bieten sie aber keine Sicherheit, dass unsere ganz persönlichen Bedürfnisse in vollem Umfang berücksichtigt werden. Schon deshalb, weil diese Bedürfnisse unseren nächsten Angehörigen möglicherweise gar nicht bekannt sind.

Wenn Sie diese Sicherheit haben wollen, müssen Sie aktiv werden. Am besten jetzt! Und am besten mit diesem Buch. Keine Sorge: Alles, was Sie damit festlegen, tritt erst und nur dann in Kraft, wenn Sie tatsächlich nicht mehr selbst entscheiden können. Und alles, was Sie jetzt damit regeln, können Sie bis dahin jederzeit wieder ändern!

Das Buch und die darin enthaltenen Anleitungen werden Sie auch mit sehr persönlichen Fragen konfrontieren. Allein schon die Hinweise, an was alles zu denken ist, werden Sie in einem Prozess begleiten, der Klarheit schafft. Schritt für Schritt zeigen wir auf, wie Sie „alles regeln" können – mit Empfehlungen, was für Ihre Situation besonders wichtig sein könnte, mit Alternativen und nicht zuletzt mit Aufklärung darüber, wofür Sie einen Notar, einen Rechtsanwalt oder einen Erwachsenenschutzverein aufsuchen sollten.

Das neue Erwachsenenschutzrecht kennt jetzt vier statt der bisherigen drei Säulen, die sich in den Namen sehr ähnlich, im Inhalt jedoch stark unterschiedlich sind:

- gerichtliche Erwachsenenvertretung
- gesetzliche Erwachsenenvertretung
- gewählte Erwachsenenvertretung
- Vorsorgevollmacht.

Wir zeigen Ihnen in verständlichen Worten die Inhalte und Unterschiede auf, damit Sie Ihren Wunsch für das zukünftige Leben klar fassen können.

„Alles geregelt" ist weniger ein Buch zum Lesen als vielmehr ein Buch zum „Gebrauchen". Dafür möchten wir Ihnen noch einige Tipps mit auf den Weg geben:

- Im Serviceteil finden Sie alle Unterlagen, mit denen Sie Ihre persönliche Vorsorgemappe erstellen können. Die Formulare gibt es in zweifacher Ausfertigung zum Heraustrennen; Sie finden sie auch im Internet als Download (Adressen siehe Impressum). Wir empfehlen Ihnen, sich diese Formulare auch in der Onlineversion anzusehen. So versäumen Sie keine in der Zwischenzeit möglicherweise erfolgten Aktualisierungen.
- Das neue Erwachsenenschutzrecht ab dem 1. Juli 2018 hat auch Auswirkungen auf bestehende Regelungen wie Sachwalterschaften, Vorsorgevollmachten und Vertretungsbefugnisse nächster Angehöriger. Wir zeigen Ihnen auf, wo

Handlungsbedarf besteht und Sie bestehende Vereinbarungen an die neue Gesetzeslage anpassen können. Generell gilt: das neue Gesetz ist ab dem 1. Juli 2018 anzuwenden, bis Anfang 2024 müssen alle bestehenden Sachwalterschaften vom Gericht geprüft worden sein.

- Das Patientenverfügungsgesetz 2019 bringt eine Verlängerung der Gültigkeit bei verbindlichen Patientenverfügungen von fünf auf acht Jahre – auch bei bestehenden Verfügungen. Es sollen auch Daten in ELGA, der elektronischen Patientenakte, gespeichert werden können.
- Mit dem neuen Sterbeverfügungsgesetz wird der Suizid von Schwerstkranken erleichtert.

Ihr KONSUMENT-Team

Wer braucht was? 9

Prägnant auf den Punkt 15
Antworten auf die wichtigsten Fragen 16
Checkliste abseits juristischer Verträge 18
Von Mensch zu Mensch 21

Regelungen ohne eigenbestimmte Vorsorge 23
Das 2. Erwachsenenschutzgesetz 2018 24
Gerichtliche Erwachsenenvertretung 27
Gesetzliche Erwachsenenvertretung 29

Vorsorge für das Leben mit Hilfe anderer 33
Gewählter Erwachsenenvertreter 34
Vorsorgevollmacht 35
Erwachsenenvertreter-Verfügung 48
Bankvollmacht 48
Patientenverfügung 50
Sterbeverfügung 59

Organspende 61

Vorsorge über den Tod hinaus 65
Die Trauernden entlasten 66
Das Begräbnis 67
Von der Verlassenschaft zum Erbe 74
Obsorgerecht für Kinder und Jugendliche 97
Exkurs: Witwenpension 99
Exkurs: Waisenpension 100

Service 101
Adressen/Links 103
Glossar 107
Literatur 109
Stichwortverzeichnis 111
Formulare zum Heraustrennen 113

Wer braucht was?

– Verheiratet, eingetragene Partnerschaft und Lebensgemeinschaft
– Gemeinsam- oder Alleinerziehende mit Kindern
– Alleinstehende mit und ohne Vertrauensperson

Bevor Sie sich mit allen Aspekten der möglichen Vorsorge beschäftigen, möchten wir Ihnen einen kurzen Leitfaden anbieten: Wir haben für typische Familiensituationen zusammengestellt, welche der möglichen Vorsorgemaßnahmen wir in welcher Situation für besonders wichtig halten und welche weniger. Zwar ist dies eine gewisse stereotype Einordnung ohne Kenntnis Ihrer persönlichen Situation – sie mag Ihnen aber dennoch eine einleitende Orientierung geben.

Im Vorfeld dieser Zuordnung geben wir Ihnen einen Schnellüberblick, was sich hinter den einzelnen Begriffen verbirgt.

Vorsorgevollmacht

Mit einer Vorsorgevollmacht beauftragen Sie von Ihnen gewünschte Personen mit Aufgaben und auch Ihrer rechtlichen Vertretung für den Fall, dass Sie nicht mehr in der Lage sind, sich selbst um Ihre Angelegenheiten zu kümmern (► Seite 35).

Patientenverfügung

Mit einer Patientenverfügung sorgen Sie für den Fall vor, dass Sie selbst sich zu medizinischen Fragen nicht mehr äußern können. Damit teilen Sie Ihren Ärzten mit, welche Behandlungen Sie ablehnen. Zusätzlich können Sie sich für Behandlungen wie Schmerztherapien aussprechen, auch wenn im Falle der Behandlung nicht ausgeschlossen werden kann, dass diese Ihnen nicht nur die Schmerzen nimmt, sondern auch den Sterbeprozess beschleunigt. Je nach Ausgestaltung ist diese Patientenverfügung für die Ärzte verbindlich oder zumindest zu beachten (► Seite 50).

Gerichtliche Erwachsenenvertretung

Der Erwachsenenvertreter wird vom Gericht bestellt, Sie können aber Vorschläge machen

Sofern man erwachsen (älter als 18 Jahre) ist und aufgrund einer geistigen Behinderung oder psychischen Erkrankung (auch: Demenz) nicht mehr in der Lage ist, Geschäfte ohne Nachteil für sich selbst abzuschließen, wird vom Gericht ein gerichtlicher Erwachsenenvertreter bestellt. Dieser übernimmt alle Entscheidungen, zu denen man selbst nicht mehr fähig ist.

Die gerichtliche Erwachsenenvertretung (► Seite 27) hat die Sachwalterschaft abgelöst. Im Gegensatz zur Sachwalterschaft soll sie möglichst nur für die Teilbereiche gelten, in denen die betroffene Person nicht mehr entscheidungsfähig ist. Die gerichtliche Erwachsenenvertretung durch eine fremde Person oder einen Erwachsenenschutzverein kommt erst dann zum Tragen, wenn Vorsorgevollmacht und die anderen Möglichkeiten der Erwachsenenvertretung nicht (mehr) greifen.

Gewählte Erwachsenenvertretung

Von einer gewählten Erwachsenenvertretung (► Seite 34) spricht man, wenn eine Person nicht mehr voll handlungsfähig ist und sich einen Vertreter selbst wählt. Voraussetzung für die Vollmacht ist, dass von dem Betroffenen die Tragweite der Bevollmächtigung zumindest in Grundzügen verstanden wird. Die Vertretungsbefugnis ist zeitlich unbefristet.

Erwachsenenvertreter-Verfügung

Die Erwachsenenvertreter-Verfügung (► Seite 48) hat sprachlich die Sachwalterverfügung abgelöst. Mit dieser Erklärung vor einem Rechtsanwalt, Notar oder Erwachsenenschutzverein kann man im Vorhinein Einfluss darauf nehmen, wer vom Gericht zum gerichtlichen Erwachsenenvertreter bestellt wird. Es ist aber auch möglich, bestimmte Personen durch die Verfügung von der Vertretung auszuschließen.

Testament

Mit dem Testament legen Sie fest, welcher Person oder auch Organisation Sie abweichend von der gesetzlichen Erbfolge Ihr Vermögen vererben oder vermachen wollen (► Seite 82).

Gesetzliche Erwachsenenvertretung

Nahe Angehörige können beim Notar, Rechtsanwalt oder Erwachsenenschutzverein um die gesetzliche Erwachsenenvertretung, d.h. die Vertretung durch nahe Angehörige ansuchen – auch bei vorhandener Vorsorgevollmacht. Sie müssen dazu mit einem ärztlichen Attest die eingeschränkte Handlungsfähigkeit des Patienten nachweisen können. Als nahe Angehörige gelten: (Ehe)Partner (im gemeinsamen Haushalt lebend), Lebensgefährten (mindestens seit drei Jahren mit der betroffenen Person im gemeinsamen Haushalt lebend), volljährige Kinder (inkl. deren volljährige Nachkommen) und Eltern sowie mit dem neuen Erwachsenenschutzrecht zusätzlich die Geschwister, Neffen und Nichten und die in einer Erwachsenenvertreter-Verfügung benannte Personen.

Ihr Wunsch entscheidet: Wer soll sich nicht um Sie kümmern dürfen

Widerspruch gesetzliche Erwachsenenvertretung. Wichtig: Die betroffene Person kann der Vertretung durch einzelne oder alle Angehörigen widersprechen – dies ist auch im Vorhinein möglich (► Seite 29).

Nach dieser Einführung in die Begrifflichkeiten gehen wir darauf ein, welche Vorsorgeschritte in typischen Lebenssituationen sinnvoll sein könnten.

Lebensgefährten, keine Kinder

Vorsorgevollmacht. Sehr empfehlenswert, da Sie einander nicht automatisch gegenseitig vertreten.

Patientenverfügung. Sinnvoll, wenn Sie bestimmte Behandlungen und Verlängerungen des Sterbevorgangs ablehnen.

Erwachsenenvertreter-Verfügung. Sinnvoll, wenn Sie durch eine bestimmte Person vertreten sein wollen und keine Vorsorgevollmacht haben bzw. die Vorsorgevollmacht nicht weitgehend genug ist.

Testament. Sehr empfehlenswert, da Lebensgefährten ansonsten nur dann erben, wenn keine Blutsverwandten existieren.

Widerspruch Organspende. Sinnvoll, wenn Sie eine Organspende oder deren Begleitumstände (beispielsweise künstliche Beatmung bei Gehirntod) ablehnen.
Widerspruch gesetzliche Erwachsenenvertretung. Sinnvoll, wenn Sie die Vertretung durch einzelne oder alle Familienangehörigen ablehnen.

Verheiratet, eingetragene Partnerschaft, keine Kinder

Vorsorgevollmacht. Sehr empfehlenswert, da Sie einander nicht automatisch gegenseitig vertreten.
Patientenverfügung. Sinnvoll, wenn Sie bestimmte Behandlungen und Verlängerungen des Sterbevorgangs ablehnen.
Erwachsenenvertreter-Verfügung. Sinnvoll, wenn Sie durch eine bestimmte Person vertreten sein wollen und keine Vorsorgevollmacht haben bzw. die Vorsorgevollmacht nicht weitgehend genug ist.
Testament. Wenn Sie auch andere Personen als den Ehe- oder eingetragenen Partner bedenken möchten.
Widerspruch Organspende. Sinnvoll, wenn Sie eine Organspende oder deren Begleitumstände (beispielsweise künstliche Beatmung bei Gehirntod) ablehnen.
Widerspruch gesetzliche Erwachsenenvertretung. Sinnvoll, wenn Sie die Vertretung durch einzelne oder alle Familienangehörigen ablehnen.

Sie können gesetzliche Erwachsenenvertreter auch ablehnen

Verheiratet, eingetragene Partnerschaft, Lebensgefährten, gemeinsame Kinder

Vorsorgevollmacht. Sehr empfehlenswert, da Sie einander nicht automatisch gegenseitig vertreten.
Patientenverfügung. Sinnvoll, wenn Sie bestimmte Behandlungen und Verlängerungen des Sterbevorgangs ablehnen.
Erwachsenenvertreter-Verfügung. Sinnvoll, wenn Sie durch eine bestimmte Person vertreten sein wollen und keine Vorsorgevollmacht haben bzw. die Vorsorgevollmacht nicht weitgehend genug ist.
Testament. Bei Lebensgefährten immer sinnvoll, da der Partner ansonsten nur dann erbt wenn es keine Blutsverwandten gibt. Bei verheirateten Paaren/eingetragenen Partnerschaften dann sinnvoll, wenn man Regelungen abseits der gesetzlichen Erbquote treffen möchte, beispielsweise den hinterbliebenen Partner besser absichern möchte.
Widerspruch Organspende. Sinnvoll, wenn Sie eine Organspende oder deren Begleitumstände (beispielsweise künstliche Beatmung bei Gehirntod) ablehnen.
Widerspruch gesetzliche Erwachsenenvertretung. Sinnvoll, wenn Sie die Vertretung durch einzelne oder alle Familienangehörigen ablehnen.

Patchwork-Familien

Vorsorgevollmacht. Sehr empfehlenswert, da Sie einander nicht automatisch gegenseitig vertreten.

Patientenverfügung. Sinnvoll, wenn Sie bestimmte Behandlungen und Verlängerungen des Sterbevorgangs ablehnen.
Erwachsenenvertreter-Verfügung. Sinnvoll, wenn Sie durch eine bestimmte Person vertreten sein wollen und keine Vorsorgevollmacht haben bzw. die Vorsorgevollmacht nicht weitgehend genug ist.
Testament. Sinnvoll, wenn Sie die Gleichbehandlung der Kinder untereinander erreichen wollen. Immer sinnvoll zur Bevorzugung des Partners vor den Kindern.
Widerspruch Organspende. Sinnvoll, wenn Sie eine Organspende oder deren Begleitumstände (beispielsweise künstliche Beatmung bei Gehirntod) ablehnen.
Widerspruch gesetzliche Erwachsenenvertretung. Sinnvoll, wenn Sie die Vertretung durch einzelne oder alle Familienangehörigen ablehnen.

Mit einem Testament die Gleichbehandlung aller Kinder erreichen

Alleinstehende mit Vertrauensperson

Vorsorgevollmacht. Immer empfehlenswert, da sonst immer ein fremder Erwachsenenvertreter eingesetzt wird.
Patientenverfügung. Sinnvoll, wenn Sie bestimmte Behandlungen und Verlängerungen des Sterbevorgangs ablehnen.
Erwachsenenvertreter-Verfügung. Sinnvoll, wenn Sie durch eine bestimmte Person vertreten sein wollen und keine Vorsorgevollmacht haben bzw. die Vorsorgevollmacht nicht weitgehend genug ist.
Testament. Sinnvoll, wenn nicht alles an die Blutsverwandten oder an den Staat gehen soll.
Widerspruch Organspende. Sinnvoll, wenn Sie eine Organspende oder deren Begleitumstände (beispielsweise künstliche Beatmung bei Gehirntod) ablehnen.
Widerspruch gesetzliche Erwachsenenvertretung. Sinnvoll, wenn Sie die Vertretung durch einzelne oder alle Familienangehörigen ablehnen.

Alleinstehend ohne Vertrauensperson

Vorsorgevollmacht. Nein, da dafür eine Vertrauensperson erforderlich ist.
Patientenverfügung. Sinnvoll, wenn Sie bestimmte Behandlungen und Verlängerungen des Sterbevorgangs ablehnen.
Erwachsenenvertreter-Verfügung. Nicht sinnvoll, da dafür eine Vertrauensperson erforderlich ist.
Testament. Sinnvoll, wenn nicht alles an die Blutsverwandten oder an den Staat gehen soll.
Widerspruch Organspende. Sinnvoll, wenn Sie eine Organspende oder deren Begleitumstände (beispielsweise künstliche Beatmung bei Gehirntod) ablehnen.
Widerspruch gesetzliche Erwachsenenvertretung. Sinnvoll, wenn Sie die Vertretung durch einzelne oder alle Familienangehörige ablehnen.

Alleinerziehende

Vorsorgevollmacht. In Abhängigkeit vom Vorhandensein einer Vertrauensperson: siehe bei „Alleinstehend mit Vertrauensperson" bzw. „Alleinstehend ohne Vertrauensperson".

Patientenverfügung. Sinnvoll, wenn Sie bestimmte Behandlungen und Verlängerungen des Sterbevorgangs ablehnen.

Erwachsenenvertreter-Verfügung. In Abhängigkeit vom Vorhandensein einer Vertrauensperson, siehe bei „Alleinstehend mit Vertrauensperson" bzw. „Alleinstehend ohne Vertrauensperson".

Testament. Sinnvoll, wenn Sie möchten, dass neben den Kindern auch andere Personen etwas erhalten.

Widerspruch Organspende. Sinnvoll, wenn Sie eine Organspende oder deren Begleitumstände (beispielsweise künstliche Beatmung bei Gehirntod) ablehnen.

Widerspruch gesetzliche Erwachsenenvertretung. Sinnvoll, wenn Sie die Vertretung durch einzelne oder alle Familienangehörige ablehnen.

Sorgerecht für Kinder und Jugendliche ab ► Seite 96

Prägnant auf den Punkt

– Antworten auf die wichtigsten Fragen
– Checklisten abseits juristischer Verträge
– Von Mensch zu Mensch

Antworten auf die wichtigsten Fragen

Wir haben Ihnen vorab die häufigsten Fragen zu diesen Themenbereichen zusammengestellt. Möglicherweise gibt Ihnen bereits dies eine bessere Orientierung. Vertiefende Informationen dazu finden sie in den entsprechenden Kapiteln.

Muss ich mich mit Patientenverfügung, Vorsorgevollmacht etc. wirklich beschäftigen?

Was wollen Sie für sich?

Für den Fall, dass Sie sich aufgrund von Unfall oder Krankheit (auch bei Demenz) nicht mehr um Ihre Angelegenheiten kümmern können, hilft Ihnen der Staat. Allerdings ist dadurch natürlich nicht gewährleistet, dass die vom Staat beauftragten Personen Ihre persönlichen Vorstellungen und Wünsche kennen und damit auch umsetzen können. Wir beginnen unser Buch daher mit der Beschreibung der gesetzlichen Regelungen zur persönlichen Vorsorge ab ► Seite 23 und bezüglich Erbschaft ab ► Seite 74. Wenn Sie sich hier hundertprozentig wiederfinden, müssen Sie nichts weiter unternehmen. Ansonsten zeigen wir Ihnen auf, wie und wo Sie bereits heute Ihre Wünsche und Vorstellungen deponieren können, so dass diese später Berücksichtigung finden.

Welche Gründe sprechen für eine Vorsorgevollmacht?

Sofern Sie selbst aufgrund von Unfall oder Krankheit nicht mehr in der Lage sind, Entscheidungen für sich zu treffen und sich um Ihre Angelegenheiten zu kümmern, muss das Gericht dafür jemanden beauftragen. Diese Person ist zumeist fremd für Sie und kennt Ihre persönlichen Wünsche und Vorstellungen nicht.

Eine Vorsorgevollmacht ist eine rechtlich abgesicherte Möglichkeit, bereits im Vorhinein dafür zu sorgen, dass auch im Falle einer späteren Entscheidungsunfähigkeit Ihr (heutiger) Wille und Ihre Vorstellungen umgesetzt bzw. berücksichtigt werden (► Seite 35).

Was ist eine Bankvollmacht?

Mit einer Bankvollmacht erhalten eine oder mehrere Personen Zugriff auf Ihr Konto bzw. Ihr Depot. Es handelt sich jedoch nicht um eine Eigentumsübertragung, vielmehr kann die bevollmächtigte Person nur im Rahmen Ihrer Kundenbeziehung handeln. Dies bedeutet, es können keine neuen Kredite in Ihrem Namen aufgenommen werden und allfällige Wertpapierkäufe müssen Ihrem Risikoprofil entsprechen. Dennoch handelt es sich natürlich um einen erheblichen Vertrauensbeweis an die bevollmächtigte Person (► Seite 48).

Muss der Vorsorge-Bevollmächtigte besondere Voraussetzungen erfüllen?

Zuerst einmal muss die bevollmächtigte Person Ihr Vertrauen genießen. Und um den formalen Aspekt nicht zu vergessen: Sie muss mindestens 18 Jahre alt und voll geschäftsfähig sein.

Daneben wäre es natürlich hilfreich, wenn die für die Finanzen bevollmächtigte Person dazu auch ein gewisses Grundverständnis und Wissen hat. Spiel- und Verschwendungssucht wären hier auch in Bezug auf Ihr Vertrauen sicherlich hinderlich. Bezüglich der medizinischen Fragen ist ein grundsätzliches medizinisches Grundverständnis förderlich, jedoch nicht Bedingung. Wesentlich wichtiger ist hier, dass die bevollmächtigte Person Ihre Wünsche und Vorstellungen kennt und immer wieder dafür sorgt, dass diese auch umgesetzt werden.

Was mache ich, wenn ich keine Vertrauensperson habe?

Vereine für Erwachsenenschutzrecht und Patientenvertretung

In Österreich gibt es mehrere anerkannte Vereine für Erwachsenenschutzrecht, Patientenvertretung und Bewohnervertretung. Hier können Sie kompetente Unterstützung durch die einzelnen Mitarbeiter erhalten. Die über den Mitarbeitern stehende Organisation, welche die Qualität der Arbeit kontrolliert, bietet zusätzliche Sicherheit (Adressen ► Seite 103).

Wie ist meine Meinung zu einer Organspende?

Wenn Sie selbst, ein naher Angehöriger oder Freund auf eine Organspende warten, ist Ihre Meinung für eine eigene Organspende wahrscheinlich klar. Nur wenn man selbst (und viele andere) zu einer Spende bereit ist, kann den Wartenden geholfen werden. Auch bezüglich der hohen Sicherheitsanforderungen mit zwei unabhängigen ärztlichen Urteilen spricht nichts dagegen. Wenn Sie also für eine eigene Organspende sind, müssen Sie in Österreich nichts tun, da die österreichische Gesetzgebung immer von einer Zustimmung ausgeht.

Allerdings ist zu bedenken, dass für die Organspende der Hirntod ärztlich festgestellt werden muss. Dies bedingt aber eine zwischenzeitliche künstliche Beatmung, welche viele Menschen in ihrer Patientenverfügung ablehnen. Hier ist Handlungsbedarf gegeben, Hilfen finden Sie auf ► Seite 61.

Muss ich mir Gedanken darüber machen, wer mein Hab und Gut erbt?

Prinzipiell hat der Gesetzgeber festgelegt, wer in welcher Reihenfolge und mit welchem Anteil Ihre Hinterlassenschaft erbt. In jedem Fall ist es erforderlich, wenn Sie mit Ihrem Partner nicht verheiratet sind bzw. in einer eingetragenen Partnerschaft leben. Denn reine Lebensgemeinschaften werden kraft Gesetz nur dann bedacht, wenn es keine Blutsverwandten gibt. Wie die gesetzlichen Regelungen aussehen, erfahren Sie auf ► Seite 74. Eine Einführung in die wichtigsten Regelungen zum Testament finden Sie auf ► Seite 83. Oder doch lieber verschenken? Was Sie hier wissen sollten und wie Sie sich absichern lesen Sie auf ► Seite 96.

Was unterscheidet den Nachlass von der Verlassenschaft?

Mit der Erbschaftsreform von 2015 wurden viele Begriffe des alten Gesetzestextes an den heutigen Sprachgebrauch angepasst. Der Begriff Verlassenschaft ersetzt den Begriff Nachlass. Inhaltlich unterscheiden sich die Begriffe nicht.

Was unterscheidet die Verlassenschaft vom Erbe?

Juristisch gesehen spricht man vor dem offiziellen Übergang der Hinterlassenschaft auf die Erben von der Verlassenschaft oder vom Nachlass. Nach der Einantwortung, wenn das Eigentum über die Verlassenschaft auf die Erben übergegangen ist, spricht man von der Erbschaft.

Was versteht man unter digitaler Verlassenschaft?

Unter einer digitalen Verlassenschaft versteht man üblicherweise alle elektronisch gespeicherten Daten einer verstorbenen Person, also Informationen auf Datenträgern wie etwa Festplatte oder Datenstick. Sie werden im Normalfall wie die Daten in Aktenordnern behandelt. Wie soll mit persönlichen Ordnern, Tagebüchern im Computer und Ähnlichem umgegangen werden? Was ist mit den Mitgliedschaften bei facebook, XING, Google ...? Sollen diese Daten nach meinem Tod gelöscht werden oder soll eventuell eine Gedächtnisseite eingerichtet werden? Lesen Sie mehr hierzu auf ► Seite 94.

Brauche ich für meine letztwillige Verfügung einen Notar?

Trotz Kostenersparnis nicht auf die Formvorschriften vergessen

Sie können ein eigenhändiges oder ein fremdhändiges Testament auch ohne Rechtsanwalt oder Notar aufsetzen. Es sind allerdings einige Formalitäten zu beachten, damit das Testament gültig ist. Auch gibt es beim Inhalt von Testamenten große Unterschiede. Einige der Regelungen lassen sich selbst gut formulieren, insbesondere bei wenigen Erben und einer klaren Aufteilung des Vermögens. Spätestens beim Erben unter Bedingungen, der Einsetzung von Ersatzerben und bei Enterbungen sollten Sie auf juristische Beratung nicht verzichten. Lesen Sie mehr auf ► Seite 82.

Checkliste abseits juristischer Verträge

Es gibt Phasen im Leben, die Anlass zum Nachdenken geben. Zum Nachdenken darüber, wie es mit dem eigenen Leben weitergeht, wie die nächsten Angehörigen und Liebsten versorgt werden können, wie man sich sein eigenes zukünftiges Leben weiter vorstellt und auf wessen Unterstützung man sich hier verlassen kann und möchte. Diese Situationen können beispielsweise mit einer neuen Lebenspartnerschaft zusammenhängen, der Geburt von Kindern, einer großen Investition, dem zunehmenden Altern der Eltern oder auch dem eigenen Altern. All dies sind Situationen und neue Lebensabschnitte, die möglicherweise Entscheidungen bedingen. Keine ad hoc Entscheidungen unter Eile, sondern wohlüberlegte Schritte, um die sich verändernde Umgebung bestmöglich zu berücksichtigen. Wir wollen Ihnen dafür einige Denkanstöße geben, worüber es sich nachzudenken lohnt. Nicht nur alleine, sondern auch gemeinsam mit Ihren Vertrauten!

Was verändert sich?

Will man nicht permanent alles in Frage stellen, beginnt man am besten bei der aktuellen oder absehbaren Veränderung und stellt sich die folgenden Fragen:

- **Wer ist von der Veränderung betroffen?** Bei einer neuen Lebenspartnerschaft beispielsweise zumeist zwei Personen, möglicherweise auch zusätzlich noch Kinder. Beim eigenen Altern zuerst einmal man selbst, aber auch der Lebenspartner oder die Kinder.
- **Wie wirkt sich die Veränderung aus?** Betrifft sie Ihre eigene Gesundheit, die der Eltern, die finanzielle Absicherung Ihres Partners, Ihrer Kinder …?
- **Was ist Ihr Wunsch für die Zukunft?** Wie möchten Sie diese sich ändernde Zukunft gestalten? Wo wollen Sie wohnen, wie leben …?

Wer kümmert sich darum?

Wer wird es an Ihrer statt übernehmen, sich um die Dinge zu kümmern und Ihre Vorstellungen umzusetzen, wenn Sie dazu nicht in der Lage sind? Was können Sie jetzt schon im Vorfeld erledigen, was müssen Sie delegieren?

Wem vertrauen Sie heute in persönlichen, finanziellen oder auch in gesundheitlichen Fragen? Haben Sie keine, eine oder auch mehrere Vertrauenspersonen? Können Sie mit diesen offen über Ihre Gedanken, Befürchtungen und Wünsche sprechen? Sind sie bereit und in der Lage, Ihnen zu helfen Vorstellungen auch dann umzusetzen, wenn sie für ihr eigenes Leben andere Vorstellungen haben?

Wem vertraue ich mein Geld und meine Gesundheit an?

- Vertrauen in persönlichen Fragen
  - Wer soll im Notfall unverzüglich benachrichtigt werden?
  - Wer kümmert sich persönlich und in sozialen Belangen um Sie?
  - Wo wollen Sie wohnen und leben? Und wer sorgt hierfür?
  - …
- Vertrauen in finanziellen Fragen
  - Wer kümmert sich um Ihre Bankgeschäfte, wenn Sie dazu nicht mehr in der Lage sind?
  - Wer verwaltet Ihr Vermögen? Welches Risiko darf hierbei eingegangen werden?
  - Wer kümmert sich um Verträge, Rechnungen …?
  - Wer entscheidet für Sie in geschäftlichen Angelegenheiten?
  - …
- Vertrauen in gesundheitlichen Fragen
  - Wer soll von Ärzten Auskunft über Ihre Gesundheit erhalten?
  - Wer vertritt Sie bei Entscheidungen über medizinische Behandlungen?
  - Wer achtet darauf, dass Ihren Wünschen nachgekommen wird?

Wen möchten Sie absichern (beispielsweise Lebenspartner oder Kind) und wie können Sie dies erreichen?

- Laufende Unterstützung oder einmalige Zuwendung?
- Können Sie das jetzt noch selber in die Wege leiten oder müssen Sie das für die Zukunft regeln?
- Möchten Sie Ihnen besonders wichtigen Menschen eine Erinnerung an sich geben, ihnen etwas vermachen?

Wo besteht Handlungsbedarf?

In weiten Teilen unseres Lebens gibt es gesetzliche Regelungen, die dann greifen, wenn von der betroffenen Person nichts anderes bestimmt wird. Kennen Sie diese gesetzlichen Regelungen zu:

- gesetzlicher und gerichtlicher Erwachsenenvertretung
- Vertretungsvollmachten im Leben, bei Geschäften, Banken ...
- Auskunfts- und Weisungsrecht bei Ärzten
- Absicherung von Lebenspartner und Kindern
- Verlassenschaft
- Begräbnis?

Ärztliche Schweigepflicht

Generell gilt für jeden Arzt die Schweigepflicht über den Gesundheitszustand des Patienten gegenüber dritten Personen. Diese Schweigepflicht wird nur von wenigen Ausnahmen durchbrochen:

Auch nahen Angehörigen darf der Arzt nichts sagen

- wenn nach gesetzlichen Vorschriften eine Meldung des Arztes über den Gesundheitszustand bestimmter Personen vorgeschrieben ist (beispielsweise bei bestimmten ansteckenden Krankheiten),
- wenn Mitteilungen oder Befunde des Arztes an die Sozialversicherungsträger oder sonstigen Kostenträger erforderlich sind,
- wenn die durch die Offenbarung des Geheimnisses bedrohte Person den Arzt von der Geheimhaltung entbunden hat,
- wenn die Offenbarung des Geheimnisses nach Art und Inhalt zum Schutz höherwertiger Interessen der öffentlichen Gesundheitspflege oder der Rechtspflege unbedingt erforderlich ist.
- wenn der Verdacht auf eine gerichtlich strafbare Handlung besteht
- wenn der Verdacht auf Misshandlung Minderjähriger besteht
- wenn der Verdacht auf vorsätzlich begangene schwere Körperverletzung besteht.

Die Information von Angehörigen eines Patienten, der nicht mehr ansprechbar ist, wird im Ärztegesetz nicht als Entbindungsmöglichkeit von der ärztlichen Schweigepflicht genannt. Es empfiehlt sich daher immer, den Arzt auch für alle nahen Angehörigen von der Schweigepflicht zu entbinden. Sie haben in der Praxis die Erfahrung gemacht, dass Sie im Krankenhaus/Pflegeheim/... über den Gesundheitszustand nicht ansprechbarer Angehöriger trotz Schweigepflicht Auskunft erhalten haben? Dies liegt möglicherweise an einer gesetzlichen Grauzone: Sie als Angehöriger sind gegenüber dem Patienten beistandspflichtig. Dieser Beistandspflicht können Sie jedoch nur dann nachkommen wenn Sie über den Zustand des Patienten informiert sind. Hier hat also der Arzt eine gewisse Abwägensfreiheit, ob er die Schweigepflicht des Arztes oder die Beistandspflicht der Angehörigen im Einzelfall als höher ansieht. Unser Ratschlag: Entbinden Sie den Arzt immer auch von der Schweigepflicht gegenüber nahen Angehörigen (die aus Ihrer Sicht Auskunft erhalten sollen), dann ist die Frage eindeutig geregelt und Sie müssen nicht im Zweifelsfall auf Unterstützung verzichten.

Nur wenn Sie diese Regelungen kennen, können Sie auch beurteilen, ob für Sie Handlungsbedarf besteht. Denn möglicherweise ist ja bereits durch den Gesetzgeber das meiste oder alles in Ihrem Sinn geregelt? Der Gesetzgeber misst Ihren Wünschen und deren Umsetzung eine besondere Bedeutung zu und bevorzugt Lösungen aus dem persönlichen Umfeld der betroffenen Person. Und unterstellt damit, dass die nahen Angehörigen diese Wünsche und Vorstellungen kennen.

Spätestens damit sollte dann auch klar sein, dass Sie mit Ihrer Vertrauensperson auch sprechen sollten: über Ihre Situation, Ihre Befürchtungen, Ihre Wünsche und die angedachte Unterstützung durch ebendiese Vertrauensperson.

Von Mensch zu Mensch

Pflegebedürftigkeit und schwindende Entscheidungsfähigkeit sind für jeden Menschen sehr unangenehme Themen. Die juristischen Lösungen wie gesetzliche und gerichtliche Erwachsenenvertretung, Patientenverfügung und Vorsorgevollmacht damit auch. Bei der Beschäftigung mit derart unangenehmen Themen sind Menschen sehr unterschiedlich: Einige vertiefen sich in Ratgeber und Gesetzestexte, suchen still für sich eine Lösung und wägen für sich Vor- und Nachteile jeder Lösung ab. Andere stehen eher etwas hilflos vor dem immer größer erscheinenden Berg an zu treffenden Entscheidungen und ihren möglichen Auswirkungen. Wieder andere sprechen mit anderen Menschen darüber, hören sich andere Meinungen an, wägen gemeinsam ab und entscheiden dann gemeinsam mit anderen oder auch alleine.

Heinrich Kleist hat in seinem berühmten Aufsatz „Die forschende Rede" die Gedanken ordnende Wirkung der Worte beschrieben: „Wie mit dem Essen der Appetit kommt, kommt mit dem Reden das Denken." Auch in der Wirtschaft gibt es ein sogenanntes „brainstorming" bei dem die Teilnehmer sanktionsfrei jeden Gedanken äußern können und durch diesen Sturm der gesprochenen Gedanken neue Ideen und Lösungen entstehen. Lange Rede, kurzer Sinn: Das Sprechen mit Angehörigen, Freunden oder auch (noch) Fremden kann helfen, für sich selbst mehr Klarheit, ein besseres Verständnis und eine persönliche Lösung zu finden.

Wie mit dem Essen der Appetit kommt, kommt mit dem Reden das Denken

Einige der sinnvollen Gespräche dienen dabei zuerst einmal nur Ihnen selbst. So berührt die Patientenverfügung mit der Ablehnung von beispielsweise lebensverlängernden Maßnahmen möglicherweise Ihre persönlichen Einstellungen zu moralischen oder religiösen Fragen: Ist der bewusste Verzicht auf lebensverlängernde Maßnahmen für Sie persönlich ein „Akt der Selbsttötung" oder ein „Weg der Leidensverkürzung im unabwendbaren Sterbeprozess"? Mögliche Gesprächspartner können hier im Familien- oder Freundeskreis, aber auch bei Vertretern Ihrer Religionsgemeinschaft oder der palliativen Versorgung (Sterbebegleitung) sein. Sofern Sie sich mit der Patientenverfügung aufgrund einer akuten Krankheit beschäftigen, gibt es zusätzlich die möglichen Treffen mit anderen Betroffenen.

„Wem vertraue ich? Wem vertraue ich mein Geld an bzw. wem vertraue ich die Umsetzung meines Willens (beispielsweise auch im Rahmen der Patientenverfügung) an?" Dies sind Lebens- und auch Sinnfragen, mit denen sich wohl jeder zwischendurch beschäftigt. Zu einigen Personen besteht quasi grenzenloses Vertrauen und diese kommen auch für intime Gespräche über die später möglichen Situationen der Hilflosigkeit und Hilfsbedürftigkeit in Frage. Insbesondere bei wechselseitigen Gesprächen zur Klärung wie die Zukunft aussehen könnte, sowohl für Sie als auch die Vertrauensperson, kann dieses Vertrauen und die innere Nähe noch vertieft werden. Mögliche Gesprächspartner werden zumeist im engeren Familien- und Freundeskreis zu suchen sein.

Weitere sinnvolle und vor allem notwendige Gespräche dienen der Klärung, ob und in welcher Form die von Ihnen in Vorsorgevollmacht oder Patientenverfügung angesprochenen

Personen auch dazu stehen. Im Gegensatz zu einem Testament handelt es sich nicht um eine einseitige Festlegung und Festschreibung Ihres Willens. Vielmehr sollen sich andere Personen um Sie im Sinne der finanziellen, sozialen und auch medizinischen Versorgung kümmern. Aber wollen diese das auch, trauen sie es sich zu und haben sie dafür ausreichend Zeit? Da diese Personen ja auch namentlich in den Verfügungen und Vollmachten genannt sind und ihre Aufgabe auch durch Unterschrift annehmen, gilt es bereits im Vorfeld mit diesen über Ihre Vorstellungen, Werte und Bedürfnisse zu sprechen.

Gemeinsames Denken und Reden ist halbe Qual

Erfahrungsgemäß fallen diese Gespräche leichter, wenn man gemeinsam nicht nur über die Vorstellungen einer Person, sondern besser aller Beteiligten spricht. Also gemeinsam beispielsweise das Thema Vorsorgevollmacht oder Patientenverfügung angehen und für alle Beteiligten das Formular gemeinsam ausfüllen. Dabei wird dann auch schnell deutlicher, wo es einen hohen Deckungsgrad in den Anschauungen und Werten gibt – und wo möglicherweise auch nicht. Durch die gemeinsame Besprechung des Formulars gibt es dann auch quasi einen Leitfaden, der Ihnen hilft, alle wesentlichen Bereiche anzusprechen und zu klären.

Das Testament ist zwar eine einseitige Willensäußerung von Ihnen. Dennoch sind auch und gerade andere Personen betroffen. Speziell wenn es darum geht, diesen Personen nicht nur einen Vermögensvorteil in Geld zukommen zu lassen, sondern, beispielsweise in Form eines Vermächtnisses, konkrete Gegenstände. Gegenstände, die beispielsweise dauerhaft im Familienbesitz bleiben sollen, die an Sie erinnern sollen und die wertgeschätzt werden sollen. Auch hier empfiehlt sich das Gespräch, um sicherzustellen, dass der von Ihnen gewünschte weitere Umgang mit diesen konkreten Gegenständen auch wertschätzend aufgenommen wird.

Regelungen ohne eigenbestimmte Vorsorge

- Gerichtliche Erwachsenenvertretung
- Gesetzliche Erwachsenenvertretung
- Widerspruch gegen die gesetzliche Erwachsenenvertretung

Haben Sie keine Vorsorgevollmacht, Patientenverfügung, besondere Willenserklärungen deponiert, so greifen jene Maßnahmen, mit denen der Gesetzgeber Sie dabei unterstützt, dass Ihre Rechte gewahrt werden und Ihre Grundbedürfnisse erfüllt werden. Im wesentlichen gibt es dazu zwei Instrumente:

- die gesetzliche Erwachsenenvertretung (bisher: Vertretungsbefugnis naher Angehöriger)
- die gerichtliche Erwachsenenvertretung (bisher: Sachwalterschaft)

Sehr gerne verdrängt man die möglicherweise anstehenden Entscheidungen und Mühen, sich mit Themen wie Vorsorgevollmacht oder Patientenverfügung zu befassen. Dies ist ganz natürlich: „Es wird schon gut gehen, es wird sich schon jemand kümmern, das betrifft mich schon nicht so stark, in jedem Fall habe ich noch viel Zeit."

Dazu kommt, dass man für manche Maßnahmen einen Arzt, einen Rechtsanwalt, einen Notar braucht. Das kostet nicht nur Zeit und Mühe, sondern auch Geld.

Bevor Sie aber jetzt das Buch zur Seite legen: Wie sehen denn eigentlich die vom Gesetzgeber vorgesehenen Lösungen aus? Sind Sie mit dieser zufrieden und einverstanden – dann sollten Sie wirklich Kosten und Mühen vermeiden. Für Sie ist ja schon in Ihrem Sinne vorgesorgt.

Sind Sie aber nicht mit den gesetzlichen Lösungen einverstanden oder nicht zufrieden – dann sollten Sie weiterlesen und sich von uns durch diese schwierigen Themen leiten lassen. Nehmen Sie sich immer wieder auch den Partner, die Eltern oder Kinder mit dazu und überlegen gemeinsam, wie für Sie und die anderen die optimale Lösung aussehen könnte.

Das 2. Erwachsenenschutzgesetz 2018

Was sind die Leitgedanken des neuen Gesetzes?

Das neue Erwachsenenschutzgesetz von 2018 stellt noch mehr als das frühere Sachwalterrecht die betroffene Person in den Mittelpunkt des Interesses. Und die dort genannten Punkte betreffen zumeist nicht nur die gerichtliche Erwachsenenvertretung als Fortführung des Sachwalters, sondern auch die gesetzliche und gewählte Erwachsenenvertretung sowie zum Teil die Vorsorgevollmacht.

Anlass genug für uns, Sie in die grundlegenden Gedanken des Erwachsenenschutzgesetzes einzuführen um Ihnen ein besseres Verständnis für die Rechte der betroffenen Personen zu geben.

Vertretene Person im Rechtsverkehr

Selbstbestimmung der vertretenen Person

Eine Erwachsenenvertretung oder Vorsorgevollmacht macht aus der vertretenen Person keinen unmündigen Bürger. Ziel ist es vielmehr, dass die Person möglichst selbständig, notfalls mit entsprechender Unterstützung, ihre Angelegenheiten selbst besorgen kann.

Unterstützung kann insbesondere durch die Familie, Freunde und Bekannte, Selbsthilfegruppen, Soziale Dienste, etc. geleistet werden.

Die vertretene Person nimmt selbständig am Rechts- und Geschäftsverkehr teil. Sie wird nur dann durch einen Erwachsenenvertreter oder Vorsorgebevollmächtigten vertreten, wenn sie selbst dies wünscht oder eine Vertretung zur Wahrung der Rechte und Interessen unvermeidlich ist. Die Bevollmächtigten oder Vertreter werden also erst nachrangig tätig!

Der Vorsorgebevollmächtigte oder Erwachsenenvertreter hat die vertretene Person dabei zu unterstützen, möglichst selbständig zu leben. Von beabsichtigten Entscheidungen des Bevollmächtigten/Vertreters mit Auswirkungen auf die betroffene Person ist diese vorab zu informieren. Die Äußerungen der betroffenen Person sind zu berücksichtigen soweit das Wohl des Betroffenen nicht erheblich gefährdet ist.

Handlungsfähigkeit der vertretenen Person

Kann ein Vertretener auch Verträge abschließen?

Die Handlungsfähigkeit der vertretenen Person ist nicht eingeschränkt. Das Gericht kann die Wirksamkeit bestimmter Handlungen und Verfahrenshandlungen bei Behörden und Gerichten mit einem Genehmigungsvorbehalt des Gerichts versehen. Bei Geschäften des täglichen Lebens, welche die Lebensverhältnisse der vertretenen Person nicht übersteigen, wird das Geschäft mit der Gegenleistung der vertretenen Person rechtswirksam. Der Einkauf von Lebensmitteln wird also z.B. mit dem Bezahlen der Rechnung rechtswirksam. Dies gilt immer dann, wenn es in diesem Bereich keinen gerichtlichen Genehmigungsvorbehalt gibt.

Verschwiegenheitspflicht des Vertreters

Ein Vorsorgebevollmächtigter oder Erwachsenenvertreter ist zur Verschwiegenheit über alle ihm in seiner Funktion anvertrauten oder bekannt gewordenen Tatsachen verpflichtet. Auf entsprechende Anfrage hin hat er jedoch dem Ehegatten, dem eingetragenen Partner oder Lebensgefährten sowie den Eltern und Kindern über den geistigen und körperlichen Zustand der vertretenen Person, über dessen Wohnort sowie über den Wirkungsumfang der Vertretung zu berichten. Dies gilt jedoch nicht, sofern die vertretene Person dies nicht möchte.

Personensorge

Das Recht der vertretenen Person auf persönliche Kontakte zu anderen Personen dürfen vom Vorsorgebevollmächtigten bzw. Erwachsenenvertreter nur dann eingeschränkt werden, wenn sonst ihr Wohl erheblich gefährdet wäre.

Ein Vorsorgebevollmächtigter bzw. Erwachsenenvertreter darf in Fragen der Persönlichkeit und der familiären Verhältnisse nur dann tätig werden, wenn

- er hierzu bevollmächtigt ist,
- die vertretene Person nicht entscheidungsfähig ist,
- gesetzlich eine Stellvertretung zulässig ist (z.B. ist dies nicht der Fall bei Heirat) und
- eine Vertretungshandlung dem Wohl der vertretenen Person dient.

Die Vertretung kann durch die vertretene Person abgelehnt werden und diese Ablehnung ist auch zu berücksichtigen, sofern nicht das Wohl der vertretenen Person ansonsten erheblich gefährdet wäre.

In wichtigen Angelegenheiten der Personensorge hat ein Erwachsenenvertreter die Genehmigung des Gerichts einzuholen, sofern nicht Gefahr im Verzug ist.

Ein Erwachsenenvertreter ist nicht zur Betreuung der vertretenen Person verpflichtet. Er hat sich jedoch um die gebotene medizinische und soziale Betreuung zu bemühen.

Medizinische Angelegenheiten

Ist eine Person in medizinischen Angelegenheiten nicht entscheidungsfähig, so muss der Arzt unter Hinzuziehung von Familienangehörigen, nahe stehenden Angehörigen, Vertrauenspersonen und Fachleuten versuchen, eine Entscheidungsfähigkeit herzustellen.

Ist eine vertretene Person (weiterhin) nicht entscheidungsfähig, so bedarf es für die medizinische Behandlung der Zustimmung des (beauftragten) Vorsorgebevollmächtigten bzw. Erwachsenenvertreters. Dieser hat den Willen der vertretenen Person umzusetzen, sofern er diesen kennt. Im Zweifelsfall ist davon auszugehen, dass eine medizinische Versorgung gewünscht wird. Insbesondere bei Gefahr um Leib und Leben, starken Schmerzen oder der Gefahr einer schweren Schädigung der Gesundheit muss der Arzt nicht die Genehmigung durch einen Vertreter abwarten.

Verfügt die vertretene Person über eine gültige Patientenverfügung, in welcher eine Behandlung abgelehnt wird, so darf eine Behandlung nicht durchgeführt werden.

Ein (berechtigter) Vorsorgebevollmächtigter oder ein Erwachsenenvertreter kann eine Behandlung ablehnen. Diese Ablehnung bedarf jedoch der Bestätigung durch das Gericht. Das Gericht kann hier aber auch den (unterstellten) Willen der vertretenen Person nach einer Behandlung unterstützen und statt dem Vertreter die Zustimmung zur Behandlung erteilen. In diesem Sinne kann auch der Arzt entscheiden, wenn bei Gefahr um Leib und Leben, Schmerzen, etc. das Warten auf eine gerichtliche Entscheidung nicht zumutbar wäre. Einer gerichtlichen Zustimmung bedürfen immer folgende gravierende Eingriffe:

- Sterilisation
- medizinische Forschung.

Änderung des Wohnortes

Sofern dies zum Wohl der vertretenen Person erforderlich ist, treffen der hierzu berechtigte Vorsorgebevollmächtigte bzw. der Erwachsenenvertreter die Entscheidung über den Wohnort. Eine dauerhafte Verlegung des Wohnortes (z.B. in ein Pflegeheim) ist jedoch nur mit Genehmigung des zuständigen Gerichts zulässig, beim Vorsorgebevollmächtigten nur beim dauerhaften Umzug ins Ausland.

Vermögen der vertretenen Person

Hohe Anforderungen (auch) bei der Vermögensverwaltung

Das Einkommen und Vermögen ist zum Wohl der vertretenen Person einzusetzen. Dabei hat die vertretene Person Anspruch auf die notwendigen Mittel für Rechtsgeschäfte des täglichen Lebens, sofern hierdurch sein Wohl nicht gefährdet ist. Die Zurverfügungstellung der Mittel kann mittels Bargeld oder der Zugriffsmöglichkeit auf Konten geschehen. Der Vorsorgebevollmächtigte oder Erwachsenenvertreter hat bei der Veranlagung des Vermögens die Regelungen zu mündelsicheren Veranlagungen (§§ 215 – 224 ABGB) zu beachten. Ein Erwachsenenvertreter muss bei außergewöhnlichen Geschäften der Vermögensveranlagung die Genehmigung des Gerichts einholen.

Gerichtliche Kontrolle

Gerichtliche, gesetzliche und gewählte Erwachsenenvertreter haben das Gericht jährlich über die Art und Häufigkeit der persönlichen Kontakte mit der vertretenen Person, dessen Wohnort, das geistige und körperliche Befinden und die durch den Vertreter im vergangenen Jahr getätigten sowie die für das nächste Jahr geplanten Tätigkeiten zu informieren.

Sofern ein Erwachsenenvertreter mit der Vermögensobsorge betraut ist, hat er das Gericht über den Anfangsstand des Vermögens zu informieren und über die Entwicklungen Rechnung zu legen. Dem Gericht kommt hier eine Überwachungsaufgabe zum Wohl der vertretenen Person zu.

Erwachsenenschutzvereine

Erwachsenenschutzvereine sind nicht auf Gewinn ausgerichtete Vereine, welche wichtige Aufgaben des Erwachsenenschutzgesetzes übernehmen. Dies sind insbesondere:

- Die Beratung über die Vorsorgevollmacht, die unterschiedlichen Formen der Erwachsenenvertretung sowie von deren Alternativen
- Beratung von betroffenen Personen über ihre Rechte sowie Beratung von Vorsorgebevollmächtigten und Erwachsenenvertretern
- Schulung und Anleitung von hauptberuflichen und ehrenamtlichen Mitarbeitern
- Übernahme von gerichtlichen Erwachsenenvertretungen
- Abklärung im Auftrag des Gerichts:
  - für welche Aufgaben ein Erwachsenenvertreter bestellt werden sollte,
  - ob es Alternativen zu einem gerichtlichen Erwachsenenvertreter gibt,
  - ob die Gründe für eine Erwachsenenvertretung noch bestehen oder (teilweise) entfallen sind
  - ob es Anhaltspunkte für einen erforderlichen Genehmigungsvorbehalt für Rechtsgeschäfte der betroffenen Person gibt.

Bei den Erwachsenenschutzvereinen handelt es sich um eine Weiterentwicklung der bisherigen Sachwaltervereine, welche oft auch Aufgaben der Patientenanwaltschaft und der Bewohnervertretung übernehmen. Zusätzlich bieten sie kostengünstige Möglichkeiten zur Abfassung von Vorsorgevollmacht, Erwachsenenvertreter-Verfügung, einer Vereinbarung zur gewählten Erwachsenenvertretung sowie deren Registrierung im Österreichischen Zentralen Vertretungsverzeichnis (ÖZVV):

- Errichtung Vorsorgevollmacht .... 75 Euro
- Registrierung Vorsorgevollmacht .... 10 Euro
- Registrierung Eintritt Vorsorgefall bei Vorsorgevollmacht .... 10 Euro
- Erwachsenenvertreter-Verfügung .... 50 Euro
- Vereinbarung gewählte Erwachsenenvertretung .... 50 Euro
- Registrierung gewählte Erwachsenenvertretung .... 50 Euro
- bei Hausbesuch jeweils plus .... 25 Euro.

Die Kosten bei Erwachsenenschutzvereinen sind gesetzlich geregelt!

Gerichtliche Erwachsenenvertretung

Für Erwachsene, die aufgrund einer geistigen Behinderung oder psychischen Erkrankung (auch Demenz) nicht mehr in der Lage sind, Geschäfte ohne Nachteil für sich selbst abzuschließen, wird vom Gericht ein gerichtlicher Erwachsenenvertreter bestellt. Bis zum Jahr 1984 verstand man darunter die sogenannte „Entmündigung", also die grundsätzlich alle Lebensbereiche umfassende Obsorge durch eine dritte Person. Seither ist viel Zeit vergangen, die Haltung gegenüber Menschen, die Unterstützung brauchen, hat sich geändert. Das Motto lautet jetzt: „So wenig wir möglich, so viel wie nötig". Was ein Mensch selbst schaffen kann, soll er auch weiterhin selbstbestimmt entscheiden können. Künftig soll das auch sprachlich dargestellt werden und der freundlichere Begriff „Erwachsenenvertretung" verwendet werden.

Im Juli 2015 bestanden in Österreich rund 60.000 Sachwalterschaften, zum 1.1.2022 nur noch 36.500 gerichtliche Erwachsenenvertreter. Das Thema ist damit keine ungewöhnliche Regelung. Und sie dient den Betroffenen, soll der gerichtliche Erwachsenenvertreter Ihnen doch Entscheidungen abnehmen, die sie nicht mehr eigenverantwortlich treffen können.

Natürlich würde man sich am liebsten, wenn es nicht anders geht, durch eine Person vertreten lassen, die die eigenen Wünsche, Werte und Vorstellungen gut kennt. Liegen dem Gericht keine eigenen Wünsche vor, können aber auch Personen bestellt werden, die gänzlich fremd sind.

Die Bestellung eines gerichtlichen Erwachsenenvertreters erfolgt durch das Gericht. Zuerst müssen aber andere Möglichkeiten der Unterstützung eines psychisch kranken oder behinderten Menschen, etwa durch Familienmitglieder oder durch soziale Einrichtungen, ausgeschöpft werden. Auch ist für die gerichtliche Bestellung eines Erwachsenenvertreters ein Sachverständigengutachten erforderlich, das die Einschränkungen in der Eigenverantwortlichkeit beschreibt.

Der gerichtliche Erwachsenenvertreter wird auf maximal drei Jahre bestellt, dann erfolgt eine Überprüfung und eventuell eine Neubestellung. Der Aufgabenkreis des gerichtlichen Erwachsenenvertreters kann aufgrund geänderter Voraussetzungen der betroffenen Person eingeschränkt oder erweitert werden.

Wünsche der betroffenen Person werden vom Gericht berücksichtigt

Der gerichtliche Erwachsenenvertreter wird vom Gericht bestellt und aus dem Vermögen der betreuten Person bezahlt (► Seite 29). Das Gericht hat jedoch bei der Bestellung eines Erwachsenenvertreters den Wunsch der zu betreuenden Person mit zu berücksichtigen. Das Gericht prüft daher vor der gerichtlichen Entscheidung anhand einer sogenannten „Eignungspyramide".

- **Wunsch des Betroffenen.** Vorrangig soll diejenige Person zum Erwachsenenvertreter bestellt werden, die der Betroffene in einer Vorsorgevollmacht (► Seite 35), in einer Vereinbarung zur gewählten Erwachsenenvertretung (► Seite 34) oder in einer Erwachsenenvertreter-Verfügung (► Seite 48) genannt hat.
- **Nahe stehende Person.** Sofern der Betroffene nicht selbst eine Person benannt hat, schaut der Richter im Kreise der nahen Angehörigen nach einer geeigneten Person.
- **Erwachsenenschutzverein.** Im nächsten Schritt prüft das Gericht, ob ein Erwachsenenschutzverein die Erwachsenenvertretung übernehmen kann.
- **Notar, Rechtsanwalt oder andere geeignete Person.** Dabei wird vorrangig auf die Notare und Rechtsanwälte zurückgegriffen, die in der Liste von zur Übernahme von Vorsorgevollmachten und gerichtlichen Erwachsenenvertretungen besonders geeigneten Rechtsanwälten und Notaren eingetragen sind.

Wichtig ist, dass die genannten Personen nicht gesetzlich zur Übernahme der Erwachsenenvertretung verpflichtet sind. Für die richterliche Entscheidung bedarf es daher auch der Zustimmung der ausgewählten Person. Ein Erwachsenenvertreter muss immer im Interesse der betreuten Person handeln und Entscheidungen treffen. Für einige Entscheidungen benötigt der gerichtliche Erwachsenenvertreter jedoch die gerichtliche Zustimmung. Dazu gehören beispielsweise:

- schwerwiegende medizinische Entscheidungen
- die dauerhafte Änderung des Wohnortes (beispielsweise Umzug in ein Pflegeheim)
- der Verkauf, die Belastung oder Verpachtung einer Liegenschaft
- die Erhebung einer gerichtlichen Klage
- der Verkauf beweglicher Sachen im Wert von mehr als 1.000 Euro (eine Sache) oder mehr als 10.000 Euro (mehrere Sachen)
- Geldveranlagungen, die nicht mündelsicher sind
- finanziell wesentliche Anschaffungen oder Ausgaben (z.B. Wohnungssanierung)
- die unbedingte Annahme oder Ablehnung einer Erbschaft
- der Verzicht auf ein Erbrecht.

Übersicht gerichtlicher Erwachsenenvertreter

Formvorschriften	Durch gerichtliche Bestellung
Tritt in Kraft mit ...	Mit der Rechtskraft des gerichtlichen Beschlusses
Wirkungsbereich	Wird für einzelne Angelegenheiten oder Arten von Angelegenheiten erteilt, eine Erwachsenenvertretung für alle Bereiche ist nicht möglich. Für den/die Bereiche darf noch kein Vertreter gewählt sein.
Gerichtliche Kontrolle	Jährlicher Lebenssituationsbericht
	Rechnungslegung
	Überwachung Vermögensverwaltung
Aufwandsersatz	Aufwandsersatz und jährliche Entschädigung inkl. USt: – 5 % der Einkünfte + 2 % des Vermögens ab 15.000 Euro – Bei Zeitraum unter einem Jahr aliquot – Gerichtliche Verringerung oder Erhöhung möglich: Erhöhung bis 10 % des Einkommens + bis 5 % des Vermögens ab 15.000 Euro
Ende	Tod von vertretener Person oder Erwachsenenvertreter
	Gerichtliche Entscheidung
	Mit Ablauf von drei Jahren

Bis Ende 2023 lief eine Übergangsfrist zur Überprüfung alter Sachwalterschaften, ob diese noch notwendig sind oder durch (gerichtliche) Erwachsenenvertreter abgelöst werden sollen.

Gesetzliche Erwachsenenvertretung

Wenn eine volljährige Person aufgrund einer psychischen Krankheit oder geistigen Behinderung Rechtsgeschäfte des täglichen Lebens nicht mehr besorgen kann, kann ein nächster Angehöriger die Vertretung der Person für das jeweilige Rechtsgeschäft übernehmen. Voraussetzung dafür ist, dass diese Rechtsgeschäfte und Entscheidungen weder durch eine gerichtliche Erwachsenenvertretung noch durch eine Vorsorgevollmacht abgedeckt sind. Als nächste Angehörige gelten:

- (Ehe-)Partner (im gemeinsamen Haushalt lebend)
- Lebensgefährte (mindestens drei Jahre mit der betroffenen Person im gemeinsamen Haushalt lebend)
- volljährige Kinder und deren volljährige Nachkommen, Adoptivkinder
- Eltern und deren Vorfahren
- Geschwister und deren Nachfahren
- in einer Erwachsenenvertreter-Verfügung ab 1.7.2018 genannte Personen

Nicht als nächste Angehörige zählen verschwägerte Personen wie Stief- und Schwiegereltern bzw. Stief- und Schwiegerkinder.

Was können nächste Angehörige für Betroffene entscheiden?

Prinzipiell kann die Vertretungsberechtigung auf mehrere Personen lauten. In diesem Fall ist dann jeweils die Entscheidung nur einer vertretungsberechtigten Person erforderlich. Widersprechen einander jedoch die vertretungsbefugten Personen (der Sohn ist für eine 24-Stunden-Pflege zu Hause, die Tochter dagegen), so sind alle Erklärungen unwirksam. Diese Vertretungsbefugnis ist möglich für:

1. Vertretung in Verwaltungsverfahren und verwaltungsgerichtlichen Verfahren,
2. Vertretung in gerichtlichen Verfahren,

Was darf ein gesetzlicher Erwachsenen-vertreter?

3. Verwaltung von Einkünften, Vermögen und Verbindlichkeiten,
4. Abschluss von Rechtsgeschäften zur Deckung des Pflege- und Betreuungsbedarfs,
5. Entscheidung über medizinische Behandlungen und Abschluss von damit im Zusammenhang stehenden Verträgen,
6. Änderung des Wohnortes und Abschluss von Heimverträgen,
7. Vertretung von nicht in 5. und 6. genannten personenrechtlichen Angelegenheiten,
8. Abschluss von nicht in 4. bis 6. genannten Rechtsgeschäften.

Die gesetzliche Erwachsenenvertretung nach der neuen Gesetzgebung ist damit wesentlich umfangreicher als bei der Gesetzgebung bis Mitte 2018. Auch der Abschluss eines Heimvertrages, die Verlegung des Wohnortes (gerichtliche Kontrolle), die Vermögensverwaltung und der Abschluss von weiteren Rechtsgeschäften sind zulässig. Jedoch ist die gesetzliche Erwachsenenvertretung zeitlich immer auf drei Jahre befristet und muss dann erneut beantragt werden.

Tipp

Bereits bestehende Vertretungen durch nahe Angehörige sollten zeitnah durch die neue gesetzliche Erwachsenenvertretung ersetzt werden. Dies bedeutet zwar einen gewissen Aufwand, der jedoch durch die zusätzlichen Entscheidungsmöglichkeiten ohne Einwilligung des Gerichts kompensiert werden sollte. Für die Registrierung können Sie sich an einen Anwalt, einen Notar oder auch an einen der Erwachsenenschutzvereine wenden. Die Kosten der Erwachsenenschutzvereine sind sehr niedrig und in § 4e des Erwachsenenschutzvereinsgesetzes geregelt (► Seite 27).

Wichtig ist: Nahe Angehörige können um diese gesetzliche Vertretungsbefugnis auch dann ansuchen, wenn die betreute Person im Vorhinein eine Vorsorgevollmacht erteilt hat. Sie kann jedoch nur für die Lebensbereiche erteilt werden, die durch eine Vorsorgevollmacht oder eine gerichtliche Erwachsenenvertretung nicht erfasst sind.

Beispiel

Hans Mair hat einen gerichtlich bestellten Erwachsenenvertreter für alle Verträge und Rechtsgeschäfte über 5.000 Euro und hat in einer Vorsorgevollmacht alle medizinischen Entscheidungen an seinen Freund und Hausarzt Dr. Schönmüller übertragen. Alle Rechtsgeschäfte des täglichen Lebens unter 5.000 Euro sind nicht geregelt und damit ein möglicher Fall für die gesetzliche Erwachsenenvertretung durch nahe Angehörige.

Voraussetzung für die gesetzliche Erwachsenenvertretung durch einen nahen Angehörigen ist die Eintragung dieser Vertretungsbefugnis in das Österreichische Zentrale Vertretungsverzeichnis (ÖZVV). Dies erfolgt durch einen Notar, Rechtsanwalt oder Erwachsenenschutzverein, sofern diesem vorgelegt werden:

- ein Nachweis über das familiäre Naheverhältnis bzw.
- bei (Ehe-)Partnern oder Lebensgefährten der Nachweis des gemeinsamen Wohnsitzes, beispielsweise durch die Meldebestätigung des Hauptwohnsitzes
- und zusätzlich ein ärztliches Zeugnis über die mangelnde Geschäftsfähigkeit oder Einsichts- und Urteilsfähigkeit
- eine Erwachsenenvertreter-Verfügung

Jeder Dritte, dem bei Rechtsgeschäften die Registrierungsbestätigung (mit dieser Bestätigung wird auch eine Übersicht über die mit der Vollmacht verbundenen Rechte und Pflichten ausgehändigt) der Vertretungsvollmacht vorgelegt wird, darf auf die Gültigkeit der Vertretungsvollmacht vertrauen. Dies gilt auch für Geldbezüge, Überweisungen und Daueraufträge vom

Österreichische Zentrales Vertretungsverzeichnis (ÖZVV)

Dabei handelt es sich um ein zentrales Register, in welchem alle von Notaren und zum Teil von Rechtsanwälten sowie Erwachsenenschutzvereinen vorgelegten

- Vorsorgevollmachten
- Erwachsenenvertreter-Verfügungen
- gesetzliche Erwachsenenvertretungen
- Widersprüche gegen die gesetzliche Erwachsenenvertretung

registriert werden können. Zusätzlich können folgende Daten hinterlegt werden:

- Kennzeichen für den Hinterlegungsort der Urkunde: Registrierstelle (also Notar, Rechtsanwalt oder Gericht), zusätzliche Informationen wie digital (also als Datei) ,beteiligte Parteien, also Vollmachtgeber und -nehmer, freier Text (kein Formular), damit der Richter schnellen Zugriff auf die Urkunde hat
- Vollmachtgeber: Name, Adresse, Geburtsdatum, Wohnadresse, Kontaktdaten
- bevollmächtigte Personen: Name, Adresse, Geburtsdatum, Wohnadresse, Kontaktdaten
- je nach Urkunde: Beginn und Ende der Wirksamkeit
- wer die Registrierung vorgenommen hat

Bei der gesetzlichen Erwachsenenvertretung bzw. dem Widerspruch wird unterschieden nach den Bereichen (mehrere wählbar):

1. Vertretung in Verwaltungsverfahren und verwaltungsgerichtlichen Verfahren,
2. Vertretung in gerichtlichen Verfahren,
3. Verwaltung von Einkünften, Vermögen und Verbindlichkeiten,
4. Abschluss von Rechtsgeschäften zur Deckung des Pflege- und Betreuungsbedarfs,
5. Entscheidung über medizinische Behandlungen und Abschluss von damit im Zusammenhang stehenden Verträgen,
6. Änderung des Wohnortes und Abschluss von Heimverträgen,
7. Vertretung von nicht in 5. und 6. genannten personenrechtlichen Angelegenheiten,
8. Abschluss von nicht in 4. bis 6. genannten Rechtsgeschäften.

Das Österreichische Zentrale Vertretungsverzeichnis ermöglicht es, insbesondere Gerichten, zu klären ob für Sie bereits eine Vertretungsvollmacht – gleich in welcher Form – erstellt wurde und wo sie hinterlegt wurde. Neben Gerichten haben nur Notare, Rechtsanwälte und Erwachsenenschutzvereine Zugriff auf das Vertretungsverzeichnis. Weitere Personen haben keinen Zugriff auf diese Daten.

Konto der betroffenen Person, sofern diese einen bestimmten Betrag (erhöhter allgemeiner Grundbetrag des Existenzminimums: im Jahr 2023 sind dies 1.110 Euro im Monat) nicht übersteigen. Auch über diesen Betrag hinaus darf die Bank Verfügungen über das Konto zulassen sofern der Vertreter den Zweck für die vertretene Person nachweisen kann (beispielsweise zur Anschaffung eines Treppenlifts).

Als betroffene Person müssen Sie über die Einrichtung einer Vertretungsvollmacht informiert werden. Sie können dieser auch widersprechen. Dieser Widerspruch muss ebenfalls mittels Rechtsanwalt, Notar oder Erwachsenenschutzverein im Österreichischen Zentralen Vertretungsverzeichnis (ÖZVV) hinterlegt werden. Als Ausnahme von der Regel „Ein Geschäftsunfähiger kann keine wirksame Willenserklärung abgeben" ist dieser Widerspruch gegen die Vertretungsbefugnis wirksam und die Vertretungsbefugnis endet, bzw. bei einem Widerspruch im Vorhinein beginnt sie nicht.

Dem Vertretungsrecht nächster Angehöriger können Sie widersprechen – auch im Vorhinein

Wichtig: Sie können im Zuge der aktiven Vorsorge einzelne oder alle Angehörigen auch im Vorhinein mittels Widerspruch von der Vertretungsbefugnis ausschließen. Dies geschieht mittels Formular „Widerspruch gegen gesetzliche Erwachsenenvertretung" (► Seite 113ff). Sie müssen dieses bei einem Notar, Rechtsanwalt oder Erwachsenenschutzverein ausfüllen und im Österreichischen Zentralen Vertretungsverzeichnis (ÖZVV) hinterlegen. Bitte beachten Sie hierbei, dass so eine Vertretungsbefugnis auch dann beantragt werden kann, wenn Sie eine Vorsorgevollmacht erstellt haben. Ist die Vorsorgevollmacht nicht vollständig, kann die Vertretungsbefugnis für gewisse nicht abgedeckte Teile erteilt werden. Möchten Sie das nicht, sollte der Widerspruch erfolgen, indem Sie einen bestimmten oder alle Angehörige gänzlich oder von gewissen Vertretungsbereichen ausschließen. Die gesetzliche Erwachsenenvertretung endet in jedem Fall bei:

Betroffene können der Vertretung auch widersprechen

- Widerspruch der betroffenen Person
- Wiedererlangen der Geschäftsfähigkeit der betroffenen Person
- Tod der betroffenen oder der vertretungsbefugten Person
- Geschäftsunfähigkeit der vertretungsbefugten Person
- Scheidung der Ehe bzw. Auflösung der Partnerschaft
- Aufhebung des gemeinsamen Haushalts mit dem (Ehe-)Partner
- Bestellung eines gerichtlichen Erwachsenenvertreters

Tipp

Der gesetzliche Erwachsenenvertreter muss vor einem Notar, Rechtsanwalt oder Erwachsenenschutzverein errichtet werden, was natürlich Geld kostet. Hinzu kommt, dass diese Regelung nur für drei Jahre gilt und dann erneuert werden muss. Alle anderen Regelungen sind mit dem gewählten Erwachsenenvertreter identisch oder sehr ähnlich. Bei Vorliegen der Voraussetzungen des gewählten Erwachsenenvertreters sollten der Betroffene und der/die Erwachsenenvertreter überlegen, ob die zeitlich unbefristete gewählte Erwachsenenvertretung (▶ Seite 34) nicht eine sinnvolle Alternative ist.

Die Vertretungsbefugnisse nächster Angehöriger vor dem 1.7.2018 sind mit dem 30.6.2021 abgelaufen.

Übersicht gesetzlicher Erwachsenenvertreter

Formvorschriften	In Schriftform vor Notar, Rechtsanwalt oder Erwachsenenschutzverein
Tritt in Kraft mit ...	Mit der Eintragung der Erwachsenenvertretung im ÖZVV. Voraussetzung: Verlust der Entscheidungsfähigkeit, von Arzt bescheinigt
Wirkungsbereich	Wird für einzelne Angelegenheiten oder Arten von Angelegenheiten erteilt. Es ist kein Vertreter für diesen Bereich gewählt/wählbar. 1. Vertretung in Verwaltungsverfahren und verwaltungsgerichtlichen Verfahren, 2. Vertretung in gerichtlichen Verfahren, 3. Verwaltung von Einkünften, Vermögen und Verbindlichkeiten, 4. Abschluss von Rechtsgeschäften zur Deckung des Pflege- und Betreuungsbedarfs, 5. Entscheidung über medizinische Behandlungen und Abschluss von damit im Zusammenhang stehenden Verträgen, 6. Änderung des Wohnortes und Abschluss von Heimverträgen, 7. Vertretung von nicht in 5. und 6. genannten personenrechtlichen Angelegenheiten, 8. Abschluss von nicht in 4. bis 6. genannten Rechtsgeschäften.
Gerichtliche Kontrolle	Jährlicher Lebenssituationsbericht
	Rechnungslegung
	Überwachung Vermögensverwaltung
Aufwandsersatz	Nur Aufwandsersatz
	Antrag auf gerichtliche Festsetzung
Ende	Tod von vertretener Person oder Erwachsenenvertreter
	Gerichtliche Entscheidung
	Eintragung Widerruf/Kündigung im ÖZVV
	Mit Ablauf von drei Jahren

Vorsorge für das Leben mit Hilfe anderer

- Gewählte Erwachsenenvertretung
- Vorsorgevollmacht
- Erwachsenenvertreter-Verfügung
- Bankvollmacht
- Patientenverfügung

Auch wenn man sich nur sehr ungerne mit unangenehmen Themen beschäftigt und sich und anderen meist nicht gerne eingesteht: Jeder Mensch kann von heute auf morgen auf die Unterstützung anderer angewiesen sein. Der Auslöser kann ein Unfall sein oder schlicht das zunehmende Alter mit all seinen steigenden gesundheitlichen Risiken. Zuerst zwickt der Rücken und ist die Bewegungsfähigkeit nicht mehr wie bei einem Zwanzigjährigen, dann beginnt möglicherweise die Sache mit dem Dings, äh … Gedächtnis.

Mit dem neuen Erwachsenenschutzrecht gibt es eine zusätzliche Möglichkeit, mit eigenen Entscheidungen auf das zukünftige Leben und die Vertretung durch eine Vertrauensperson Einfluss nehmen zu können. So ist es auch bei einer Verminderung der Entscheidungsfähigkeit noch möglich, einen Erwachsenenvertreter zu wählen: den gewählten Erwachsenenvertreter.

Heute können Sie noch vieles regeln. So können Sie schon jetzt Ihr zukünftiges Leben in die eigenen Hände nehmen und wesentlich (mit-)gestalten. Die wichtigsten Instrumente dazu sind

- Vorsorgevollmacht
- Patientenverfügung
- Erwachsenenvertreter-Verfügung

Zur Vorsorge gehört auch, gegebenenfalls mittels Widerspruch gegen die gesetzliche Erwachsenenvertretung festzuhalten, von welchen Personen man sich nicht vertreten lassen möchte.

Wir stellen Ihnen im Folgenden die einzelnen Möglichkeiten vor, besprechen Vor- und Nachteile und unterstützen Sie bei Ihrer individuellen Entscheidung, was Sie für sich aktiv angehen und regeln wollen.

Gewählter Erwachsenenvertreter

Ein neuer Bereich für ein selbstbestimmteres Leben

Für Personen ohne Vorsorgevollmacht, ohne Erwachsenenvertreter-Verfügung und ohne gesetzliche Erwachsenen-Vertretung durch nahe Angehörige wurde vor der Neufassung des Gesetzes immer ein gerichtlicher Erwachsenenvertreter (Sachwalter) bestellt. Mit dem neuen Erwachsenenschutzrecht ist es möglich, dass der Betroffene selbst einen Erwachsenenvertreter für sich wählt. Dies allerdings nur dann, wenn die Entscheidungsfähigkeit nicht vollständig verloren ist, sondern nur gemindert und für die Entscheidung im ausreichenden Maße vorhanden ist.

Im Sinne einer Eigenentscheidung des Betroffenen ist dies eine wichtige Ergänzung und Fortführung des früheren Sachwalterrechts! Im Sinne einer bewussten Vorausplanung und auch Selbststeuerung des zukünftigen Lebens ist die gewählte Erwachsenenvertretung jedoch keine wirklich sinnvolle Option. Schließlich bedingt diese ja den bewussten Verzicht auf eine Vorsorgevollmacht mit der Vorauswahl eines Vertreters und dann die Wahl eines selbst ausgewählten Erwachsenenvertreters an Stelle eines gerichtlich bestellten Erwachsenenvertreters. Dies erscheint weniger eine bewusste Entscheidung zu sein als ein Aufschieben einer als sinnvoll erachteten Entscheidung. Und dies in der Hoffnung, dass im (letzten) Entscheidungszeitpunkt eine (nur) verminderte Entscheidungsfähigkeit vorliegt.

Die gewählte Erwachsenenvertretung entspricht wie die Vorsorgevollmacht dem persönlichen Willen des Betroffenen. Von daher hat sie wie auch die Vorsorgevollmacht keine maximale Laufzeit von drei Jahren sondern gilt unbefristet.

Die Wahl eines Erwachsenenvertreters ist bei den Erwachsenenschutzvereinen (► Seite 27) kostengünstig möglich.

Tipp

Heute besachwaltete Personen (Personen mit gerichtlichem Erwachsenenvertreter) bzw. deren Angehörige sollten prüfen, ob es zu dem gerichtlichen Erwachsenenvertreter eine personelle Alternative gibt, die von der betroffenen Person als Erwachsenenvertreter gewünscht wird. Dies können Freunde oder auch Familienangehörige außerhalb des Kreises der nahen Angehörigen sein. Und auch bei den gesetzlichen Erwachsenenvertretern (nahen Angehörigen) kann, entsprechenden Wunsch des Betroffenen vorausgesetzt, ein Wechsel zum gewählten Erwachsenenvertreter überlegt werden. Dann entfiele nämlich alle drei Jahre die Neubestellung.

Übersicht gewählter Erwachsenenvertreter

Formvorschriften	In Schriftform vor Notar, Rechtsanwalt oder Erwachsenenschutzverein
Tritt in Kraft mit ...	Mit der Eintragung der Erwachsenenvertretung im ÖZVV. Voraussetzung • Verlust der Entscheidungsfähigkeit, von Arzt bescheinigt • Bedeutung und Folgen einer Bevollmächtigung werden in Grundzügen noch verstanden (geminderte Entscheidungsfähigkeit)
Wirkungsbereich	Wird für einzelne Angelegenheiten oder Arten von Angelegenheiten erteilt.
Gerichtliche Kontrolle	Jährlicher Lebenssituationsbericht
	Rechnungslegung
	Überwachung Vermögensverwaltung
Aufwandsersatz	Nur Aufwandsersatz
	Antrag auf gerichtliche Festsetzung
Ende	Tod von vertretener Person oder Erwachsenenvertreter
	Gerichtliche Entscheidung
	Eintragung Widerruf/Kündigung im ÖZVV

Vorsorgevollmacht

Die Vorsorgevollmacht ist eine vom Gesetzgeber vorgesehene Möglichkeit der Eigenvorsorge. Damit können Sie heute Ihre Wünsche und Anordnungen festlegen, wie im Falle einer nicht mehr vorhandenen eigenen Entscheidungsfähigkeit für Sie gesorgt werden soll.

Wozu dient die Vorsorgevollmacht?

Ein gerichtlicher Erwachsenenvertreter (► Seite 27) als vom Gericht bestellter Vertreter des Menschen, der aufgrund von Unfall oder Krankheit (inkl. Demenz) seine Entscheidungsfähigkeit verloren hat, wird erst dann bestellt, wenn die eigene Entscheidungsfähigkeit verloren ist. Der betroffene Mensch hat zu diesem Zeitpunkt aber oft keine eigene Einflussmöglichkeit mehr auf die vom Gericht getroffene Entscheidung.

Die eigene Vertrauensperson kennt die persönlichen Wünsche und Vorstellungen besser

Mit einer Vorsorgevollmacht kann man im Vorhinein, d.h. vor dem Verlust der Geschäftsfähigkeit, der Einsichts- oder Urteilsfähigkeit, selbst bestimmen, durch wen man bei Entscheidungen vertreten werden möchte. Die Wahrscheinlichkeit, dass die eigene Vertrauensperson die persönlichen Wünsche und Vorstellungen besser berücksichtigt als eine vom Gericht bestellte fremde Person, ist nicht von der Hand zu weisen. Dies sieht auch das Gericht so und berücksichtigt Vorsorgevollmachten bei der Bestellung von Erwachsenenvertretern, sofern die gewählte Person dem Gericht als geeignet erscheint.

Was noch wichtig ist: Der vom Gericht bestellte Erwachsenenvertreter wird – im Rahmen des verfügbaren Einkommens und Vermögens der Person, deren Interessen sie wahrnimmt – nach

Aufwand, d.h. zum Beispiel nach der Anzahl der geleisteten Stunden bezahlt (► Seite 29). Dies kann durchaus ins Geld gehen und damit die Altersrücklagen der betroffenen Person schmälern. Bei selbst bestellten Bevollmächtigten können Sie selber mit denen, die Ihnen helfen, die Höhe einer allfälligen Aufwandsentschädigung vereinbaren.

Tipp

Erstellen Sie auch in jungen Jahren eine Vorsorgevollmacht! Diese tritt ja erst dann in Kraft, wenn Sie für sich keine Entscheidungen mehr treffen können. Ob das der Fall ist, muss dann ärztlich festgestellt werden. Damit haben Sie einen guten Schutz gegen Missbrauch der Vollmacht. Wichtig ist, dass Sie sicherstellen, dass es auch im ungeplanten Ernstfall nach Ihrem vorab festgehaltenen Willen geht. Ändern sich dieser Wille oder Vertrauensverhältnisse, so können Sie die Vorsorgevollmacht jederzeit ändern oder widerrufen.

Sie selbst können festlegen, ob Sie eine oder mehrere Personen bevollmächtigten wollen und wie sich deren Aufgaben verteilen. Sie können beispielsweise einen Vertrauten mit der Betreuung Ihres Wertpapierdepots beauftragen, einen anderen mit Ihren Versicherungsverträgen, usw. Aber achten Sie darauf, dass durch die Bestellung mehrerer Bevollmächtigter für unterschiedliche Bereiche keine Lücke entsteht (Beispiel: einer für Verträge ab 5.000 Euro, ein anderer für Vermögensverwaltung – die Zuständigkeit für Geschäfte unter 5.000 Euro oder für medizinische Fragen ist nicht geregelt). In diesem Fall müsste das Gericht für die nicht geregelten Bereiche einen gerichtlichen Erwachsenenvertreter bestellen.

Eine Einschränkung ist zusätzlich zu beachten: Die bevollmächtigte Person darf nicht in einem Abhängigkeitsverhältnis zu einer Einrichtung (beispielsweise Krankenhaus, Alten- oder Pflegeheim) stehen, in welcher Sie betreut werden. Diese Regelung ist zu Ihrem Schutz gedacht, damit hier kein Interessenkonflikt beim Vollmachtnehmer zwischen Ihnen und seinem Arbeitgeber entstehen kann oder das Vertrauensverhältnis ausgenutzt werden kann.

Nicht bis zum scheinbar letzten Augenblick warten, Krankheiten treten oft in Schüben auf

Die Vorsorgevollmacht kann von Ihnen nur solange erstellt werden, solange Sie entscheidungsfähig sind. Oftmals wird daher empfohlen eine Vorsorgevollmacht dann zu erstellen, wenn man sich im Frühstadium einer Krankheit wie Alzheimer oder Altersdemenz befindet und es absehbar ist, dass die eigene Entscheidungsfähigkeit zukünftig (wesentlich) geringer sein oder schwinden wird. Vergessen Sie nicht, dass viele Krankheiten in Schüben auftreten, der richtige (letzte) Augenblick für die Entscheidung leicht übersehen wird oder aufgrund eines Unfalls auch in jungen Jahren der Ernstfall schnell und unerwartet eintreten kann.

Der Widerruf einer Vorsorgevollmacht ist formfrei, d.h. er kann auch mündlich erfolgen. Er muss der bevollmächtigten Person jedoch zugehen. Aus Gründen der Beweissicherung ist es daher sinnvoll, diesen Widerruf schriftlich zu machen und zusätzlich im Österreichischen Zentralen Vertretungsverzeichnis (ÖZVV) eintragen zu lassen. Handelt die bevollmächtigte Person trotz Widerruf der Vollmacht in Ihrem Namen so wird sie schadenersatzpflichtig. Dieser Schadenersatz könnte von Ihnen oder im Falle Ihrer Betreuung durch einen Erwachsenenvertreter bzw. anderen Bevollmächtigten, durch diese geltend gemacht werden.

Vielen Menschen stellt sich die Frage: „Kann ich eine einmal in Kraft getretene Vorsorgevollmacht wieder aufheben und dem Bevollmächtigten den Zugriff auf meine Finanzen wieder entziehen?". Keine schlechte Frage, da man ja als nicht mehr geschäftsfähige Person eben keine eigenen Geschäfte (inkl. Vertragsrücktritt) mehr machen kann und gerade dabei durch den Vollmachtnehmer vertreten wird. Keine Sorge: Auch hier hat der Gesetzgeber in Ihrem Sinne mitgedacht und Sonderregeln für genau diesen Fall geschaffen: Sobald ein geschäftsunfähiger Vollmachtgeber zu erkennen gibt, dass er vom Vollmachtnehmer nicht mehr vertreten werden will, muss vom Gericht ein gerichtlicher Erwachsenenvertreter bestellt werden! Dieser kann dann die Vorsorgevollmacht widerrufen und gegebenenfalls auch Schadenersatz einfordern.

Wen bevollmächtigen?

Generell kommt jede Person über 18 Jahren als Bevollmächtigter in Frage, sofern sie voll geschäftsfähig ist. Wichtig ist, dass diese Person Ihr Vertrauen genießt. Verfügt sie auch noch über besondere Sachkenntnis für die übertragenen Gebiete, ist dies besonders sinnvoll. Sachkenntnis ist aber nicht zwingende Voraussetzung: Sofern Sie ein medizinischer Laie sind und sich durch einen anderen Laien vertreten lassen, wird dessen Entscheidungsqualität kaum schlechter sein. Wichtiger als konkretes Wissen ist oft die Frage, ob und wie dafür gesorgt wird, dass Ihre Wünsche umgesetzt werden und ob bei Wissenslücken fachkundiger Rat eingeholt wird.

Die Frage der Vertrauensperson muss individuell geklärt werden. Hier ein Anhaltspunkt, welcher Personenkreis je nach persönlicher Lebenssituation in Frage kommen könnte:

Persönliche Lebenssituation	Möglicher Bevollmächtigter
Junge Singles	Eltern, Großeltern, Geschwister
Junge Paare ohne Kinder	Partner, Eltern, Großeltern, Geschwister
Alleinerziehende mit Kindern	Eltern, Großeltern, Geschwister, Freunde
Paare mit minderjährigen Kindern	Partner, Eltern, Großeltern, Geschwister, Freunde
Paare im Rentenalter mit erwachsenen Kindern	Partner, Kinder, Enkel, Freunde
Ältere Alleinstehende	Freunde, Bekannte, Erwachsenenschutzverein

Die bevollmächtigte Person geht mit ihrer Zustimmung zur Vollmacht (▶ Seite 47) ein Auftragsverhältnis mit dem Vollmachtgeber ein. Sie übernimmt damit eine Interessenwahrungs- und Treuepflicht. Hat der Vollmachtgeber in der Vollmacht konkrete Vorgaben gemacht (z.B. Übergabe von Schmuck an Familienangehörige), so muss die bevollmächtigte Person dies – sofern möglich – auch so umsetzen. Wenn die Vorgaben nicht so konkret sind hat sie auch aufgrund ihrer Kenntnis des Vollmachtgebers zu überlegen, was die Interessen des Vollmachtgebers sind und sich entsprechend zu verhalten. Nur dann, wenn der Wille des Vollmachtgebers nicht erkennbar ist, kann die bevollmächtigte Person frei entscheiden, jedoch immer nur zum Wohle des Vollmachtgebers. Bei einer Vorsorgevollmacht wird die bevollmächtigte Person nicht durch das Gericht kontrolliert. Sie können jedoch die Kontrolle der bevollmächtigte Person auf eine dritte Person übertragen. Dies machen Sie, indem Sie beispielsweise eine jährliche Berichtspflicht über alle finanziellen Angelegenheiten des Bevollmächtigten gegenüber dem ausgewählten Dritten in die Vorsorgevollmacht aufnehmen (siehe beispielsweise Formular Vorsorgevollmacht im Anhang, ▶ Seite 113ff unter „Weitere Wünsche" als Unterpunkt von „E Besondere Anordnungen"). Stellt der Kontrolleur dann eine Unregelmäßigkeit fest, kann dieser das Gericht hierüber informieren. Oder Sie billigen dem Kontrolleur auch das Recht zu, die Vorsorgevollmacht zu widerrufen. Dann muss das Gericht einen gerichtlichen Erwachsenenvertreter bestellen.

Auf Kontrolle müssen Sie nicht verzichten

Benötige ich einen Notar?

Für die Erstellung einer Vorsorgevollmacht benötigen Sie ab dem 1. Juli 2018 zwingend einen Rechtsanwalt, Notar oder Erwachsenenschutzverein!

Aber wie hoch sind denn eigentlich die Kosten? Einen festen Gebührenschlüssel gibt es nicht, anzusetzen wird bei einem Rechtsanwalt oder Notar aber ein Betrag von 600 Euro inklusive der gesetzlichen Mehrwertsteuer sein. Fragen Sie in einem kostenlosen Vorgespräch oder einer unverbindlichen Anfrage nach den Kosten in Ihrem Fall. Haben Sie beispielsweise schon unser Formular vorausgefüllt und damit konkrete Vorstellungen, kann das die Kosten senken.

Tipp

Mit dem neuen Erwachsenenschutzrecht gibt es die Möglichkeit, eine Vorsorgevollmacht auch bei einem Erwachsenenschutzverein zu errichten (Adressen ► Seite 103). Fragen Sie daher nicht nur Ihren Rechtsanwalt oder Notar nach den Kosten, sondern immer auch einen der Erwachsenenschutzvereine. Diese dürfen allerdings keine Vorsorgevollmachten erstellen, die Unternehmen, Stiftungen, Liegenschaften oder Auslandsvermögen betreffen oder besondere Rechtskenntnisse erfordern. Die Kosten der Erwachsenenschutzvereine sind in § 4e des Erwachsenenschutzvereinsgesetzes geregelt (► Seite 27).

Übersicht Vorsorgevollmacht

Formvorschriften	In Schriftform vor Notar, Rechtsanwalt oder Erwachsenenschutzverein
Tritt in Kraft mit ...	Mit der Eintragung des Vorsorgefalls im ÖZVV. Voraussetzung: Verlust der Entscheidungsfähigkeit, von Arzt bescheinigt
Wirkungsbereich	Wird für einzelne Angelegenheiten oder Arten von Angelegenheiten erteilt.
Gerichtliche Kontrolle	Keine laufende Kontrolle
Aufwandsersatz	Frei vereinbar nach allgemeinem Stellvertretungsrecht
	Tod von Vollmachtgeber oder -nehmer
	Gerichtliche Entscheidung
Ende	Eintragung Widerruf/Kündigung im ÖZVV

Vorsorgevollmachten vor dem 1.7.2018 bleiben bestehen. Der Eintritt des Vorsorgefalls und dessen Eintragung im ÖZVV erfolgen ab 1.7.2018 nach den neuen Bestimmungen.

Formular und Ausfüllhilfe

Es gibt zwei Möglichkeiten einer Vorsorgevollmacht, die bisherigen Möglichkeiten einer „eigenhändigen" oder „fremdhändigen" Vorsorgevollmacht sind ab Mitte 2018 entfallen. Der Gesetzgeber schreibt keine Form und keine festgelegten Inhalte vor.

Auch bei Vollmachten immer wichtig: die Form muss stimmen

Qualifizierte Vorsorgevollmacht. Eine qualifizierte Vorsorgevollmacht ist nur mit juristischer Beratung vor einem Rechtsanwalt, einem Notar oder einem Erwachsenenschutzverein möglich. Hierbei müssen die übertragenen Angelegenheiten ausdrücklich bezeichnet werden und es muss eine Belehrung über die Rechtsfolgen sowie die Möglichkeit des jederzeitigen Widerrufs erfolgen. Die erfolgte Belehrung ist vom Rechtsanwalt, Notar beziehungsweise vom Erwachsenenschutzverein zu bestätigen.

Notariatsakt. Zur Erstellung der Vorsorgevollmacht als Notariatsakt gibt Ihr Notar Auskunft.

Es gibt kein verbindliches Formular für eine Vorsorgevollmacht. Unter Beachtung der obigen Formvorschriften kann jeder Rechtsanwalt, Notar oder Erwachsenenschutzverein ein eigenes „Formular" entwickeln. Das Bundesministerium für Justiz hat für die Rechtslage bis 30.6.2018 ein aus unserer Sicht sehr gutes Formular erstellt und zwar in Zusammenarbeit mit den folgenden Institutionen:

- Bundesministerium für Finanzen,
- Bundesministerium für Gesundheit, Familie und Jugend,
- Bundesministerium für Arbeit, Soziales und Konsumentenschutz
- Österreichische Notariatskammer,

- Österreichische Rechtsanwaltskammer,
- Österreichische Ärztekammer,
- Wirtschaftskammer Österreich,
- Lebenswelt Heim,
- VertretungsNetz,
- IfS-Sachwalterschaft Institut für Sozialdienste Vorarlberg,
- NÖ Landesverein für Sachwalterschaft und Bewohnervertretung,
- Sachwalterschaft Bewohnervertretung,
- Hauptverband der österreichischen Sozialversicherungsträger.

Wir haben dieses Formular an die Gesetzeslage ab 1.7.2018 angepasst und werden uns daher im Folgenden ausschließlich mit diesem Formular (siehe Anhang, ► Seite 113ff) beschäftigen. Die Nummerierungen und die Reihenfolge der Punkte stimmen mit denen im Formular überein. Ihr Rechtsanwalt, Notar oder Erwachsenenschutzverein werden möglicherweise ein individuell anderes Formular verwenden. Durch das Ausfüllen unseres Formulares sehen Sie aber bereits vorab, woran zu denken ist und können sich anstehende Entscheidungen in Ruhe überlegen.

1 Bevollmächtigungen, Verfügungen

Bevollmächtigte werden nicht durch das Gericht kontrolliert

A Vollmachtgeber. Hier sind zuerst einmal Ihre persönlichen Daten wie Name, Geburtsdatum und Wohnort einzutragen, zusätzlich Telefon und E-Mail sowie die Sozialversicherungsnummer. In der nachfolgenden rechtlichen Belehrung werden Sie darauf hingewiesen, dass der von Ihnen anschließend zu benennende Vollmachtnehmer bzw. auch die Vollmachtnehmer von Ihnen und nicht von Gericht bestellt werden. Dies hat für Sie den Vorteil des persönlicheren (Vertrauens-) Verhältnisses, jedoch werden diese Vollmachtnehmer nicht vom Gericht überwacht.

B Bevollmächtigter. Die von Ihnen gewünschte bevollmächtigte Person muss geschäftsfähig sein und darf nicht in einem Abhängigkeitsverhältnis oder einer anderen engen Beziehung zu der Einrichtung stehen, in der Sie sich zum Zeitpunkt der Abfassung der Vollmacht und auch deren Wirksamwerden befinden oder von der Sie betreut werden. Sind Sie also zu diesem Zeitpunkt in einem Altenheim, so darf kein Mitarbeiter dieser Einrichtung ihr Bevollmächtigter sein, wohl aber der Mitarbeiter eines anderen Altenheims, ein Familienangehöriger, Freundin etc. Neben den persönlichen Daten der genannten Person ist auch die Art des Naheverhältnisses anzugeben (Hausärztin, Neffe, Tochter ...). Sie müssen zumindest eine bevollmächtigte Person angeben, Sie können jedoch auch mehrere anführen. Dieses machen Sie in dem Formular unter „Zusatz". Im Formular sind nur die Daten einer weiteren Person vorgesehen, hier verwenden Sie im Zweifelsfall ein Beiblatt (auch: Kopie dieser Seite des Formulars) und nummerieren alle Seiten durch. Mit einer Überschrift auf dem Beiblatt sollten Sie darauf hinweisen, dass es sich hier um einen zusätzlichen Bevollmächtigten handelt. Auf der Seite 2 (Nummerierung unten auf der Seite) können Sie bestimmen, ob die bevollmächtigen Personen alleine, nur gemeinsam oder nur im Vertretungsfall tätig werden:

Mehrere Bevollmächtigte können sich gegenseitig blockieren

- Sofern jeder einzelne Bevollmächtigte in allen Angelegenheiten alleine vorgehen kann, ist eine Abstimmung zwischen den Bevollmächtigten erforderlich. Sie können aufgrund Ihrer Kenntnis der gewählten Personen am besten entscheiden, was hier ein sinnvoller Weg ist.
- Die gemeinsame Vertretung durch mehrere Bevollmächtigte kann Ihnen zusätzliche Sicherheit geben, dass alles gut läuft. Allerdings können sich die Bevollmächtigten bei unterschiedlichen Meinungen auch in der Entscheidungsfindung blockieren, was

letztendlich zu Ihren Lasten gehen kann. Eine Lösung ist hier die Vorgabe Ihrerseits, dass bei Uneinigkeit ein gerichtlicher Erwachsenenvertreter durch das Gericht zu bestellen ist – was Sie aber eigentlich durch die Errichtung einer Vorsorgevollmacht vermeiden wollten. Eine gemeinsame Vertretung sollte nur durch maximal zwei Bevollmächtigte erfolgen. Sind es mehr, steigt die Gefahr der wechselseitigen Blockade rapid an.

- Sie können aber auch eine Reihenfolge festlegen, d.h. der zweite Bevollmächtigte (Ersatz) vertritt den ersten Bevollmächtigten während Krankheit, Urlaub etc. So ist immer ein Bevollmächtigter für Sie da, ohne dass die bevollmächtigte Person zu sehr in ihrer eigenen Lebensführung eingeschränkt wird.
- Sie können auch einzelnen Bevollmächtigten unterschiedliche Aufgabengebiete zuweisen, auch wenn dies in diesem Formular nicht vorgesehen ist (da es dann zu kompliziert und unübersichtlich würde). Hier verwenden Sie bitte ein separates Beiblatt und führen dort beispielsweise aus: „Hans Meier ist für alle Bankgeschäfte zuständig. Olga Czech kümmert sich um die Versicherungsangelegenheiten. Erwin Wurm ist für alle Fragen meiner Unterbringung verantwortlich. Alle anderen Aufgaben übertrage ich Hans Moser. Die Bevollmächtigten können einander bei Zustimmung des Erstverantwortlichen gegenseitig vertreten." Wichtig bei der Aufteilung der Aufgaben auf mehrere Personen ist, dass Sie dabei keinen Bereich übersehen, keine Lücke in Ihrer Versorgung entsteht. Das ist im Zweifelsfall eine Frage der juristisch korrekten Formulierung, so dass Sie hier einen Juristen zu Rate ziehen sollten. Der juristische Berater (Rechtsanwalt, Notar oder Erwachsenenschutzverein) kann Ihnen unter Berücksichtigung der Anzahl von Bevollmächtigten und Aufsplitterung der Aufgaben auch sagen, ob dies noch sinnvoll in einer Vorsorgevollmacht niedergelegt sein sollte oder ob es besser mehrere parallele Vorsorgevollmachten für die einzelnen Bevollmächtigten geben sollte.

Die Wirksamkeit der Vollmacht ist an klare Voraussetzungen geknüpft

C Wirksamwerden der Vollmacht. „Kann die bevollmächtigte Person nach Ausstellung der Vollmacht Geschäfte in meinem Namen und auf meine Kosten tätigen, Geld von meinem Konto abheben?", das ist eine der häufigsten Fragen im Zusammenhang mit einer Vorsorgevollmacht. Hier können wir ganz klar beruhigen. Im von uns besprochenen Formular ist die Wirksamkeit der Vorsorgevollmacht an eine Bedingung geknüpft: „... wenn ich in rechtlichen Angelegenheiten nicht mehr selbst entscheiden kann; das ist der Fall, wenn in rechtsgeschäftlichen Angelegenheiten die Geschäftsfähigkeit oder wenn in höchstpersönlichen Angelegenheiten die Einsichts- und Urteilsfähigkeit fehlt oder ich mich nicht mehr selbst äußern kann."

Die von Ihnen bevollmächtigte Person wird selbst mit der Vorsorgevollmacht in der Hand bei Ämtern, Behörden, Banken etc. nur dann etwas ausrichten können, wenn die notwendige Bedingung für die Wirksamkeit erfüllt ist. Dazu ist die Bescheinigung zumindest eines Arztes erforderlich. Dies ist übrigens die gleiche (hohe) Hürde wie bei der gesetzlichen Erwachsenenvertretung (► Seite 29) oder bei der gerichtlichen Erwachsenenvertretung (► Seite 27).

Weitere zwingende Voraussetzungen für das Wirksamwerden der Vorsorgevollmacht sind die Registrierung der Vollmacht und später der Eintritt der Vertretungsnotwendigkeit im Österreichischen Zentralen Vertretungsverzeichnis (ÖZVV) (► Seite 31).

Die Registrierung der Vorsorgevollmacht im Zentralen Vertretungsverzeichnis schützt Sie auch davor, dass ein Richter in Unkenntnis einer vorhandenen Vorsorgevollmacht für Sie einen gerichtlichen Erwachsenenvertreter bestellt.

Bezüglich der Bankgeschäfte klären Sie direkt mit Ihrer persönlichen Hausbank, ob diese Vorsorgevollmachten für den Zugriff des Bevollmächtigten auf das Konto anerkennt. Hintergrund dieser Fragestellung ist die Identifizierungspflicht der Bank bezüglich der Kontobevollmächtigten. Reichen der Bank die persönlichen Angaben zum Bevollmächtigten, die in Punkt B gemacht wurden aus oder benötigt sie beispielsweise die Daten eines Ausweisdokuments (Nummer von Reisepass, Führerschein etc.).

D Aufwandsersatz, Entgelt, Rechnungslegung. Ein gerichtlicher Erwachsenenvertreter erhält eine vom Gericht festgelegte Entlohnung, die in § 276 des Allgemeinen bürgerlichen Gesetzbuches (ABGB) geregelt ist. Die jährliche Entlohnung beträgt in der Regel fünf Prozent (bis maximal 10 Prozent) der jährlichen Einkünfte, von denen jedoch Steuern und Abgaben vorher abzuziehen sind. Hat der Betreute ein Vermögen von über 15.000 Euro, so erhält der Erwachsenenvertreter zusätzlich zwei Prozent (bis maximal 5 Prozent) des über diesen Betrag hinausgehenden Vermögens. Zusätzlich steht ihm die Mehrwertsteuer auf seine Entlohnung zu und ein Entgelt für Tätigkeiten, welche ansonsten gegen Entgelt an Dritte zu übertragen wären. Zusätzlich stehen ihm der Ersatz von Barauslagen, tatsächlichen Auslagen und den Kosten für eine Haftpflichtversicherung zu.

Kosten für gerichtlichen Erwachsenenvertreter und privat Bevollmächtigte

Im Gegensatz zum vorliegenden Formular würden wir von der Formulierung „angemessenes Entgelt" abraten, da dies sehr interpretationsfähig ist. So könnte hier ein Rechtsanwalt für juristische Fragestellungen möglicherweise einen Stundensatz von 360 Euro abrechnen. Ist dies gewollt, sollte es lieber vorher auch konkret beschrieben sein – im Zweifelsfall auf einem besonderen Blatt, welches durch Verweis (Vorsorgevollmacht, Seite, Unterpunkt) und Unterschrift mit zur Vorsorgevollmacht genommen wird. Hier könnten Sie beispielsweise auch anstelle eines monatlichen Entgelts etwa einen Geldbetrag zu Geburtstags- und Feiertagen anführen. Wenn Sie fixe Sätze nennen möchten, bedenken Sie, dass sich der Wert des Geldes über viele Jahre stark ändern kann.

E Untervollmacht. Mit der Vorsorgevollmacht haben Sie konkrete Personen bevollmächtigt, sich um Sie und Ihre Angelegenheiten zu kümmern. Dies ist in jedem Fall auch Ausdruck eines starken Vertrauensverhältnisses.

Was aber soll geschehen, wenn sich die bevollmächtigte Person nicht mehr um Ihre Angelegenheiten kümmern kann oder will? Sofern Sie unter Punkt B. einen Ersatzbevollmächtigten bestimmt haben, würde dieser übernehmen. Aber wenn auch dieser ausfällt?

Haben Sie keinen rechtsgültigen Bevollmächtigten mehr, ist die Sache klar: Das Gericht muss einen gerichtlichen Erwachsenenvertreter für Sie bestellen (► Seite 27), der sich um Ihre Angelegenheiten kümmert. Dieser wird vom Gericht kontrolliert, ein mittels Untervollmacht Bevollmächtigter jedoch nicht.

Im Endeffekt geht es damit hier um die Fragestellung, ob Sie möchten, dass die von Ihnen bevollmächtigte Person ihre Aufgaben an eine dritte Person weitergibt. Hier können Sie im Vorhinein festlegen, dass:

- eine Untervollmacht nie erteilt werden darf
- eine Untervollmacht in bestimmten Angelegenheiten nicht weitergegeben werden darf.

Nicht explizit im Formular aufgeführt, aber überlegenswert wären auch folgende Alternativen:

- Eine Untervollmacht darf nicht an folgende Personen .... erteilt werden.
- Eine Untervollmacht darf an folgende Personen .... erteilt werden. (Anmerkung: Diese quasi Ersatz-Bevollmächtigten hätten Sie auch unter Punkt B benennen können. Im Rahmen der Untervollmachten überlassen Sie die Entscheidung über die Erteilung der Untervollmacht der bevollmächtigten Person).

Auf Seite 3 oben wird festgehalten, dass die Einwilligung in eine medizinische Behandlung oder eine Änderung des Wohnsitzes nicht mittels Untervollmacht weitergegeben werden kann.

F Patientenverfügung. Bei diesem Punkt handelt es sich nicht um die Patientenverfügung an sich (▶ Seite 50), sondern nur um den Hinweis, dass es eine Patientenverfügung gibt und wo diese zu finden ist. Auch wird die bevollmächtigte Person angewiesen, den in der Patientenverfügung festgelegten Willen zu befolgen und durchzusetzen.

Ohne dem späteren Punkt zur Patientenverfügung vorzugreifen nur kurz zum Unterschied: Mit einer Vorsorgevollmacht legen Sie die Bevollmächtigten und deren Entscheidungsumfang fest für den Fall, dass Sie Ihre Angelegenheiten nicht mehr selbst entscheiden können. Auch die Patientenverfügung greift erst dann, wenn Sie nicht mehr selbst entscheiden können. Sie legen damit aber gegenüber Ärzten fest, welche Behandlungen (evtl. in welchem Zusammenhang) Sie ablehnen.

Aus unserer Sicht ist es durchaus sinnvoll, sich parallel mit den Themen Vorsorgevollmacht und Patientenverfügung zu beschäftigen, da beide dann praxisrelevant werden, wenn Sie selbst keine Entscheidungsfähigkeit mehr haben. In beiden Fällen legen Sie also heute bei klarem Verstand fest, wie Sie sich Ihr späteres Leben und Ihre Betreuung vorstellen. Eine für die behandelnden Ärzte verbindliche Patientenverfügung bedarf allerdings der notariellen Beurkundung. Möglicherweise macht es auch unter Kostengesichtspunkten Sinn, beides gemeinsam zu erstellen.

Die Notfallregelung: Wer soll im Fall des Falles gerichtlicher Erwachsenenvertreter werden?

G Erwachsenenvertreter-Verfügung (bedingte). Dabei handelt es sich vorrangig um ein juristisches Thema, welches aber dennoch (oder gerade deswegen) wichtig ist: Ein gerichtlicher Erwachsenenvertreter wird vom Gericht bestellt, sofern es keinen (ausreichend qualifizierten) Vorsorgebevollmächtigten gibt. Gleiches gilt auch für den Fall, dass Sie einen/mehrere Vorsorgebevollmächtigte/-n benannt haben, jedoch aufgrund einer fehlerhaften (nicht vollständigen) Aufgabenzuweisung eine Lücke im Vollmachtsumfang entsteht.

In diesem Punkt können Sie dem Gericht bei der Bestellung eines gerichtlichen Erwachsenenvertreters Ihre Meinung mit in die Entscheidung geben: Die von Ihnen bevollmächtigte Person soll vom Gericht auch als gerichtlicher Erwachsenenvertreter bestellt werden, bzw. eine konkrete andere, von Ihnen vorgeschlagene, Person.

Das Gericht berücksichtigt die Erwachsenenvertreter-Verfügung als Wunsch des Betroffenen vorrangig im Rahmen der sogenannten „Eignungspyramide" (▶ Seite 28), auch kann ein hier genannter Vertrauter die gesetzliche Erwachsenenvertretung (▶ Seite 29) beantragen.

2 Umfang der Vorsorgevollmacht

In den nachfolgenden Punkten wird geregelt, zu welchen Geschäften die Bevollmächtigten berechtigt sind. Bitte beachten Sie hierbei, dass kein Lebensbereich ohne eine Zuordnung zu einer bevollmächtigten Person verbleiben sollte. Entsteht eine Lücke und eine Entscheidung in diesem Bereich steht an, dann muss das Gericht dafür einen gerichtlichen Erwachsenenvertreter bestellen.

A Vertretung vor Behörden und anderen Institutionen. Prinzipiell kann die Vertretungsberechtigung gegenüber Behörden und Institutionen auf unterschiedliche Bevollmächtigte aufgeteilt werden. Es können jeweils die Namen der Bevollmächtigten angeführt werden oder im Punkt 1 B bei Nennung der Bevollmächtigten Verweise auf die entsprechenden Unterpunkte hier eingefügt werden.

Aus unserer Sicht handelt es sich um ein Gebiet mit an sich gleichen Anforderungen an die persönlichen Qualifikationen des Bevollmächtigten, nämlich ein gewisses Verständnis für Verträge und Finanzen. Dies bedeutet nicht, dass die bevollmächtigte Person die Steuererklärung persönlich erstellen oder Versicherungsexperte sein muss. Einen direkt ersichtlichen Grund für eine Aufteilung auf mehrere Bevollmächtigte oder eine Verweigerung einer Bevollmächtigung für einen Unterpunkt sehen wir nicht.

Unterschiedliche Regelungen je nach Dauer und Ziel des Wohnsitzwechsels

B Aufenthalts- und Wohnungsangelegenheiten. Eine nur vorübergehende Änderung des Wohnorts wie ein Kurzzeitheimaufenthalt oder eine Rehabilitation zur Stärkung Ihrer Kräfte darf jede hierzu bevollmächtigte Person veranlassen. Einen Vorsorgebevollmächtigten können Sie auch beauftragen ohne richterliche Vorabgenehmigung eine dauerhafte Wohnortverlegung im Inland durchzuführen. Eine dauerhafte Verlegung des Wohnortes ins Ausland darf der Vorsorgebevollmächtigte jedoch erst nach Genehmigung durch einen Richter veranlassen. Die Einschränkung ist bei den Erwachsenenvertretern umfangreicher: hier muss jede dauerhafte Wohnortverlegung vorab durch einen Richter genehmigt werden. Bis zur gerichtlichen Entscheidung kann der Wohnort nur dann geändert werden, wenn eine Rückkehr möglich ist.

Die Entscheidung zu einer vorübergehenden oder dauerhaften Verlegung des Wohnortes ist immer mit Verträgen und Kosten verbunden. Der Punkt zur Entscheidung über die dauerhafte Änderung des Wohnortes bedingt, dass auch in jener über den Abschluss der damit zusammenhängenden Verträge eine Verfügung getroffen wird. Personell kann die Aufteilung auf zwei Personen sinnvoll sein, da die notwendige medizinische oder soziale Betreuung andere Anforderungen stellt als die Beurteilung von Verträgen.

Im vierten Punkt können Sie bereits heute festlegen, in welcher Einrichtung Sie im Falle einer dauerhaften Wohnsitzverlegung untergebracht werden möchten. Dies ist zwar nicht verbindlich, da ja auch vom Platzangebot der Einrichtung abhängig, aber in jedem Fall ein wichtiger Hinweis von Ihnen an den Bevollmächtigten bezüglich Ihrer Wünsche.

Nicht zu unterschätzen ist auch der Punkt zur Vertrauensperson als Ansprechpartner für das Heim. Sie können hier die bevollmächtigte Person und/oder eine weitere Person angeben. Insbesondere bei nicht formellen Lebenspartnerschaften außerhalb von Ehe bzw. eingetragener Partnerschaft sollte dieser Punkt nicht übersehen werden.

Sofern Sie dauerhaft Ihren Wohnsitz verlegen und außer Ihnen wohnt niemand sonst in der bisherigen Wohnung bzw. ist in den Mietvertrag eintrittsberechtigt, stellt sich die Frage:

- Was mit Ihrem Mietvertrag bzw. Ihrer Eigentumswohnung (siehe auch Punkte D 1 und D 4, ► Seite 45, 46) geschehen soll?
- Wer sich um die persönlichen Gegenstände kümmert, die Sie nicht mit an Ihren neuen Wohnort mitnehmen können?
- Wer sich um die Abmeldungen etc. kümmert?

Zu den Punkten Wohnung und Einrichtung können und sollten Sie aus unserer Sicht aber auch separate Anweisungen geben. Möglicherweise haben Sie in Ihrem Testament oder Vermächtnis (► Seite 91) Ihre Bilder, die Münz- oder Briefmarkensammlung, die Teppiche oder Ähnliches für eine bestimmte Person vorgesehen? Möglicherweise weil diese in der Familie bleiben sollen oder als Erinnerungsstücke an Sie gedacht sind? Dann sollten sich diese Regelungen auch in Ihrer Vorsorgevollmacht wiederfinden, damit die Stücke nicht aus Unwissenheit von der bevollmächtigten Person verkauft werden, bevor sie vererbt/vermacht werden können.

Daneben können Sie in der Vorsorgevollmacht auch Ihr Äußerungs- und Stimmrecht als Wohnungseigentümer an die bevollmächtigte Person übertragen, damit keine kostenintensiven Baumaßnahmen (für die Sie ja mit bezahlen müssten) ohne die Vertretung Ihrer Interessen beschlossen werden können.

C Gesundheitsangelegenheiten. Dieser Punkt regelt, ob sich die von Ihnen bevollmächtigte Person auch um medizinische Angelegenheiten kümmern soll und darf in Zeiten, in denen Sie dazu nicht in der Lage sind. Auch und gerade, wenn Sie eine eigene Patientenverfügung (▶ Seite 50) erstellt haben, ist es empfehlenswert, Ihren Bevollmächtigten mit der Durchsetzung dieser Patientenverfügung zu beauftragen.

Mit welchen Ihrer Vertrauenspersonen dürfen Ärzte über Sie sprechen?

Der erste Punkt behandelt die Zustimmungspflicht zu ärztlichen Behandlungen. Hier müssten eigentlich Sie zustimmen oder die Behandlungen ablehnen – können es aber nicht. Dem Bevollmächtigten wird hier aufgetragen Ihren mutmaßlichen Willen umzusetzen. Ganz wichtig nicht nur für Paare ohne Trauschein oder nicht eingetragene Partnerschaften: Die Ärzte werden von ihrer Verschwiegenheitspflicht gegenüber der bevollmächtigten Person entbunden. Ohne diese Zustimmung von Ihnen, darf man dem Bevollmächtigten nichts über Ihren Gesundheitszustand sagen (siehe Kasten, ▶ Seite 20).

Die Vollmacht zur Zustimmung zu medizinischen Behandlungen mit gewöhnlich schweren oder nachhaltigen Beeinträchtigungen ist nur mit Rechtsaufklärung durch einen Anwalt, Notar oder Erwachsenenschutzverein möglich. Im Rahmen einer Patientenverfügung (▶ Seite 50) können diese Behandlungen auch verbindlich abgelehnt werden, jedoch nur nach ärztlicher und juristischer Beratung. Der Gesetzgeber will mit diesem Beratungszwang nicht Ihre Entscheidung beeinflussen, wohl aber sicherstellen, dass diese Entscheidung wohlüberlegt und unter Kenntnis der Konsequenzen erfolgt.

Verfügen Sie über eine Patientenverfügung, dann teilen Sie hier mit, dass es diese gibt und betrauen Ihren Bevollmächtigten damit, gegebenenfalls die Befolgung und Umsetzung der in der Patientenverfügung genannten Wünsche einzufordern. So kann es auch nicht dazu kommen, dass Sie beispielsweise in der Patientenverfügung die künstliche Ernährung durch eine Sonde in der Bauchdecke ablehnen, die bevollmächtigte Person aufgrund der im vorherigen Punkt erhaltenen Zustimmungsmöglichkeit diese künstliche Ernährung dann doch erlaubt. Mit diesem Punkt schränken Sie daher die Zustimmungsvollmacht auf die Bereiche ein, die nicht durch Ihre Patientenverfügung geregelt sind.

Sofern Sie keine Patientenverfügung haben, können Sie auf Seite 6 oben auch bestimmte medizinische Behandlungen ablehnen. Diese Wünsche müssen – sofern der Arzt Kenntnis davon hat – beachtet werden. Sie sind für den Arzt aber nur eine Richtlinie und nicht verbindlich. Das bedeutet, er hat eine Orientierung, was Sie wünschen, kann aber auch anders entscheiden. Zu den genauen Unterschieden zwischen sonstiger und verbindlicher Patientenverfügung siehe ▶ Seite 50.

In den nachfolgenden Punkten können Sie die bevollmächtigte Person auch zum Abschluss der notwendigen Behandlungsverträge und konkreten Pflege-, Betreuungs- und Vorsorgemaßnahmen berechtigen. Dieses halten wir für sinnvoll. Bei der Auflistung der Pflege-, Betreuungs- und Versorgungsmaßnahmen geht es um konkret zu benennende Maßnahmen. Sprechen Sie darüber mit Ihrem Arzt. Möchten Sie die bevollmächtigte Person nicht einengen, dann streichen Sie im Satz „Die Vollmacht umfasst auch folgende Pflege-, Betreuungs- und Versorgungsmaßnahmen" das Wort „folgende".

D Vermögensangelegenheiten. Ihre Vorsorgevollmacht wird erst dann wirksam, wenn Sie selbst nicht mehr entscheidungsfähig sind, sich möglicherweise aufgrund eines Komas nicht mehr äußern können etc. Doch das Leben geht trotzdem weiter und kostet Geld. Es muss also auch geregelt werden, wie die bevollmächtigte Person die entstehenden Kosten bezahlen soll. Der Punkt unterteilt sich in die Bereiche:

- allgemeine Regelungen
- Bankvollmacht
- abgabenrechtliche Angelegenheiten
- sonstige Vermögensangelegenheiten.

1. Allgemeines. Mit dem ersten Punkt geben Sie eine umfassende Verfügungsbefugnis über sämtliche Einkünfte und auch über die Ihnen gehörenden Vermögensgegenstände (PKW etc.). Dies bedeutet, dass die bevollmächtigte Person nicht eingeschränkt ist und alle Einkünfte und auch Ihr Vermögen zu Ihrer Versorgung einsetzen kann. Lediglich die Bankgeschäfte sind davon ausgenommen, da diese separat behandelt werden, Punkt D 2 (► Seite 46). Sofern Sie dies nicht wünschen, können Sie jetzt in den Folgepunkten Bevollmächtigte für einzelne Bereiche benennen:

- Wer darf über Ihr Einkommen aus Pension, Unfallversicherung etc. verfügen? Sofern Sie neben der Pension von der Sozialversicherung auch eine Betriebspension oder eine Pension aus einer Versicherung erhalten, sollten Sie das ebenfalls anführen, damit es zu keinen Unklarheiten kommen kann. Es empfiehlt sich, die bevollmächtigte Person an dieser Stelle auch zur Abgabe einer Haftungs- bzw. sogenannten „Pensionskonto-Erklärung" zu ermächtigen. Durch diese Erklärung erhält die pensionsauszahlende Stelle das Recht, nach dem Tod des Kontoinhabers eine eventuell überzahlte Pension selbstständig von der Bank zurückzufordern. Diese Haftungserklärung ist Voraussetzung dafür, dass die Pension ausgezahlt wird. Formulierungsvorschlag: „Der Bevollmächtigte darf in meinem Namen erklären, dass zu Unrecht auf mein Konto überwiesene Pensionszahlungen an die pensionsauszahlende Stelle zurücküberwiesen werden."

Nicht vergessen: Ohne Haftungserklärung zahlt die Pensionsversicherung nicht aus

- Wer darf über Liegenschaften verfügen? Hier kann die bevollmächtigte Person nicht nur über die Erträge verfügen, sondern auch Verträge wie beispielsweise Mietverträge oder Reparaturaufträge abschließen. Verkauf, Beleihung etc. sind weiter unten in einem eigenen Punkt genannt.
- Wer kann bestimmen, was mit bestimmten Vermögensgegenständen wie etwa Schmuck, wertvollen Teppichen oder Sammlungen geschieht? Ausgenommen ist hier das Geldvermögen, das in Punkt D 2 geregelt wird.
- Sollen Geldgeschenke gegeben werden? Wenn ja in welcher, genau bestimmten, Höhe? Beispielsweise als Anerkennung für die 24-Stunden-Pflege, die Reinigungskraft etc. Diese Ausgaben dienen nicht direkt Ihren Bedürfnissen und daher sollte die bevollmächtigte Person hier von Ihnen eine Anweisung erhalten – auch zu deren Schutz – was von Ihnen gewünscht ist.
- Sollen Schenkungen, von beispielsweise der Wohnung oder einer anderen Liegenschaft an eine vorher von Ihnen bestimmte Person erfolgen?
- Wer darf Rechtsgeschäfte vornehmen, die aufgrund des Wertes/Umfangs für Ihre (!) Vermögensverhältnisse unüblich sind? Dieser Punkt ist natürlich interpretationsbedürftig, da es auf Ihre Vermögensverhältnisse und die Üblichkeit der Geschäfte ankommt. Hier unterscheiden sich die Verhältnisse stark: Bill Gates verschenkt jedes Jahr Aktien im Wert von hunderten Millionen US-Dollar, bei anderen sind die Vermögensverhältnisse niedriger angesiedelt. Abgestimmt auf Ihre Vermögensverhältnisse sollten Sie daher hier anführen, für welche unüblich großen Geschäfte die bevollmächtigte Person zuständig sein soll. Besprechen Sie diesen Punkt nebst sinnvoller Formulierungen mit dem Rechtsanwalt, Notar oder Erwachsenenschutzverein.
- Gesetzlich verboten ist, dass die bevollmächtigte Person in Ihrem Namen mit sich selbst Geschäfte abschießt. Ein Beispiel dafür wäre etwa der Verkauf Ihres Grundstücks, in Ihrem Namen an sich selbst. Zwar ist es möglich dieses gesetzliche Verbot durch Ihre Genehmigung aufzuheben, dies jedoch sieht dieses Formular zu Ihrem Schutz nicht vor. Vielmehr wird Ihnen von uns empfohlen, dass Sie im Fall von drohenden Insichgeschäften der bevollmächtigten Person nicht durch diese, sondern durch eine andere Person vertreten werden, die dann auch mit dem Fachterminus „Kollisionsbevollmächtigter" bezeichnet wird.

2. Bankvollmacht. In diesem Unterpunkt werden die möglichen Bankvollmachten geregelt. Laut Auskunft einzelner Banken werden die Bankvollmachten in einer Vorsorgevollmacht auch von den Banken anerkannt. Dies ist jedoch nicht generell der Fall, zum Teil bestehen Banken auf eigenen Formularen für Bankvollmachten (► Seite 48). Fragen Sie daher bei Ihrer Bank nach, ob eine Bankvollmacht in einer Vorsorgevollmacht akzeptiert wird. Schließlich geht es darum, dass die von Ihnen bevollmächtigte Person zu Ihrem Nutzen an Ihr Geld kommt!

Wer darf über welches Konto bei welcher Bank in meinem Auftrag verfügen?

Beim Ausfüllen des Punktes D 2 zu den Bankvollmachten ist für Sie wichtig zu entscheiden, ob die von Ihnen bevollmächtigte Person auf alle Bankverbindungen oder nur einen Teil zugreifen können soll.

Am weitesten geht der dritte Unterpunkt, welcher den Zugriff auf alle Konten und Depots bei allen Kreditinstituten erlaubt. Beachten Sie, dass dieser Unterpunkt nicht die Safes und Schließfächer umfasst. Hier müssen Sie weiter unten beim Unterpunkt 5 eine zusätzliche Vollmacht erteilen.

Der zweite Unterpunkt bezieht sich im Vergleich zum dritten nur auf ein einzelnes Kreditinstitut, die Unterpunkte 1, 4, 6, 7 und 8 nur auf einzelne Konten (generell oder auf ein Kreditinstitut eingegrenzt) auch in Form von Sparbüchern.

Der neunte Unterpunkt regelt die Befugnisse der bevollmächtigten Person bei bestehenden Kreditverträgen. Wichtig für Sie ist, dass hier keine neuen Kreditverträge abgeschlossen und keine Kreditlimite ausgeweitet werden können. Die bevollmächtigte Person kann jedoch Kredite kündigen und/oder vorzeitig zurückzahlen, beispielsweise nach dem Verkauf des Wertpapierdepots. Dieser Punkt sollte also immer mit bedacht werden, da Sie natürlich durch Kreditrückführungen Zinsen sparen.

Ebenfalls immer sinnvoll ist der zehnte und letzte Unterpunkt, welcher die bevollmächtigte Person berechtigt, in Ihrem Namen Schadenersatzansprüche, beispielsweise gegenüber der Bank, geltend zu machen.

Bereits im Formular angeführt ist Ihre Zustimmung gegenüber Kreditinstituten, dass Sie die Bank vom Bankgeheimnis gegenüber dem Bevollmächtigten befreien. Das ist sehr sinnvoll, schließlich muss die bevollmächtigte Person ja beispielsweise den Kontostand kennen um Daueraufträge, Überweisungen und Ähnliches vornehmen zu können.

3. Abgabenrechtliche Angelegenheiten. Aus unserer Sicht spricht nichts dagegen, dass die bevollmächtigte Person zur Wahrnehmung aller abgabenrechtlichen Angelegenheiten berechtigt ist. Würde man dies nur auf Steuerfragen eingrenzen, wäre zu klären, wer dann für andere abgabenrechtliche Angelegenheiten wie etwa die Grundsteuer oder die Wasser- und Kanalgebühren zuständig ist.
Wenn die bevollmächtigte Person auch in den vermögensrechtlichen Angelegenheiten von D 2 von Ihnen eingetragen wurde, spricht auch nichts dagegen, sie zur Entgegennahme von Zahlungen aus abgabenrechtlichen Angelegenheiten (beispielsweise Steuerrückzahlung) zu ermächtigen.

4. Sonstige Vermögensangelegenheiten. Hier kann die bevollmächtigte Person mit weiteren Vermögensangelegenheiten betraut werden:

- Sie können die Berechtigung erteilen, Zahlungen und Wertgegenstände für Sie entgegenzunehmen und Zahlungen an Sie zu quittieren bzw. Zahlungen für Sie vorzunehmen
- Sie können die Berechtigung erteilen, Eintragungen im Grundbuch für alle oder einzelne Liegenschaften vorzunehmen
- Sie können die Berechtigung erteilen, bestimmten Personen in einer letztwilligen Verfügung zugedachte Gegenstände (siehe Vermächtnis, ► Seite 91) zu verwahren und diese im Todesfall auszuhändigen. Achtung: Zuerst muss abgeklärt werden,

ob die Hinterlassenschaft ausreicht, allfällige Schulden der verstorbenen Person zu begleichen. Notfalls müssen die Gegenstände zur Befriedigung der Gläubiger verkauft werden. Wichtig ist aber auch zu beachten, dass die bevollmächtigte Person für die Ausführung dieser Weisungen zumindest diese Stelle der letztwilligen Verfügung kennen muss. Andernfalls kann der Gegenstand aus Unkenntnis bereits vorher verkauft worden sein.
- Sie können darauf hinweisen, wo Ihr Testament hinterlegt ist.
- Sie können spezielle Wünsche äußern, die nicht im Formular vorgesehen sind wie beispielsweise jährliche Spenden für karitative oder kulturell tätige Organisationen.

Ohne Hinweis auf Vermächtnisse weiß die bevollmächtige Person nicht, was nicht verkauft werden darf

E Besondere Anordnungen. In den besonderen Anordnungen können Sie einerseits weitere Wünsche an die bevollmächtigte Person äußern und ihr andererseits bestimmte Maßnahmen untersagen.

3 Unterfertigung

Hier müssen Sie, der Vollmachtnehmer und mögliche Zusatz- oder Ersatzbevollmächtigte mit Ort, Datum und Namen unterschreiben. Bei Zusatzberechtigten sind mehrere Personen bevollmächtigt, Ersatzbevollmächtigte nehmen im Verhinderungsfall der erstberechtigten Person deren Aufgaben wahr. Kollisionsbevollmächtigte können eingesetzt werden, um Sie bei Insichgeschäften (► Seite 45) des Bevollmächtigten zu vertreten.

Die Unterschriften der bevollmächtigten Personen sind wichtig, da diese mit ihrer Unterschrift bestätigen, dass sie die Verpflichtungen aus der Vorsorgevollmacht auch annehmen. Diese wichtige Frage, ob die von Ihnen betrauten Personen das überhaupt wollen, sollte spätestens bei der Errichtung der Vollmacht und nicht erst im Ernstfall einer schweren Krankheit von Ihnen gestellt und von den Bevollmächtigten beantwortet werden.

Eine Vorsorgevollmacht wird erst dann wirksam, wenn sie im Österreichischen Zentralen Vertretungsverzeichnis (ÖZVV) registriert ist und auch die Vertretungsnotwendigkeit eingetragen ist.

Eine Registrierung bedeutet nicht, dass immer jemand Kenntnis vom Inhalt der Vollmacht hat und Sie Ihr Exemplar der Vorsorgevollmacht wegschließen können, etwa im Safe. Im Fall der Fälle muss die von Ihnen bevollmächtigte Person daher schnell und problemlos an ein Exemplar der Vorsorgevollmacht herankommen, damit sie für Sie und in Ihrem Auftrag die erforderlichen Maßnahmen durchführen kann (z.B. die Bezahlung von Rechnungen, Gespräche mit Ärzten oder Pflegeeinrichtungen etc.).

Verwahren Sie eine Kopie der Vorsorgevollmacht immer in Ihrem Vorsorge-Ordner und händigen Sie auch den bevollmächtigten Personen eine Kopie aus.

Welches Recht gilt bei Auslandsbezug?

Die Selbstbestimmung von Menschen im Sinne von Vorsorgevollmachten ist nicht nur in Österreich ein Thema. Sobald mehr als ein Land betroffen ist greift das Haager Erwachsenenschutzübereinkommen, dem Österreich Anfang 2014 beigetreten ist. Danach kann der Vollmachtgeber das Recht eines der betroffenen Staaten, welches für die Vorsorgevollmacht gilt, auswählen. In Frage kommen jedoch nur folgende Länder:

- der Staat, dessen Staatsbürger der Vollmachtgeber ist
- der Staat eines früheren oder jetzigen gewöhnlichen Aufenthalts des Vollmachtgebers
- der Staat, in dem sich ein Teil des Vermögens des Vollmachtgebers befindet. Diese Wahl ist jedoch auf den Vollmachtsumfang bezüglich des dort befindlichen Vermögens beschränkt.

Welches Recht gilt bei Auslandsbezug?

Sofern nicht das Recht eines bestimmten Staates gewählt wird, gilt immer das Recht jenes Staates, in dem der Vollmachtgeber zum Zeitpunkt der Errichtung der Vorsorgevollmacht seinen gewöhnlichen Aufenthalt hat. Dieses Recht ändert sich auch nicht dadurch, dass der gewöhnliche Aufenthalt in ein anderes Land gelegt wird.

Sofern bei Ihnen ein starker Auslandsbezug durch mehrere Staatsbürgerschaften, Wechsel des gewöhnlichen Aufenthaltes zwischen mehreren Staaten oder Vermögen in anderen Staaten vorliegt, sollten Sie einen sachkundigen Rechtsanwalt oder Notar nach den Besonderheiten und Gestaltungsmöglichkeiten befragen.

Beispiel

Ein Franzose mit gewöhnlichem Aufenthalt in Österreich errichtet eine Vorsorgevollmacht vor einem deutschen Notar. Danach zieht er dauerhaft nach Belgien. Für die Vorsorgevollmacht gilt das Recht von Österreich, da dort zum Zeitpunkt der Abfassung der Vorsorgevollmacht der gewöhnliche Aufenthalt war.

Erwachsenenvertreter-Verfügung

Bei der Einsetzung eines Erwachsenenvertreters durch das Gericht (► Seite 27) hat das Gericht den Wunsch der betroffenen Person nach einem bestimmten gerichtlichen Erwachsenenvertreter mit zu berücksichtigen, sofern dieser Wunsch nicht dem Wohl der betroffenen Person widerspricht.

Die Einrichtung einer Erwachsenenvertreter-Verfügung geschieht formal mit einer Verfügung gemäß § 244 ABGB. Die Erwachsenenvertreter-Verfügung muss schriftlich vor einem Notar, Rechtsanwalt oder Mitarbeiter eines Erwachsenenschutzvereins errichtet und im Österreichischen Zentralen Vertretungsverzeichnis eingetragen werden. Hegt die eintragende Person Bedenken gegen das Vorliegen der Entscheidungsfähigkeit der verfügenden Person, so hat sie die Eintragung abzulehnen und bei begründeten Anhaltspunkten für eine Gefährdung des Wohles der volljährigen Person unverzüglich das Pflegschaftsgericht zu verständigen. In dem von uns besprochenen Formular zur Vorsorgevollmacht ist Platz für eine Erwachsenenvertreter-Verfügung vorgesehen (siehe Punkt G Erwachsenenvertreter-Verfügung; bedingte, ► Seite 42).

Bankvollmacht

Bei UND-Konten ist äußerste Vorsicht geboten

Sie haben sich gegen eine Vorsorgevollmacht entschieden oder diese reicht Ihrer Bank nicht? Dennoch kann es natürlich sein, dass Sie aufgrund einer Krankheit (etwa auch Demenz) oder eines Unfalls irgendwann nicht mehr in der Lage sind, Ihre Alltagsgeschäfte zu bewältigen. Dazu gehören auch das Abheben von Bargeld von Ihrem Konto und das Überweisen von Rechnungen. Auch wenn Sie über finanzielle Mittel auf Konten und eventuell auch Wertpapierdepots verfügen

– Sie selbst können aufgrund von Krankheit oder Unfall nicht mehr darauf zugreifen. Bis zu einer gerichtlichen Erwachsenenvertretung (▶ Seite 27) oder gesetzlichen Erwachsenenvertretung (▶ Seite 29) auch niemand anderes, was in zeitkritischen Situationen (Beschaffung von teuren medizinischen Geräten, Anmeldung im Pflegeheim ...) problematisch sein kann.

Im Falle einer Ehe oder festen Partnerschaft können Sie überlegen, mit Ihrem Partner zusammen ein gemeinsames Konto einzurichten, auf das Sie beide jeweils einzeln Zugriff haben. Es handelt sich hier um ein sogenanntes Oder-Konto, d.h. jeder von Ihnen ist einzelzugriffsberechtigt auf das Konto. Dabei gehört das Konto Ihnen beiden gemeinsam, was bedeutet, Sie haften auch für ein mögliches Minus beide mit Ihrem gesamten Vermögen.

Sofern Sie nicht in einer Partnerschaft mit gemeinsamem Einkommen oder Vermögen leben, kommt ein Oder-Konto für Sie zumeist nicht in Betracht. Dies liegt daran, dass Sie bei einem Oder-Konto beide (gemeinsame) Eigentümer des Kontos und auch des Guthabens werden. Handelt es sich dabei nicht um gemeinsames Geld, verschenken Sie quasi die Hälfte an den Mitinhaber.

Tipp

Bei einem so genannten Und-Konto sind die Unterschriften aller Zugriffsberechtigten erforderlich. Dies bringt Ihnen eine hohe Sicherheit, ist jedoch für den Vorsorgefall sehr unpraktikabel: Da Sie nicht unterschreiben können, kommt die andere zugriffsberechtigte Person nicht an das Konto heran.

Tipps

- Erteilen Sie keine Vollmacht, welche den Vollmachtnehmer berechtigt, auch Untervollmachten auszustellen. So sind Sie sicher, dass nur Ihre Vertrauensperson(en) Zugriff zum Konto haben.
- Sie können die Vollmacht nur für einen Teil der Konten erteilen. Hierdurch verringern Sie das Risiko von Missbrauch, allerdings auch den (finanziellen) Handlungsspielraum des Bevollmächtigten.
- Sie können die Vollmacht im Innenverhältnis zwischen Ihnen und der bevollmächtigten Person einschränken auf alle Ausgaben, die der Vollmachtnehmer für Sie bzw. in Ihrem Auftrag tätigt. Dies schützt Sie zwar nicht vor Missbrauch, bietet jedoch eine bessere Basis für Schadenersatzansprüche.
- Legen Sie schriftlich fest, ob die bevollmächtigte Person für ihre Dienste bezahlt wird und/oder sie sich für Geburtstags- oder Weihnachtsgeschenke einen Geldbetrag entnehmen kann. Hiermit schaffen Sie eine nachvollziehbare Basis und schützen die bevollmächtigte Person vor Rückforderungen durch die (anderen) Erben.
- Stellen Sie die Vollmacht auch über den Todesfall aus, so dass die bevollmächtigte Person auch die Begräbniskosten bezahlen kann. Andernfalls müsste diese, sofern sie das Begräbnis organisieren soll, die Kosten aus eigenem Geld vorstrecken und später von den Erben zurückfordern (siehe auch ▶ Seite 72).
- Machen Sie sich Kopien von allen durch Sie erteilten Vollmachten und Zeichnungsberechtigungen. Die Welt ändert sich und damit manchmal auch Vertrauensverhältnisse. Dann sollten auch die erteilten Vollmachten geändert oder zurückgezogen werden.
- Vergessen Sie bei der Vollmachterteilung nicht Ihr Schließfach bei der Bank, wenn die bevollmächtigte Person hierauf Zugriff haben soll.

Die Bankvollmacht berechtigt nicht zur Erhöhung des Kreditrahmens

Als Ausweg bietet sich an, dass Sie Ihrer Vertrauensperson eine Vollmacht über Ihr Konto und/oder Depot geben, zumeist in Form einer Zeichnungsberechtigung. So kann Ihre Vertrauensperson alle Geldgeschäfte im Rahmen der bestehenden Konten und/oder Depots durchführen. Hinsichtlich eines Kontos bedeutet dies, dass die Vertrauensperson sowohl Überweisungen als auch Barabhebungen tätigen kann, Daueraufträge einrichten oder Ähnliches. Das ist jedoch nur innerhalb des bestehenden Konto- und Kreditvertrages möglich (beispielsweise ausnutzen von Überziehungsrahmen/Kontolimit). Die Neueinrichtung von Konten oder die Erhöhung eines Kreditrahmens ist nicht möglich. Bei einem Depot kann die Vertrauensperson auch Wertpapiere kaufen und verkaufen, jedoch immer nur im Rahmen Ihres Risikoprofils. Die zeichnungsberechtigte/bevollmächtigte Person wird hierbei nicht zum Inhaber der Konten und Depots, sie haftet damit auch nicht für ein bestehendes oder entstehendes Minus.

Vom Gesetz her ist die Erteilung einer Vollmacht formfrei, Banken sehen dafür jedoch zumeist ein bankeigenes Formular vor. Dieses hat seinen Grund in der Identifizierung des Vollmachtgebers (d.h. Ihnen) und des Vollmachtnehmers (d.h. Ihrer Vertrauensperson). Auch der Vollmachtnehmer muss sich in der Bank ausweisen und eine Unterschriftenprobe geben.

Eine Bankvollmacht bzw. Konten-Zeichnungsberechtigung ist jederzeit widerrufbar. Dennoch ist die Erteilung von Vollmacht bzw. Zeichnungsberechtigung ein erheblicher Vertrauensbeweis, da die Bank die Verwendung der Gelder nicht kontrolliert.

Patientenverfügung

Eine Notsituation kann leicht damit verbunden sein, dass ein Notarzt Sie betreuen muss oder Sie ins Krankenhaus müssen. Normalerweise können Sie dann sagen, ob Sie mit einer bestimmten Behandlung einverstanden sind oder diese ablehnen. Sind Sie jedoch nicht ansprechbar, so hilft hier eine Patientenverfügung. Da wir diese für sehr sinnvoll halten, besprechen wir diese im Folgenden ausführlich.

Ein Arzt muss – immer innerhalb der Gesetze – den Willen des Patienten berücksichtigen, wobei für den Arzt die Lebenserhaltung des Patienten höchste Priorität hat. Seit 2019 ist die Entscheidungsfreiheit des Arztes bei Sterbenden mit starken Schmerzen erhöht, hier kann er den schmerzfreien Tod höher gewichten als die unbedingte Erhaltung des Lebens. Allerdings darf ein Patient nicht gegen seinen Willen behandelt werden. Wie aber muss sich der Arzt verhalten, wenn der Patient nicht ansprechbar und nicht äußerungsfähig ist? Oder wenn dem Patienten wegen Krankheit, Alters oder auch eines Schockzustandes die Einsichts- und Urteilsfähigkeit fehlt? Dann ist es Aufgabe des Arztes, insbesondere in Notfällen, den Patienten am Leben zu erhalten, sofern er bei Sterbenden den schmerzfreien Tod nicht höher gewichtet. Dies ist die tägliche Situation beispielsweise bei Notärzten im Einsatz.

Sofern keine Dringlichkeit besteht und keine (ausreichende und verbindliche) Patientenverfügung vorliegt, kann die Einwilligung in eine Behandlung durch folgende Personen erfolgen:

- die vertretungsbefugten nächsten Angehörigen
- einen Vorsorgebevollmächtigten
- das Gericht
- einen Erwachsenenvertreter

Für einige Behandlungen muss der Erwachsenenvertreter die Zustimmung des Gerichts einholen

Wer im konkreten Fall einer Behandlung zustimmen darf, das hängt von der jeweiligen Behandlung ab. Bei einer Behandlung mit schwerwiegenden Folgen muss ein gerichtlicher Erwachsenenvertreter die Zustimmung des Gerichts einholen.

Bei der Patientenverfügung unterscheidet man zwischen verbindlicher und anderer oder sonstiger (früher: beachtlicher) Verfügung (► Seite 51). An die verbindliche Patientenverfügung muss sich ein Arzt strikt halten. Die sonstige Patientenverfügung gibt Richtlinien vor, lässt Ärzten jedoch mehr Spielraum, individuell auf Situationen einzugehen. Personen, die über eine Behandlung entscheiden dürfen, haben den Willen des Patienten zu berücksichtigen, d.h. auch die persönlichen Wertvorstellungen, die religiösen und weltanschaulichen Überzeugungen sowie frühere schriftliche und mündliche Äußerungen. Eine Patientenverfügung als Ausdruck des Willens von Ihnen als Patienten hilft allen Beteiligten, eine Entscheidung in Ihrem Sinne zu treffen. Auch einer „nur" sonstigen Patientenverfügung kommt hierbei eine große Bedeutung zu. Diese Bedeutung ist umso größer, je konkreter sie den Willen des Patienten wiedergibt. Dies bedeutet, je ähnlicher eine sonstige Patientenverfügung im Inhalt einer verbindlichen Patientenverfügung ist, desto größeres Gewicht hat sie bei der Entscheidungsfindung.

Die Patientenverfügung ist in Österreich durch ein eigenes Gesetz geregelt: das Patientenverfügungs-Gesetz (PatVG) von 2006. Die Patientenverfügung kann danach nur von einem selbst eingerichtet werden und zwar nur so lange, wie man einsichts-, urteils- und äußerungsfähig ist. Dies klingt bürokratisch und sehr formell, hat jedoch einen sehr ernsthaften Hintergrund: Es geht um Ihren Willen und darum, welche Behandlung Sie als Patient wünschen oder ablehnen. Damit ist natürlich klar, dass Sie nur selbst und nur bei klarem Verstand Ihre Patientenverfügung erstellen können. Helfen lassen dürfen Sie sich bei den Formulierungen und der Schreibarbeit natürlich schon.

Wozu dient eine Patientenverfügung

Mit einer Patientenverfügung können Sie im Vorhinein gegenüber Angehörigen, Behörden und Ärzten kundtun, welche Art der Behandlung Sie zukünftig nicht wünschen, und auch, welche Prinzipien oder ethischen Werte bei medizinischen Maßnahmen für Sie wichtig sind. Wesentlich ist, dass diese Patientenverfügung nur dann zum Tragen kommt, wenn Sie sich selbst nicht mehr zum Behandlungswunsch äußern können. Vom Verständnis her ist es also keine Sie selbst bindende Entscheidung oder Erklärung, sondern eine Vorab-Kundmachung des eigenen Willens für den Fall, dass Sie sich (zukünftig) eben nicht mehr frei entscheiden oder äußern können. Mit einer Patientenverfügung als Ihrer schriftlichen und damit klar dokumentierten Willensäußerung können Sie zumindest ein klares Bekenntnis dazu abgeben:

Eine Patientenverfügung wirkt erst dann, wenn Sie sich nicht mehr selbst äußern können

- Was sind Ihre eigenen Wünsche zu einer Behandlung?
- Wer darf in Ihrem Namen (und im Rahmen Ihrer Weisungen) über die Behandlungen entscheiden?

Verbindliche oder sonstige/andere Patientenverfügung?

Das Gesetz unterscheidet zwei Arten von Patientenverfügung: die verbindliche und die sonstige Patientenverfügung.

Die verbindliche Patientenverfügung. Eine verbindliche Patientenverfügung ist für den behandelnden Arzt verpflichtend. Er muss sich an den hier geäußerten Willen des Patienten halten, natürlich immer innerhalb der Gesetze.

- **Gegenstand der Verfügung.** Die abgelehnten medizinischen Behandlungen müssen konkret beschrieben sein oder eindeutig aus dem Gesamtzusammenhang der Verfügung hervorgehen. Zugleich muss aus der Patientenverfügung eindeutig und klar hervorgehen, dass der Patient die Folgen der Patientenverfügung korrekt einschätzt.
- **Aufklärung.** Vorab muss eine ausführliche ärztliche Beratung erfolgen und vom Arzt auch schriftlich bestätigt werden. Der Arzt muss hierbei auch dokumentieren, weshalb

Beispiel aus der Praxis

Die mögliche Bedeutung einer Patientenverfügung wird einem am besten durch ein Beispiel aus der Praxis vor Augen geführt. Stellen Sie sich für dieses Beispiel selbst folgende Fragen:

- Was würde ich als betroffener Patient für mich in dieser Situation wollen? Was möchte ich im Vorhinein festlegen für den Fall, dass ich mich später nicht mehr dazu äußern kann?
- Welche Person sollte für mich weitgreifende Entscheidungen treffen dürfen? Das beinhaltet auch, gegen den gesetzlichen Auftrag von Behörden und Ärzten zur unbedingten Lebenserhaltung entscheiden können? Möchte ich diesen Personen eine Entscheidungshilfe mitgeben?

Im Jahr 2008 erlitt der Franzose Vincent Lambert im Alter von 31 Jahren einen tragischen Verkehrsunfall und lag ab da regungslos und querschnittsgelähmt im Krankenhaus von Reims. Laut einem Gutachten aus dem Jahr 2014 hatte das Unfallopfer einen unheilbaren Gehirnschaden und befand sich in einem „vegetativen Zustand". Die Frau und fünf Geschwister wollten die Ernährungszufuhr unterbrechen und beriefen sich auf eine behauptete mündliche Äußerung des Unfallopfers vor dem Unfall, dass er als Patient keine künstliche Lebensverlängerung wünsche. Die Eltern des Unfallopfers und zwei weitere Geschwister hingegen „sahen" statt eines „vegetativen" einen „minimalen" Zustand des Patienten mit dem Versuch, Kontakt zur Außenwelt zu haben. In einer Beendigung der künstlichen Ernährung sahen sie eine „verkappte Euthanasie", d.h. eine (verbotene) Sterbehilfe. Der Europäische Gerichtshof für Menschenrechte (EGMR) benötigte einen Zeitraum von rund sieben Jahren, bevor er im Juni 2015 dazu ein Urteil fällte und die beabsichtigte Sterbehilfe für zulässig erklärte. Sie sehen, abseits der schwierigen juristischen Entscheidung zwischen (behauptetem) Patientenwillen, rechtlich zulässiger Verweigerung rein lebensverlängernder ärztlicher Maßnahmen und verbotener Sterbehilfe handelt es sich auch um ein extrem schwieriges moralisches und emotionales Thema, das innerhalb der Familie zu großen Belastungen führt.

der Patient die Folgen der Patientenverfügung aus seiner Sicht korrekt einschätzt, beispielsweise weil er Erfahrungen aufgrund einer eigenen Erkrankung oder im Familien- oder Freundeskreis hat.

- **Art der Errichtung.** Eine Patientenverfügung ist nur dann verbindlich, wenn sie schriftlich und mit Angabe des Datums vor einem Notar, einem Rechtsanwalt oder einem rechtskundigen Mitarbeiter der Patientenvertretungen oder eines Erwachsenenschutzvereins errichtet wird. Dabei muss der (zukünftige) Patient über die Folgen der Patientenverfügung und die Möglichkeiten des Widerrufs belehrt werden. Dies ist schriftlich zu bestätigen.
- **Acht-Jahres-Frist.** Eine verbindliche Patientenverfügung verliert ihre Verbindlichkeit für die behandelnden Ärzte, wenn sie älter als acht Jahre ist, wobei in der Patientenverfügung auch eine kürzere Frist festgelegt werden kann. Hierbei kommt es nicht auf das Datum der erstmaligen Niederschrift an, sondern auf das letzte Änderungsdatum. Mit jeder Änderung der Patientenverfügung gemäß den vorgenannten Punkten beginnt die Frist erneut zu laufen. Wichtig auch: Diese Frist gilt nicht, wenn der Patient die Patientenverfügung nicht ändern oder verlängern kann, beispielsweise weil die erforderliche Einsichts-, Urteils- oder Äußerungsfähigkeit nicht (mehr) gegeben ist.

Der Gesetzgeber will, dass Sie Ihre Entscheidungen spätestens nach acht Jahren prüfen

Die andere oder sonstige Patientenverfügung. Auch eine andere oder sonstige Patientenverfügung muss der Arzt in seine Überlegungen zur Behandlung mit einbeziehen. Das gilt für den Arzt, wenn in Notfällen keine Zeit für die Bestellung eines Erwachsenenvertreters besteht, der anstelle des Patienten in die Behandlung einwilligen kann. Das gilt aber auch für einen gerichtlichen Erwachsenenvertreter, der die Patientenverfügung bei seiner Entscheidung über die medizinische Behandlung der betroffenen Person zu berücksichtigen hat und auch für nahe Angehörige. In solchen Fällen muss möglichst dem Willen des Patienten entsprochen werden. Jede Patientenverfügung, die auch nur einen der Bestandteile der verbindlichen Patientenverfügung nicht enthält (beispielsweise keine ärztliche Aufklärung oder nach Fristablauf), ist dennoch eine sonstige oder andere Patientenverfügung. Eine verbindliche Patientenverfügung ist wegen der zwingenden medizinischen und rechtlichen Beratung immer mit Kosten verbunden. Sofern Sie also den Ärzten bei der Behandlung, dem Erwachsenenvertreter oder den Angehörigen keine fixe Entscheidung, sondern mehr eine Hilfestellung für eine Entscheidung in Ihrem Sinne mit auf den Weg geben wollen, empfiehlt sich die kostensparende Errichtung einer anderen Patientenverfügung. Generell gilt, dass sich eine verbindliche Patientenverfügung und eine andere Patientenverfügung im Inhalt unterscheiden können, aber nicht müssen. Dies wird schnell klar, wenn man sich verdeutlicht, dass eine verbindliche Patientenverfügung mit Fristablauf zu einer anderen Patientenverfügung wird. Am Inhalt hat sich hier nichts geändert! Der Unterschied liegt darin, ob Ärzte an die angeführten Wünsche gebunden sind oder ob diese als Richtlinien für die Behandlung zu sehen sind. Bei der Wichtigkeit einer Patientenverfügung für die Entscheidungen von Ärzten, Gerichten, Erwachsenenvertretern und Angehörigen wird zuerst nach dem Status als „verbindliche Patientenverfügung" und direkt danach nach dem Inhalt gefragt: Hat der Patient für die vorliegende Behandlungssituation einen konkreten Willen zur Ablehnung von Behandlungsmethoden geäußert und war er sich über die möglichen Konsequenzen im Klaren? Je konkreter Sie – möglichst auch mit ärztlicher Beratung – werden, desto eher stellen Sie sicher, dass Ihr Wille auch in diesen schwierigen Zeiten Berücksichtigung findet! Vieles spricht daher dafür, sich auch bei der Entscheidung für eine „nur" andere Patientenverfügung mit möglichen Situationen und den in diesen Situationen abgelehnten Behandlungsmethoden auseinanderzusetzen.

Inhalte und Formulierungshilfen

Es gibt kein verbindliches Formular für eine Patientenverfügung gemäß Patientenverfügungs-Gesetz. Unter Beachtung der obigen Formvorschriften kann daher jede Privatperson ebenso wie jeder Rechtsanwalt oder Notar ein eigenes „Formular" entwickeln. Das halten wir für problematisch, da es nicht zur einfachen und sachgerechten Aufklärung über Patientenverfügungen beiträgt. Wir empfehlen daher das Formular (siehe Anhang, ► Seite 113ff), das von der ARGE PatientenanwältInnen und Hospiz Österreich entwickelt wurde. Dieses Formular wird u.a. vom Bundesministerium für Arbeit, Soziales, Gesundheit und Konsumentenschutz, von der Österreichischen Notariatskammer, der Ärztekammer, den österreichischen Rechtsanwälten, den Vereinen für Erwachsenenvertretung, Rotem Kreuz, Caritas und Diakonie empfohlen. Hierzu hat die ARGE PatientenanwältInnen und Hospiz auch einen Ratgeber (sowie einen in einfacher Sprache) (siehe Literatur, ► Seite 109) herausgegeben, die wir uneingeschränkt empfehlen können.

Wir helfen Ihnen mit einem Formularvorschlag

Punkt 1. Meine Daten. Wir empfehlen, alle Daten auszufüllen. Angaben zu Ihrem Religionsbekenntnis werden nicht abgefragt, sind aber insbesondere dann wichtig, wenn Sie im späteren Verlauf angeben, dass Sie von einem Vertreter Ihrer Konfession begleitet werden möchten (bitte gegebenenfalls ergänzen).

Punkt 2. Beschreibung meiner persönlichen Umstände und Einstellungen. Der (später) behandelnde Arzt soll Ihren Willen bei Behandlungsmöglichkeiten mitberücksichtigen. Dies ist für ihn einfacher, wenn er Ihre prinzipielle Einstellung zum Leben, zu Ihrer Gesundheit und Krankheit, zum Sterben und zum Tod kennt.

Punkt 3. Inhalt der Patientenverfügung. Für die Abfassung einer verbindlichen Patientenverfügung ist es erforderlich, dass Sie genau festlegen, welche Behandlungen Sie ablehnen, und gegebenenfalls auch, in welchen Situationen Sie die Behandlungen ablehnen (d.h., in anderen Situationen wären die Behandlungen sehr wohl gewünscht). Da bei einer verbindlichen Patientenverfügung ein Arztgespräch zwingend vorgeschrieben ist, können Sie bei diesem auch die konkreten Formulierungen besprechen. Es ist jedoch in jedem Fall sinnvoll, sich bereits vorab

Gedanken hierzu zu machen. Insbesondere bei verbindlichen Patientenverfügungen kommt es auf sehr konkrete Beschreibungen der abgelehnten Behandlungen an. Diese Formulierungen müssen für eine dritte Person problemlos zu verstehen sein. Formulierungen wie „Wenn mein Zustand unwürdig ist ..." oder „Wenn mein Leben nicht mehr erträglich ist ..." sind unklar, da jeder Mensch hierunter etwas anderes verstehen kann. Nur dann, wenn Ihre Patientenverfügung für einen Außenstehenden, in der Regel für den Arzt und das Pflegepersonal im Krankenhaus (aber auch Ihren Erwachsenenvertreter, Ihre Angehörigen ...), problemlos verständlich ist, kann Ihr Wille auch umgesetzt werden. Hier lohnt sich der Aufwand eines Arztgesprächs bereits bei der Abfassung der Patientenverfügung, auch wenn diese nicht verbindlich sein soll.

Die nachfolgenden Formulierungsbeispiele sind dem Ratgeber der ARGE PatientenanwältInnen und Hospiz Österreich (2019) entnommen.

Wie können Formulierungen genau aussehen?

Für welche Situationen soll die Patientenverfügung gelten:

- bei aussichtsloser Prognose hinsichtlich meiner Krankheit ....
  (konkrete Erkrankung nennen)
- bei Erkrankungen, bei denen nach Maßgabe der aktuellen medizinischen Möglichkeiten der nahe bevorstehende Tod nicht abgewendet werden kann
- wenn ich einen schweren – nach dem aktuellen Wissensstand nicht mehr reversiblen – Hirnschaden habe, der mit Dauerbewusstlosigkeit oder Wachkoma einhergeht
- bei irreversiblem Ausfall der Herz-Lungen-Funktion
- bei dauerndem Ausfall lebenswichtiger Organfunktionen meines Körpers
  - Herz-Lungen-Funktion
  - Hirnschaden mit Dauerbewusstlosigkeit oder Wachkoma
  - Niere mit der Notwendigkeit der Dialyse
- für den Fall, dass ich nicht mehr schlucken kann oder nicht mehr schlucken will, obwohl mir immer wieder Nahrung, meinen persönlichen Vorlieben entsprechend, angeboten wurde
- bei Demenz im Endstadium
- für den Fall, dass sich im Rahmen einer Amyotrophen Lateralsklerose oder einer ähnlichen Erkrankung eine schwere Atemnot oder Atemversagen einstellt
- für den Fall, dass sich bei mir infolge einer neuromuskulären Erkrankung eine schwere Atemnot oder ein lebensbeendendes Atemversagen einstellt
- für den Fall, dass durch eine medizinische Maßnahme nicht mehr erreicht werden kann als eine Verlängerung des Sterbevorgangs
- wenn ich mich unabwendbar in der Sterbephase befinde
- wenn durch Unfall, Schlaganfall, Herzinfarkt, Sauerstoffmangel oder sonstige Erkrankungen ein Zustand eingetreten ist,
  - der keine bewusste Kommunikation mehr mit den Mitmenschen erlaubt und/oder
  - der keine eigenständige Mobilität (Bewegungsfähigkeit) erlaubt und/oder
  - der zur Folge hat, dass ich auch die einfachen Verrichtungen des täglichen Lebens nicht mehr selbst wahrnehmen kann, sondern diese durch Hilfspersonen besorgt werden müssen und bei diesem Zustand mit hoher Wahrscheinlichkeit keine wesentliche Besserung zu erwarten ist
- bei Erkrankungen, die ein Erwachen aus einer Bewusstlosigkeit weitgehend ausschließen
- bei neuromuskulären Erkrankungen in folgendem Stadium: ....

Welche Maßnahmen werden abgelehnt:

- künstliche Ernährung in jeder Form. Wenn Sie nur einige, aber nicht alle Arten der künstlichen Ernährung ablehnen, können Sie auch einzelne Maßnahmen auswählen:

  - Ernährung über PEG-Sonde (die PEG-Sonde ist ein künstlicher Zugang durch die Bauchdecke – perkutane endoskopische Gastrostomie – in den Magen)
  - Ernährung über Magensonde (Sonde über die Speiseröhre)
  - Ernährung über Infusionen
- künstliche Beatmung in jeder Form. Wenn Sie nur einige, aber nicht alle Arten der künstlichen Beatmung ablehnen, können Sie auch einzelne Maßnahmen auswählen:
  - Beatmung über Luftröhrenschnitt (Tracheotomie)
  - Maskenbeatmung
- Wiederbelebung
  - Herzdruckmassage
  - Beatmung
  - Defibrillation
  - medikamentöse Reanimation
- antibiotische Therapie
- Verabreichung herzstärkender Medikamente
- Aufrechterhaltung lebenswichtiger Organfunktionen mit medizinischen Maßnahmen, wenn diese Organfunktionen dauerhaft ausgefallen sind
  - Dialyse
  - Herz-Lungen-Maschine
  - künstliche Herzpumpe
  - Herzschrittmacher
- jede andere potenziell lebensverlängernde Therapie, außer zur Beherrschung anders nicht kontrollierbarer quälender Symptome, wie z. B. Schmerzen, Atemnot
- Wiederbelebungsmaßnahmen durch den Notarzt
- Falls sich bei der Intensivbehandlung herausstellt, dass mit einer Besserung meines Zustandes nicht mehr zu rechnen ist, lehne ich eine Fortführung der Intensivbehandlung ab.

Sie können eine an sich akzeptierte Behandlung auch zeitlich begrenzen, z.B. auf einen Monat, ein Halbjahr oder ein Jahr. Ob dies sinnvoll ist, sollte mit einem Arzt besprochen werden.

Punkt 4. Sonstige Anmerkungen. Unter „Sonstige Anmerkungen" im Formular können Sie weitergehende Hinweise zu Ihren Wünschen und Vorstellungen niederschreiben, auch zu Maßnahmen der sogenannten aktiven indirekten Sterbehilfe. Bei den sonstigen Anmerkungen handelt es sich nicht zwingend um die Ablehnung von medizinischer Versorgung, sondern dies betrifft auch Anordnungen zu einer gewünschten Versorgung wie beispielsweise den Verbleib im Pflegeheim, die konfessionelle Begleitung beim Sterben, die Unterstützung durch Angehörige. Auch hier greifen wir auf Formulierungsvorschläge der ARGE PatientenanwältInnen und Hospiz Österreich (2019) zurück:

Auch Wünsche und Vorstellungen finden ihren Platz

- Ich stimme einer Behandlung nach den Prinzipien der Palliativmedizin zu (palliativ = schmerz-, leid- und angstlindernd, -erleichternd). Ich stimme einer wirkungsvollen Schmerzlinderung zu, auch wenn dadurch eine Lebensverkürzung nicht auszuschließen ist.
- Ich bitte, dass in meiner letzten Lebensphase meine Angehörigen so unterstützt werden, dass ich möglichst in vertrauter Umgebung sterben kann.
- Ich möchte nach Möglichkeit in meiner letzten Lebensphase von meiner Familie gepflegt werden. Allenfalls unter Beiziehung eines mobilen Palliativteams oder des Hospizteams.
- Ich will in meinem neuen „Zuhause" im Pflegeheim .... bleiben, hier nach Maßgabe der vorhandenen Möglichkeiten auch medizinisch betreut werden und gegebenenfalls auch hier sterben. Das heißt für mich:

- Sollte eine Erkrankung oder Verletzung eintreten, die unter Berücksichtigung meiner sonstigen körperlichen Verfassung auch bei bester medizinischer Betreuung zum baldigen Versterben führen kann, lehne ich eine Transferierung ins Krankenhaus ab.
- Andere Erkrankungen oder Verletzungen, die keine lebensbedrohlichen Folgen befürchten lassen, möchte ich im Rahmen der vorhandenen Möglichkeiten im Pflegeheim versorgen lassen. Nur wenn eine fachgerechte Versorgung dort nicht möglich sein sollte, stimme ich einer Verlegung ins Krankenhaus zu.

Wie könnte für mich eine sinnvolle Formulierung aussehen?

- Ich möchte in meiner letzten Lebensphase nach Möglichkeit auf eine Palliativstation oder in ein stationäres Hospiz gebracht werden.
- Ich möchte, wenn möglich, psychosoziale Unterstützung in Anspruch nehmen.
- Ich bitte, mir eine meiner .... Konfession entsprechende religiöse Begleitung zu vermitteln.
- Ich möchte, dass Symptome wie Atemnot, Übelkeit, Hunger- und Durstgefühl, Unruhe und Angst durch geeignete Mittel im Sinn der Palliativmedizin und Palliativpflege behandelt werden.
- Ich möchte nicht, dass mein Leben um jeden Preis verlängert wird. Deshalb möchte ich, dass mein unmittelbarer Sterbeprozess akzeptiert und höher gewertet wird als die medizinischen und technischen Möglichkeiten einer zeitlichen Verlängerung meines Lebens.
- In Situationen, die in dieser Patientenverfügung nicht konkret geregelt sind, ist mein mutmaßlicher Wille im Konsens mit allen Beteiligten (Vorsorgedialog) zu ermitteln. Dafür soll diese Patientenverfügung als Richtschnur maßgeblich sein.

Wichtig. Für eine Organspende ist die Feststellung des Hirntods des Patienten erforderlich. Dies allerdings bedingt künstliche Beatmung, die von vielen Patienten mittels Patientenverfügung jedoch nicht gewünscht wird. Hier sollten Sie in die Patientenverfügung einen Hinweis darauf aufnehmen, dass Sie als Konsequenz Ihres Wunsches eine Organspende ablehnen und sich in jedem Fall in das Widerspruchsregister eintragen lassen (siehe auch ► Seite 62).

Sterbehilfe

Die aktive Sterbehilfe ist in Österreich gesetzlich verboten und strafbar. Nicht strafbar ist hingegen die passive Sterbehilfe, d.h. der Verzicht auf lebensverlängernde Maßnahmen, sofern der Patient dies selbst wünscht. Erlaubt ist zusätzlich die aktive indirekte Sterbehilfe. Darunter versteht man den Einsatz von medizinischen Maßnahmen wie beispielsweise die Gabe von Schmerzmedikamenten, auch wenn dadurch möglicherweise der Sterbeprozess verkürzt wird. Seit 2022 gibt es zusätzlich die Sterbeverfügung (► Seite 59), bei der Unterstützung zum selbstbestimmten Suizid erlaubt ist.

Punkt 5. Meine Vertrauenspersonen. Tragen Sie immer Ihre Vertrauenspersonen in die Patientenverfügung ein. Nennen Sie alle (!) diejenigen Personen, die ärztliche Auskunft über Ihren Gesundheitszustand erhalten dürfen oder Auskunft über Ihre Gesundheit geben dürfen. Die Patientenverfügung gilt erst dann, wenn Sie sich nicht mehr äußern oder Ihren Willen als Patient nicht mehr formulieren können. Angehörige, Lebensgefährten und Freunde erhalten ohne ihre Nennung an dieser Stelle keine Auskunft über Ihren Gesundheitszustand (► Seite 20).

Punkt 6. Hinweis auf allfällige Vorsorgevollmacht. Dabei handelt es sich nicht um die Bestellung einer vorsorgebevollmächtigten Person, sondern nur um die Mitteilung, dass Sie jemanden benannt haben und wo sich die Urkunde der Vorsorgevollmacht befindet.

Punkt 7. Name des Arztes. Nennen Sie hier den Arzt, der Sie beim Erstellen der Patientenverfügung aufgeklärt und beraten hat. Bei verbindlichen Patientenverfügungen ist dieser Punkt zwingend.

Punkt 8. Ärztliche Aufklärung. In diesem Punkt bestätigt der Arzt, dass Sie vor oder bei der Abfassung der Patientenverfügung ärztlich aufgeklärt wurden und die medizinischen Folgen der Patientenverfügung richtig einschätzen. Für eine verbindliche Patientenverfügung ist dies Pflicht.

Punkt 9. Rechtliche Aufklärung. In diesem Punkt bestätigt der Rechtsanwalt, Notar oder Mitarbeiter des Erwachsenenschutzvereins oder der Patientenvertretung die rechtliche Aufklärung. Für eine verbindliche Patientenverfügung ist dies Pflicht.

Unterschrift und Zeugen

Sie müssen die Patientenverfügung eigenhändig unterschreiben und sollten sie auch mit dem Datum der Unterschriftsleistung versehen. So kann auch eher sichergestellt werden, dass bei Vorhandensein von mehreren Versionen einer Patientenverfügung immer Ihr zuletzt geäußerter Wille zum Tragen kommt. Falls Sie nicht mehr selbst unterschreiben können, genügt auch ein Handzeichen. Dann muss dieser Ersatz für Ihre Unterschrift allerdings von zwei Zeugen bestätigt werden. Ist für Sie auch ein Handzeichen nicht mehr möglich, können Sie Ihre Patientenverfügung dennoch im Beisein eines Notars oder einer Gerichtsperson errichten. Falls Sie Schwierigkeiten beim Sprechen haben, kann eine Zustimmung beispielsweise auch mit Augenzeichen erfolgen.

Benötige ich einen Arzt und/oder Notar?

Wie sind die formalen Anforderungen?

Für die Abfassung einer verbindlichen Patientenverfügung ist die Beratung durch einen Arzt zwingend erforderlich. Laut Gesetz muss die verbindliche Patientenverfügung auch von einem Notar, einem Rechtsanwalt oder einem rechtskundigen Mitarbeiter der Patientenvertretungen oder eines Erwachsenenschutzvereins mit unterschrieben werden. Sowohl Arzt als auch der mitunterschreibende Rechtsvertreter kosten Geld und sind damit ein oft genanntes Hindernis zum einfachen und kostengünstigen Einrichten einer verbindlichen Patientenverfügung. Der Gesetzgeber hat diese formalen Erfordernisse jedoch aufgenommen, um eine kompetente fachliche Beratung über die Folgen einer Patientenverfügung sicherzustellen. Sofern Sie den Ärzten, Ihrem Erwachsenenvertreter oder Ihren Angehörigen keine fixen Anweisungen geben, jedoch Ihren Willen als Entscheidungsgrundlage mitteilen wollen, empfiehlt sich zumindest die Einrichtung einer anderen Patientenverfügung! Sie muss in die Entscheidungsfindung von Ärzten, Erwachsenenvertretern und Angehörigen mit einfließen, selbst wenn diese hierdurch nicht vollständig gebunden sind.

Das Patientenverfügungsregister

Patientenverfügungen werden üblicherweise in ein Patientenverfügungsregister eingetragen. Dies geschieht durch den Rechtsvertreter, der die (verbindliche) Patientenverfügung mit unterschreibt.

Im Patientenverfügungsregister der österreichischen Rechtsanwälte kann im Register nicht nur die Tatsache der Errichtung dokumentiert werden, sondern es besteht zusätzlich die Möglichkeit, eine eingescannte Abbildung der Verfügung selbst abzuspeichern. Damit wird abfragenden Krankenhäusern die Gelegenheit geboten, direkt in den Inhalt einer Patientenverfügung Einsicht zu nehmen, womit ein möglicherweise entscheidender Zeitverlust bei der Suche nach der Verfügung vermieden werden kann. Mit der Novelle 2019 des Patientenverfügungsgesetzes (in Kraft getreten am 01.02.2019) werden Patientenverfügungen auch in ELGA (Elektronische Gesundheitsakte) gespeichert. Voraussetzung hierfür ist jedoch, dass der Errichter der Patientenverfügung auch ELGA-Teilnehmer ist und kein Widerspruch gegen die Speicherung von ELGA-Gesundheitsakten besteht. Wurde die Patientenverfügung vor einem Anwalt oder Notar unterzeichnet, so wird dieser die Anmeldung bei ELGA vornehmen. Allerdings kann auch ein (zukünftiger) Patient selbst die Patientenverfügung bei ELGA anmelden (www.elga.gv.at).

Trotz des möglichen Vorteils eines schnellen elektronischen Zugriffs sollten zusätzlich unsere Tipps aus dem Kapitel „Patientenverfügung im ärztlichen Alltag" berücksichtigt werden. In Bezug auf ELGA gilt dies insbesondere auch aus dem Grund, dass noch nicht alle Ärzte und Krankenhäuser an ELGA angeschlossen sind.

Prinzipiell kann die Patientenverfügung jedoch überall aufbewahrt werden, nur sollte sie im Notfall auffindbar sein. Dies können Sie mit unterstützen, indem Sie immer einen Hinweis auf das Vorhandensein und den Verwahrort der Verfügung bei sich tragen. Ein sinnvolles Mittel ist beispielsweise die Hinweiskarte der NÖ Patienten- und Pflegeanwaltschaft (siehe Anhang, ► Seite 113ff). Haben Sie die Verfügung vor einem Notar oder Rechtsanwalt unterzeichnet, wird dieser Ihnen eine ähnliche Karte aushändigen.

Patientenverfügung im ärztlichen Alltag

Sie haben eine Patientenverfügung und wollen natürlich, dass Ihr dort festgehaltener Wille zu den abgelehnten Behandlungen beachtet wird. Dabei sollten Sie mit berücksichtigen, dass der ärztliche Auftrag zuerst einmal auf die Erhaltung des Lebens ausgerichtet ist. In stressigen Situationen hat normalerweise weder ein Notarzt noch der diensthabende Klinik-Arzt die Zeit und Muße, eine Patientenverfügung zu suchen und Detektivarbeit zu betreiben – dazu ist er auch nicht verpflichtet! Im Sinne der Durchsetzung Ihres eigenen Willens sollten Sie daher Vorsichtsmaßnahmen ergreifen:

Wie erfährt der Arzt von der Patientenverfügung?

- Tragen Sie die Hinweiskarte auf das Vorhandensein der Patientenverfügung immer bei sich, am besten direkt bei Ihrem Ausweis (der vom Krankenhaus immer benötigt wird).
- Informieren Sie Ihre nahen Angehörigen nicht nur über das Vorhandensein einer Patientenverfügung, sondern auch über deren Inhalt und den Verwahrort. Statten Sie Vertrauenspersonen mit einer Kopie der Patientenverfügung aus.
- Geben Sie Ihrem Hausarzt eine Kopie der Patientenverfügung mit der Bitte, dieses Schriftstück in Ihrer Patientenakte zu verwahren. Wird Ihr Hausarzt zu einem Notfall bei Ihnen gerufen und muss entscheiden ob und welche lebensverlängernden Maßnahmen ergriffen werden sollen und dürfen, kennt er Ihren Willen.
- Bei einem Krankenhausaufenthalt geben Sie (oder Ihre Angehörigen, Ihre Vertrauensperson) den Ärzten eine Kopie der Patientenverfügung für die Krankenakte.
- Bei einem wiederholten Krankenhausaufenthalt oder der Verlegung auf eine andere Station hinterlegen Sie erneut eine Kopie der Patientenverfügung.
- Im Pflegeheim hilft ein Notfallbogen, der neben den Namen und Telefonnummern Ihrer Angehörigen auch einen Hinweis auf den Aufbewahrungsort der Patientenverfügung enthält.

In Ihrem persönlichen Interesse sollten Sie hier eher eine Kopie zu viel verteilen, als dass Ihr erklärter Wille nicht berücksichtigt wird. Aber bitte: Vermerken Sie in Ihren Unterlagen bei der Patientenverfügung, wem Sie wann eine Kopie gegeben haben. Ändert sich Ihr Wille zu Ihrem

Behandlungswunsch und Sie ändern Ihre Patientenverfügung entsprechend, sollten auch die vorher verteilten Kopien durch eine aktuelle Version ersetzt werden.

Sterbeverfügung

Die Hilfe beim Suizid (Freitod, Selbstmord) einer anderen Person ist/war unter Strafandrohung verboten. Diese Regelung des Strafgesetzbuchs wurde jedoch vom Verfassungsgerichtshof zum Jahresende 2021 aufgehoben und es wurde dem Gesetzgeber eine neue Regelung mit Schutz vor Missbrauch auferlegt. Der Gesetzgeber reagierte hierauf mit dem sogenannten Sterbeverfügungsgesetz. Wir fassen zusammen und erklären auch die Unterschiede zwischen Sterbehilfeverfügung und Patientenverfügung. Der Gesetzgeber setzt beim Sterbeverfügungsgesetz einen engen Rahmen, der in der Praxis wahrscheinlich dafür Sorge trägt, dass die neue Regelung nur sehr restriktiv genutzt werden kann. Die wesentlichen Inhalte:

Die Nutzung der Sterbeverfügung ist stark reglementiert!

- **Betroffener Personenkreis.** Eine Sterbeverfügung kann nur von einer Person errichtet werden, die an einer unheilbaren, zum Tod führenden Krankheit oder an einer schweren, dauerhaften Krankheit mit anhaltenden Symptomen leidet, deren Folgen die betroffene Person in ihrer gesamten Lebensführung dauerhaft beeinträchtigen. Eine schwere Depression oder ein Überdruss am Leben sind also nicht ausreichend.
- **Die Selbstbestimmung des Betroffenen.** Die sterbewillige Person muss sowohl im Zeitpunkt der Aufklärung als auch im Zeitpunkt der (höchstpersönlichen) Errichtung der Sterbeverfügung volljährig und entscheidungsfähig sein. Die Entscheidungsfähigkeit muss zweifelsfrei gegeben sein. Auch muss das Mittel selbst eingenommen werden. Ist aufgrund von Krankheit (z.B. Demenz, Bewusstlosigkeit, etc.) bei den späteren Terminen keine eigene Entscheidungsfähigkeit mehr gegeben, so greift das Gesetz nicht.
- **Ärztliche Aufklärung.** Es muss eine Aufklärung durch zwei Ärzte erfolgen, die auch die Voraussetzungen von Punkt 1) und den freien Willen bestätigen müssen. Einer der Ärzte ist frei wählbar, hier sollte der behandelnde Arzt bzgl. der Krankheit gewählt werden, der anderen Arzt muss ein Palliativmediziner (Beratung und Begleitung schwerkranker Menschen mit unheilbarer Krankheit) sein.
- **Erstellung der Sterbehilfeverfügung.** Die Sterbehilfeverfügung wird durch einen Notar oder einen rechtskundigen Vertreter einer Patientenvertretung erstellt. Zwischen der ärztlichen Aufklärung und der Erstellung muss ein Zeitraum von mindestens zwölf Wochen (drei Monate) liegen. Dieser kann nur bei nahendem Tod auf zwei Wochen verkürzt werden. Die Frist dient dazu, sich der Konsequenzen des Suizids nochmals bewusst zu werden und diese ruhig überdenken zu können. Besprechen Sie mit den Ärzten, ob eine Fristverkürzung möglich und sinnvoll ist.
- **Präparat und Wirkung.** Der Sterbewillige erhält mit der Sterbeverfügung das entsprechende Präparat in der Apotheke. Dieses ist in der Regel das bereits in der Schweiz verwendete Präparat Natrium-Pentobarbital. Es führt zum Einschlafen und Tod (durch Ersticken) innerhalb von fünfzehn Minuten. Per Verordnung kann der Gesundheitsminister auch andere Präparate zulassen.
- **Fristen.** Die für die Erstellung der Sterbeverfügung erforderliche ärztliche Aufklärung muss wiederholt werden, wenn mehr als ein Jahr seit der Aufklärung verstrichen ist. Eine Sterbeverfügung wird unwirksam, wenn seit der Errichtung mehr als ein Jahr vergangen ist.
- **Freiwilligkeit der unterstützenden Personen.** Alle unterstützenden Personen wie Ärzte, Notar, Mitarbeiter Patientenvertretung, Apotheker, etc. handeln freiwillig, d.h. sie können die Unterstützung auch ablehnen.

Patientenverfügung versus Sterbeverfügung

Sowohl die Sterbeverfügung als auch die Patientenverfügung beziehen sich auf Menschen mit Krankheiten, die zum Tod führen. Auch sind bei der verbindlichen Patientenverfügung eine ärztliche Beratung und eine Abfassung durch einen Notar oder anderen Rechtsvertreter vorgesehen. Ebenso ist die freie Willensäußerung des Betroffenen erforderlich. Dennoch sind die Unterschiede beachtlich. Die wesentlichen Unterschiede:

Die Unterschiede sind beachtlich

- **Freie Willensäußerung im Zeitablauf.** Bei der Patientenverfügung ist die freie Willensäußerung nur bei ihrer Erstellung erforderlich. Bei der verbindlichen Patientenverfügung inkl. ärztlicher und rechtlicher Aufklärung, bei der sonstigen Patientenverfügung auch ohne diese. Der (zukünftige) Patient regelt damit, welche medizinischen Behandlungen er ablehnt, wenn er sich nicht mehr selbst hierzu äußern kann (z.B. im Koma). Die konkrete Erkrankung muss hierbei noch nicht gegeben sein, bei der Sterbeverfügung hingegen schon. Hiermit wird keine Behandlung abgelehnt, sondern der selbstbewusst gewählte Tod herbeigeführt. Auf die ärztliche und rechtliche Beratung kann nicht verzichtet werden, die Selbstbestimmung muss bis zuletzt gegeben sein.
- **Inhalt.** Bei der Patientenverfügung wird ausgesagt, welche medizinischen Behandlungen der Patient ablehnt. Hierdurch wird eine künstliche Verlängerung des Lebens bei tödlichen Erkrankungen verhindert und der Tod tritt früher ein. Bei der Sterbeverfügung lehnt der sterbenskranke Patient keine Behandlung ab, sondern wählt den Suizid. Dies unabhängig von der möglichen oder gewünschten ärztlichen Versorgung.

Beispiel

Der Patient kann nach einem Schlaganfall mit Lähmung nicht mehr schlucken. Der Arzt kann ihn über eine Magensonde ernähren und so den Tod hinauszögern. Oder der Patient lehnt eine Versorgung mittels Magensonde ab und wird dann innerhalb von drei bis vier Tagen ohne Schmerzen sterben.

Empfehlung

Wir empfehlen jedem Menschen ab dem Erwachsenenalter die Abfassung einer Patientenverfügung. Denn medizinische Behandlungen bei gleichzeitig Unmöglichkeit der eigenen Meinungsäußerung betreffen nicht nur alte Menschen mit Demenz oder anderen Erkrankungen. Bereits ein Auto- oder Motorradunfall mit anschließendem Koma, eine schwere Erkrankung, etc. können dazu führen, dass sich für Sie die Frage stellt, ob und wie Sie behandelt werden und zukünftig leben wollen. Nur dass Sie sich zu diesem Zeitpunkt möglicherweise nicht dazu äußern können. Der Arzt müsste sich für lebensverlängernde Maßnahmen entscheiden, Ihre Familie müsste Ihren mutmaßlichen Willen gerichtlich durchsetzen. Entlasten Sie daher Ihre Angehörigen und auch die Ärzte durch Mitteilung Ihres Willens mittels Patientenverfügung. Diese wird erst dann wirksam, wenn Sie sich selbst nicht mehr äußern können und die Bedingungen der Verfügung erfüllt sind.

Zum Unterschied zwischen einer verbindlichen und einer sonstigen/anderen Patientenverfügung siehe ► Seite 51.

Organspende

– Organspende und Patientenverfügung
– Widerspruch zur Organspende

Einer Organspende muss man in Österreich im vorhinein widersprechen

Viele Menschen sind schwer krank und benötigen für ihr Überleben oder ein möglichst menschenwürdiges Leben eine Organspende. Diese kommt zumeist von Verstorbenen, denen das für den Schwerstkranken lebensnotwendige Organ (beispielsweise Herz, Leber etc.) nach dem ärztlich festgestellten Tod entnommen wird. Transplantationen und Organspenden werden seit dem 13.12. 2012 im Organtransplantationsgesetz (OTPG) gesetzlich geregelt.

In Österreich dürfen einer verstorbenen Person Organe, Organteile oder Gewebe für Organspenden entnommen werden, sofern sie nicht bereits zu Lebzeiten diesem Vorgehen widersprochen hat (Widerspruchslösung). Dies gilt für alle Menschen, die sich in Österreich aufhalten, unabhängig von deren Staatsbürgerschaft.

Beispiel

Ein in Deutschland ansässiger deutscher Staatsbürger stirbt in Wien. Da er gegen Organspenden ist, hat er in Deutschland keinen Organspenderausweis beantragt. In Österreich gilt die umgekehrte Regel, dass jeder Mensch Organspender ist, sofern er nicht widerspricht. Damit könnte dem Urlaubsgast in Österreich ein Organ entnommen werden!

Im Gesetz wird aber auch klar geregelt, dass

- Organe nach diesem Gesetz nicht zu Forschungszwecken entnommen werden dürfen,
- Organentnahmen nur nach Feststellung des Todes durch einen unabhängigen Arzt durchgeführt werden dürfen,
- Organspenden nicht der Erzielung von Gewinnen dienen dürfen
- Entnahmen nicht zu einer die Pietät verletzenden Verunstaltung der Leiche führen dürfen.

Möchte man selbst – aus welchen Gründen auch immer – nicht Organspender sein, so muss man den Widerspruch hierzu erklären und sollte diesen Willen in das Widerspruchsregister der Gesundheit Österreich GmbH eintragen lassen. Der Widerspruch (Formular siehe Anhang, ► Seite 113ff) ist auch für Kinder oder nicht geschäftsfähige Personen durch ihre gesetzlichen Vertreter möglich. Für Ärzte ist dieser Widerspruch bindend. Sie müssen vor einer Organentnahme im Widerspruchsregister nachsehen, ob sie die Organe einer verstorbenen Person entnehmen dürfen.

Laut Homepage der Gesundheit Österreich GmbH (siehe Anhang, ► Seite 103) werden neben dem offiziellen Eintrag in das Widerspruchsregister auch ein persönliches Schreiben bei den Ausweispapieren oder mündliche Aussagen gegenüber nahen Angehörigen respektiert. Dies ist insbesondere deshalb wichtig, da das Widerspruchsregister vorrangig für die österreichische Wohnbevölkerung mit (österreichischer) Sozialversicherungsnummer konzipiert wurde.

Tipp

Unabhängig von der gesetzlichen Regelung ist in der Regel jedes Krankenhaus darum bemüht, auch mit den Hinterbliebenen einen Konsens zu finden. Ist Ihnen also besonders wichtig, dass Ihre Organe entnommen werden dürfen, dann halten Sie auch das sicherheitshalber schriftlich fest.

Bekommen Sie häufig Besuch von Personen aus Staaten wie beispielsweise Deutschland mit einer Zustimmungslösung bezüglich Organspenden (der potenzielle Spender muss im Vorfeld explizit zugestimmt haben), dann sollten Sie diesen auf die andersartige Lösung in Österreich hinweisen. Dies insbesondere dann, wenn Sie wissen, dass Ihr Gast Organspenden ablehnt. Es genügt dann der angesprochene Zettel mit der Ablehnung in der Brieftasche, damit die österreichischen Ärzte und Behörden über den Wunsch des Besuchers informiert werden.

Wichtig: Für eine Organspende ist die Feststellung des Hirntods des Patienten erforderlich. Dies allerdings bedingt künstliche Beatmung, die von vielen Patienten mittels Patientenverfügung nicht gewünscht wird. Wenn dies auch auf Sie zutrifft, sollten Sie in die Patientenverfügung einen Hinweis darauf aufnehmen, dass Sie als Konsequenz Ihres Wunsches eine Organspende ablehnen und sich in jedem Fall in das Widerspruchsregister eintragen lassen. Das im Anhang befindliche Formular hat den Stand September 2020. Die Gesundheit Österreich GmbH behält sich Änderungen vor und stellt die jeweils aktuelle Version des Formulars zur Verfügung auf https://goeg.at/Widerspruchsregister.

Das Widerspruchsregister gilt nicht für Organspenden zu Lebzeiten

Ihr Widerspruch gegen Organspenden bezieht sich immer nur auf Organentnahmen nach dem Tod. Zu Lebzeiten können Sie trotz des Widerspruchs Organe (beispielsweise eine Ihrer zwei Nieren) spenden oder Ihren Widerspruch widerrufen.

Vorsorge über den Tod hinaus

– Hilfe für Trauernde
– Das Begräbnis
– Von der Verlassenschaft zum Erbe

Es ist gerade bei zunehmendem Alter ein normaler Vorgang, dass man beginnt, sich mit den persönlichen körperlichen Einschränkungen zu beschäftigen, wie auch mit dem langsamen Abbau von geistigen Fähigkeiten (z.B. gewisse Vergesslichkeit noch weit entfernt von der Krankheit Alzheimer). Verstärkt wird dies dadurch, dass auch Personen im eigenen Freundes- und Bekanntenkreis mit davon betroffen sind. Durch die Eltern und Großeltern hat wohl jeder Mensch ab dem Alter von 50 Jahren auch schon nähere Erfahrungen oder Berührungen mit dem Tod gehabt.

Als hinterbliebene Person, wenn Verwandte und Freunde gestorben sind, wird man – noch bevor man selbst betroffen ist – mit dem Thema Sterben und Tod konfrontiert. Damit stellen sich auch Fragen zu den Themen Begräbnis, Vermächtnis und Testament: „Wie stelle ich mir die wesentlichen Entscheidungen über mich, meinen Körper sowie mein Hab und Gut nach meinem Tod vor? Möchte ich den mir besonders wichtigen Menschen ein Andenken hinterlassen? Will ich dafür sorgen, dass Güter, die ich von meinen Eltern oder Großeltern übernommen habe, durch meine Nachkommen oder auch Freunde weiter gepflegt und behütet werden? Gibt es Personen, für die ich sicherstellen möchte, dass Sie gut versorgt sind?"

In den nächsten Kapiteln werden wir uns daher auch mit der Vorsorge über den Tod hinaus beschäftigen. Bereits an dieser Stelle sei aber nochmals angesprochen, dass insbesondere das Testament, bei der Versorgung von Personen, die man versorgen möchte, nicht nur eine Thematik für Menschen im Alter von 50+ ist! Auch junge Menschen können durch Unfall oder Krankheit aus dem Leben gerissen werden. Dann kann es wichtig sein, dass insbesondere die eng verbundenen Menschen außerhalb der gesetzlichen Erbfolge finanziell abgesichert oder mit Erinnerungsstücken versorgt werden.

Nicht zuletzt ist es für viele Menschen auch wichtig, dass sie „ihr Haus bestellt haben", damit sie – wenn es denn schon unvermeidlich ist – beruhigt gehen können.

Die Trauernden entlasten

Insbesondere wenn ein geliebter Mensch völlig unerwartet – und dies kann auch nach schwerer Krankheit sein – aus dem Leben scheidet, ist dies für die nahen Angehörigen und Freunde ein Schock und oftmals eine brutale Qual. Alle Entscheidungen, Vorbereitungen und Besprechungen für das Begräbnis sind zu bewältigen, oft in kurzer Zeit. Alle der verstorbenen Person wichtigen Freunde, Arbeitskollegen und nahen Verwandten einladen, die Personen einladen, die einem selbst Stütze sind und die Beerdigung vorbereiten. Später alle finanziellen Belastungen wie Abonnements, Abbuchungsaufträge, Verbindlichkeiten aufspüren, bewerten und möglichst kündigen. Einerseits ist diese Beschäftigung eine gewisse Möglichkeit, die eigene Trauer um den Hinterbliebenen etwas „in den Hintergrund zu drängen", andererseits ist die permanente Frage nach „Was ist in seinem Sinne? Was hätte er gewollt?, „Mache ich dies auch alles richtig?" oft sehr belastend.

Dem Willen des Verstorbenen auf der Spur

Bei formalen Fragen wie der Gestaltung der Parte etc. ist das Bestattungsunternehmen ein wichtiger Helfer. Auch das Internet bietet gute Tipps.

Geht es um die großen und sehr persönlichen Fragen wie nach dem letzten Willen, der gewünschten Form des Begräbnisses etc., so ist es für die Hinterbliebenen eine unschätzbare Hilfe, wenn die verstorbene Person noch zu Lebzeiten ihre Wünsche festgehalten hat. Tat sie dies nicht, greifen einerseits gesetzliche Regelungen (beispielsweise Erbfolge) oder müssen die Hinterbliebenen die Entscheidungen treffen. Wer hier zeitgerecht vorsorgt, entlastet nicht nur seine nächsten Angehörigen in der Zeit der intensivsten und plötzlichen Trauerarbeit. Es ist auch die einzige Möglichkeit, die erforderlichen Entscheidungen nach dem eigenen Tod zu beeinflussen.

Vor der Frage wie das gewünschte Begräbnis aussehen soll, stellt sich die Frage, ob Sie Ihren Körper der Wissenschaft zur Verfügung stellen wollen. „Körperspende" nennt sich dies und wird alleine bei der Universität Innsbruck von 150 Spendern im Jahr gewünscht. Dazu müssen Sie eine „letztwillige Verfügung" über Ihren Köper ausstellen (Formulare über die medizinischen Universitäten), die oft auch eine Aussage zur Zustimmung der Angehörigen beinhaltet. Neben der Förderung der Wissenschaft hat die Körperspende den finanziellen Vorteil, dass die Universität im Normalfall die Kosten des späteren Begräbnisses übernimmt.

Das Begräbnis

Wesentlich ist, dass bei der Wahl des Begräbnisses der Wille der verstorbenen Person berücksichtigt werden soll, sofern dieser bekannt und dies gesetzlich zulässig ist. Die Umsetzung des Begräbniswunsches kann dadurch erfolgen, dass die (nächsten) Angehörigen den ihnen mündlich mitgeteilten Willen umsetzen.

Bitte beachten Sie, dass Friedhöfe unter Umständen nicht zu einer Beerdigung verpflichtet sind. So kann die Beerdigung an die Konfession oder auch an den Wohnort gebunden sein. Letzteres bedeutet, dass ein Salzburger nicht zwingend im Wiener Stadtteil Währing bestattet werden kann, selbst wenn dort seine Familienangehörigen ihre letzte Ruhestätte gefunden haben. Informationen zu den örtlichen Gegebenheiten entnehmen Sie der Friedhofsordnung und erhalten Sie von der Gemeindeverwaltung bzw. bei konfessionellen Friedhöfen bei der jeweiligen Kirche bzw. Religionsgemeinschaft. Einen gesetzlichen Anspruch auf ein Grab (Grabnutzungsrecht) hat man nur in der Stadt oder Gemeinde, in der man vor seinem Tod gemeldet war. Klären Sie also für sich mit dem betreffenden Friedhof, ob und unter welchen Umständen eine Bestattung später einmal zugelassen werden kann. Auch sehen viele Friedhöfe einen Auswärtigenzuschlag in der Gebührensatzung vor. Eine andere Möglichkeit ist, dass die verstorbene Person noch zu Lebzeiten einen Vorsorgevertrag mit einem Beerdigungsinstitut abgeschlossen hat, um im Vorhinein alles Notwendige zu regeln.

Die Umsetzung durch die Angehörigen wie auch der Vorsorgevertrag mit dem Beerdigungsinstitut bedingen beide eine Voraussetzung: Sie sollten sich mit den unterschiedlichen Möglichkeiten der Bestattung und ihren Vor- und Nachteilen auseinandergesetzt haben. Wir möchten Ihnen daher an dieser Stelle einen Überblick über die wesentlichen Möglichkeiten geben. Details und Auskünfte zur rechtlichen Zulässigkeit in den unterschiedlichen Bundesländern erfahren Sie dann beispielsweise in Form eines kostenlosen Beratungsgesprächs bei einem örtlichen Bestattungsunternehmen.

Welche Art von Begräbnis möchte ich?

Es gibt unterschiedliche Arten der Bestattung, unter denen man bereits zu Lebzeiten die für einen selbst beste Wahl treffen kann. Gründe für die Wahl einer bestimmten Bestattungsart gibt es viele, beispielsweise:

Was spricht für eine bestimmte Begräbnisart?

- Ich möchte neben meinem Partner beerdigt werden
- Unsere Familie hat ein Familiengrab
- Ich habe keine Angehörigen, die sich um das Grab kümmern werden
- Ich möchte nach meinem Tod niemandem zur Last fallen
- Ich möchte der Natur so nah sein wie möglich
- Eine Feuerbestattung ist preiswerter
- Sonstige

Von den nachfolgend aufgeführten Arten der Bestattung sind jedoch nur die Erd- und die Feuerbestattung überall in Österreich zulässig. Teilweise sind die Donaubestattung sowie die Baumbestattung erlaubt. Die anderen Arten dürfen zwar auch in Österreich angeboten werden, die Durchführung findet dann jedoch im Ausland statt.

Erdbestattung

Unter einer Erdbestattung versteht man die Beisetzung des Leichnams in der Erde. Dies ist zwar auch bei der Feuerbestattung in Form der Urne als Aschebehälter der Fall, die (traditionelle) Erdbestattung meint jedoch die Bestattung des Körpers in der Erde. Sowohl im Christentum als auch im Judentum und im Islam handelt es sich um die üblichste Form der Bestattung.

Erdbestattungen erfolgen in Österreich auf einem Friedhof, welcher von der Gemeinde oder einer Konfessionsgemeinschaft betrieben wird. Die Durchführung der Bestattung ist in den Bestattungsgesetzen der Bundesländer geregelt.

Die Kosten der traditionellen Erdbestattung sind im Vergleich zur Feuerbestattung sehr hoch, jedoch in der Höhe vom Einzelfall abhängig. Hier ergeben sich zum Teil erhebliche Preisunterschiede je nach Vorhandensein einer Grabstätte, gewähltem Sarg, gewünschtem Blumenschmuck, musikalischer Begleitung, Anzahl der Gäste beim Leichenschmaus, Gestaltung des Grabmals etc. Auskünfte zu möglichen Kosten erhält man am einfachsten durch ein Beratungsgespräch bei einem (oder besser mehreren) Bestattungsunternehmen vor Ort.

Auch die Finanz weiß, dass Begräbnisse teuer sein können

Einen Eindruck von den Größenordnungen erhält man nicht zuletzt durch die steuerliche Akzeptanz der Kostenbelastungen (außergewöhnliche Belastung mit Selbstbehalt) für die Hinterbliebenen: Bis zu 20.000 Euro für das Begräbnis inkl. Grabmal werden anerkannt, soweit sie nicht durch die Verlassenschaft gedeckt sind. Dies ist wohlgemerkt der steuerlich zulässige Höchstbetrag, die realen Kosten können je nach persönlichem Wunsch und Gegebenheiten (z.B. bereits vorhandener Grabstelle, Familiengruft ...) höher oder auch niedriger sein.

Feuerbestattung

Bei der Feuerbestattung wird der Leichnam in einem Krematorium verbrannt und die Asche in einer Urne aufbewahrt. In Österreich ist die Feuerbestattung seit 1934 erlaubt, von der katholischen Kirche wird sie seit 1964 anerkannt.

In vielen Bestattungsgesetzen der österreichischen Bundesländer gilt der sogenannte Friedhofszwang, das bedeutet, die Urne mit der Asche muss auf einem Friedhof beigesetzt werden. Jedoch gibt es auch Ausnahmen. So ist es in Niederösterreich mit Zustimmung der Gemeinde möglich, die Urne zu Hause zu verwahren. In Wien ist hierfür zusätzlich die Zustimmung der nächsten Angehörigen und der Grundstückseigentümer erforderlich – insbesondere dann, wenn es sich um eine Mietwohnung handelt.

Die Wahl einer Privatbegräbnisstätte kann auch per Testament oder letztwilliger Verfügung bestimmt werden. Sinnvoll ist das natürlich nur dann, wenn die Privatbegräbnisstätte im Bundesland in dem Sie sie einrichten möchten, prinzipiell zulässig ist.

Die Feuerbestattung ist kostengünstiger als die traditionelle Erdbestattung. Aber auch hier können die Kostenunterschiede beträchtlich sein und sollten im Vorgespräch erfragt werden. Wichtig: Der Leichnam liegt bei der Feuerbestattung in einem (einfachen) Sarg, der mit verbrannt wird.

Anonyme Bestattung

Die anonyme Bestattung ist eine kostengünstige Bestattungsart. Meist handelt es sich hierbei um eine Feuerbestattung mit anschließender Urnenbeisetzung. Bei einer anonymen Bestattung wird auf jeglichen Namenshinweis auf der Beisetzungsstelle verzichtet. Da die individuelle Gestaltung des Grabes ausgeschlossen ist, entfällt auch die Verpflichtung zur Pflege des Grabes. Bei dieser Bestattungsform werden üblicherweise keine Gäste geladen und die Beisetzung erfolgt ohne Ankündigung und Messe. Sollte jemand keine Verwandten haben, wird in der Regel eine Sozialbestattung veranlasst, die gelegentlich auch als anonyme Bestattung verläuft.

Friedhof für Mensch und Tier

Auch nach dem Tod mit dem geliebten Haustier vereint zu sein, diesen Wunsch erfüllt seit 2018 die Stadt Wien mit einer gemeinsamen Ruhestätte für Mensch und Tier bei der Feuerhalle Simmering gegenüber dem Zentralfriedhof. Die Ruhestätte ist dabei als Urnengrab ausgestattet, bedingt also die vorherige Feuerbestattung von Mensch und Tier. Und dies auch getrennt, erst im Urnengrab für bis zu acht Urnen finden Mensch und Tier wieder zusammen.

Naturbestattung

Unter Naturbestattungen versteht man die Übergabe der Asche der verstorbenen Person an die Natur. Voraussetzung aller Naturbestattungen ist damit die vorherige Feuerbestattung, also die Einäscherung des sterblichen Körpers. Dabei wird die Asche nur vorübergehend in einer Urne aufbewahrt und wird bald in den gewählten Naturbereich (beispielsweise Wasser oder Wald) überführt. Naturbestattungen kennen daher keine festen beziehungsweise dauerhaften Grabstellen, die über Jahrzehnte eine entsprechende Pflege bedingen.

Reerdigung

Noch nicht in Österreich, jedoch bereits in Deutschland ist es möglich, den Leichnam zu kompostieren. Man spricht hier von Reerdigung. Hierbei wird der Leichnam in einem speziellen Behälter gelagert und durch Mikroorganismen innerhalb von 40 Tagen in fruchtbare Muttererde umgewandelt. Die Knochen werden anschließend feingemahlen und der neuen Erde wieder beigemischt. Diese neue Erde wird dann auf einem Friedhof in der oberen bodenaktiven Schicht ausgebracht und dient als Nährboden für neues Leben.

Mit der Natur im Einklang sein! Zum Teil ist dies nur im Ausland möglich

Baumbestattung

Bei einer Baumbestattung wird die Asche in einer biologisch abbaubaren Urne im Wurzelwerk eines Baumes beerdigt. Im Wien gibt es im 14. Bezirk den „Wald der Ewigkeit", welcher sich im Eigentum der Republik Österreich befindet. Die Bäume darin sind auf 99 Jahre geschützt, die Grabpflege übernimmt die Natur. In Kundl/Tirol und Gießhübl/NÖ gibt es seit 2017 weitere „Wälder der Ewigkeit". Einen Baumfriedhof gibt es am altkatholischen Friedhof in Graz, einen FriedWald© am Fuße des Schöckl nordöstlich von Graz.

Seebestattung

Meeresbestattungen sind in Österreich nicht möglich, in Deutschland sind sie aber seit 1934 erlaubt. Dabei wird die Urne mit der Asche der verstorbenen Person durch den Kapitän in zulässigen Gebieten, beispielsweise von Nord- und Ostsee (entfernt vom Ufer, kein Wassersport ...), dem Meer übergeben. Dies kann anonym ohne Beisein der Angehörigen oder auch im Rahmen einer feierlichen Verabschiedung durch die Angehörigen durchgeführt werden.

Die Bestattung in einem zumindest teilweise zu Österreich gehörenden See ist beispielsweise im Bodensee möglich. Allerdings nur von der Schweizer Seite des Bodensees.

Donaubestattung

Seit dem Jahr 2008 ist es in Niederösterreich erlaubt, auf der Donau, in bestimmten Bereichen, Aschebeisetzungen durchzuführen. Dabei wird die Asche der verstorbenen Person in einer speziellen Urne der Donau übergeben. Diese Urne löst sich nach einer gewissen Zeit auf und gibt die Asche frei.

Edelsteinbestattung

Bei einer Edelsteinbestattung wird aus Teilen der Asche (sogenannter verbliebener amorpher Kohlenstoff) ein synthetischer Diamant, Saphir oder Rubin geformt. Es kann zwischen unterschiedlichen Größen (bis zu 12 Karat) und Farben gewählt werden, auch sind besondere Edelsteinschliffe möglich. Die Herstellung dieses in mehrfacher Hinsicht Edelsteins ist aufwändig und dauert rund einen Monat. Bei einer normalen Einäscherung im Krematorium verbleibt aufgrund der Temperaturen üblicherweise kein für die Edelsteingewinnung erforderlicher amorpher Kohlenstoff, so dass nicht sichergestellt sein kann, dass der Edelstein auch aus der Asche der verstorbenen Person besteht. Die Edelstein- oder Diamantbestattung ist in Österreich nicht zulässig, jedoch kann die Asche in die Schweiz oder in die Niederlande „zur Weiterverarbeitung" gebracht werden.

Luftbestattung

In der heutigen Zeit und in Europa versteht man unter Luftbestattung das Verstreuen der Asche von einem Hubschrauber, Heißluftballon oder Flugzeug. Die Bestattungsart setzt also die vorherige Kremierung voraus. Die Angehörigen können an der Zeremonie beiwohnen und erhalten anschließend eine Urkunde mit den Koordinaten. In Österreich ist die Luftbestattung nicht erlaubt, wohl aber in Frankreich, der Schweiz und Tschechien.

Weltraumbestattung

Bei dieser Art der Bestattung wird ein kleiner Teil der Asche in eine spezielle Urne gefüllt und mittels Weltraumflug in die Mondumlaufbahn oder eine Umlaufbahn um die Erde gebracht. Aufgrund der zeitlichen Koordinierung mit möglichen Weltraumflügen kann es hier zu längeren Wartezeiten kommen.

Friedhofskosten

Die Kosten für den Friedhof erhalten Sie aus der jeweiligen Friedhofsgebührenordnung, die oft im Internet einsehbar ist. Die Gemeinde verrechnet hierbei unterschiedliche Gebühren, wie exemplarisch bei der Stadt Neunkirchen gezeigt werden kann. Für die Benützung des Gemeindefriedhofes werden eingehoben:

Die Gebühren sind vielfältig

- Grabstellengebühren
- Verlängerungsgebühren
- Beerdigungsgebühren
- Enterdigungsgebühren
- Gebühren für die Benützung der Leichenkammer (Kühlanlage)
- Gebühren für die Benützung der Aufbahrungshalle

Für jeweils 10 Jahre fallen für ein Fürsorgegrab nur 62 Euro, für ein Reihengrab (Einzel) schon 288 Euro, für ein Familiengrab mit bis zu 4 Leichen bereits 815 Euro und für eine Gruft mit bis zu 12 Leichen stolze 8.450 Euro an. Dies jeweils für Sargbestattungen, Urnen sind preisgünstiger. Hingegen werden für Gräber in besonderer Lage (Friedhofsmauer, Hauptwege, Kennzeichnung) und Ausstattung (Fundament, Grabplatten, Kreuz, Vasen) Zuschläge in Form von Prozenten oder Festbeträgen verrechnet.

Arten von Gräbern

Oftmals ist nicht bekannt, dass Sie auch im Vorhinein ein Grab mieten bzw. reservieren können. Dies kann dann Sinn machen, wenn Sie nicht bereits über eine Familienbegräbnisstätte verfügen und spezielle Wünsche an Ihren letzten Ruheort haben. Sie erwerben hierbei jeweils das Benützungsrecht über zumeist zehn Jahre (Grüfte erst ab 60 Jahren), Verlängerung ist teilweise möglich. Dieses Benützungsrecht kann zwar weitervererbt, aber nicht verkauft oder verschenkt werden. Die Kosten können sehr unterschiedlich sein und sind abhängig vom jeweiligen Friedhof, der Lage des Grabes, Größe des Grabes und der Grabart. Urnengräber sind üblicherweise preiswerter als Gräber für Särge. Bitte erkundigen Sie sich bei der zuständigen Friedhofsverwaltung darüber.

- **Wahlgrab.** Bei einem Wahlgrab können Sie die Lage und die Größe des Grabes selbst auswählen. Die Nutzung erfolgt als Einzel- oder Familiengrab (zumeist bis zu vier Personen) zur Bestattung im Sarg (Sarggrab) oder in der Urne (Urnengrab). Diese Grabart ist vor allem interessant für Personen, die neben ihren Angehörigen bestattet werden möchten. Ein Vorteil des Wahlgrabes ist die Möglichkeit zur Verlängerung des Grabnutzungsrechts nach Ablauf der Ruhezeit, was bereits rein zeitlich die Voraussetzung der Nutzung als Familiengrab ist.
- **Gruft.** Bei einer Gruftbestattung wird der Verstorbene in einem Sarg aufgebahrt und in einem gemauerten Raum beigesetzt. Grüfte eignen sich zur Beisetzung von vier, sechs, neun oder mehr Erwachsenen. Für Gruftbestattungen ist die Verwendung von Metallsärgen, Holzsärgen mit Zinkeinsätzen oder abgedichteten Steinsarkophagen vorgeschrieben. In vielen Fällen erfolgt vor der Bestattung eine Einbalsamierung des Leichnams. Auch Urnen können in einer Gruft beigesetzt werden.
- **Reihengrab.** Reihengräber sind Einzelgräber, die zur Bestattung mittels Sarg oder Urne genutzt werden. Die Zuteilung erfolgt durch den Friedhof. Die Gräber werden vom Träger des Friedhofs der Reihe (Anmeldung) nach zugewiesen und nach dem Ablauf der Ruhezeit eingeebnet und neu vergeben. Deshalb kann bei einem Reihengrab (anders als bei einem Wahlgrab) nur ein einzelner Sarg beigesetzt werden. Die Ruhezeit kann nicht verlängert werden, wodurch eine Verwendung über mehrere Generationen hinweg und die Vorabanmietung nicht möglich ist.
- **Urnenwände (Urnennischen, Kolumbarium).** In Österreich ist es möglich Urnen in Kolumbarien einzustellen. Dabei wird die Urne in einer gemauerten Urnennische beigesetzt. Die Urnen werden mindestens für die gesetzliche Ruhefrist aufbewahrt. In einer Urnennische ist üblicherweise Platz für bis zu 6 Urnen.

Grabpflege

Auch für die Frage der Grabpflege können Sie vorsorgen, indem Sie eine Grabpflege-Versicherung abschließen. Sie zahlen hierzu einen Einmalbetrag ein, der von dem Versicherer weiter veranlagt wird. Erträge und Kapital werden dann für die vereinbarte Grabpflege verwandt, bis der Gesamtbetrag aufgebraucht ist. Aber auch die sukzessive Einzahlung ist möglich, dann steht im Todesfall möglicherweise weniger Geld zur Verfügung.

Auch für die Grabpflege können Sie vorsorgen

Tipp

Fragen Sie immer mehrere Versicherer und lassen sich verbindliche Angebote für einen Preisvergleich erstellen.

Wer ist zuständig für die Bestattung?

Die Organisation der Bestattung einer verstorbenen Person als sogenannte Totenfürsorge ist nicht nur mit viel Arbeit und auch Trauer verbunden. Vielmehr ist sie in unserem Kulturkreis in der Volksanschauung auch Ausdruck der Beziehungen zwischen der verstorbenen Person und denen, die den letzten Weg vorbereiten.

Üblicherweise kommen die Pflichten und auch die Rechte der Totenfürsorge den nächsten Angehörigen zu. Dies sind zuerst einmal die (Ehe-)Partner, danach die Kinder, dann die Eltern, Geschwister etc., also die Blutsverwandten analog zur gesetzlichen Erbfolge (► Seite 79). Allerdings stellt die Rechtsprechung hier auf das Naheverhältnis ab, in Feindschaft lebenden Angehörigen wird das Recht in der Regel nicht zugesprochen. Die Angehörigen entscheiden über die Art der Beerdigung, den Umfang und Ablauf der Trauerfeierlichkeiten, die Liste der geladenen Gäste (beispielsweise für Leichenschmaus), usw.

Eingetragene Partnerschaften sind der Ehe gleichgestellt, was die Rechte der eingetragenen Partner wesentlich verbessert. Lebensgefährten, Mitbewohner, Freunde etc. kommen bei der Zuständigkeit für die Besorgungen rund um das Begräbnis nicht vor. Bestehen also beispielsweise Spannungen oder Streit zwischen den „nur" Lebensgefährten und den nächsten offiziellen Angehörigen, so kann es sein, dass die Vorstellungen des Lebensgefährten oder die ihm von der verstorbenen Person genannten Wünsche nicht berücksichtigt werden.

Wesentlich ist aber, dass die Wünsche der verstorbenen Person quasi als Ausdruck ihrer Persönlichkeit und als „nachlaufendes Recht" berücksichtigt werden sollen. Insbesondere bei vorhandenen Streitigkeiten oder befürchteten Meinungsverschiedenheiten sollte man daher vorsorgen und bereits zu Lebzeiten ausdrücklich und nachvollziehbar (schriftlich) erklären:

Wünsche möglichst genau festlegen

- Wer sich um die Totenfürsorge kümmern soll, sofern man nicht mit den nächsten (formalen) Angehörigen einverstanden ist.
- Wie mit bestimmten Personen umgegangen werden soll (beispielsweise „Ich möchte, dass meine vier früheren Ehefrauen zur Trauerfeier geladen werden" – oder eben auch nicht).
- Welche besonderen Wünsche für Begräbnis und Trauerfeier bestehen und möglichst umgesetzt werden sollen.

Aufgrund der zeitlichen Diskrepanz zwischen den erforderlichen Entscheidungen zum Begräbnis (zumeist innerhalb weniger Tage nach dem Tod) und der Testamentseröffnung (nach Wochen oder Monaten) empfiehlt es sich, diese Wünsche in einem eigenen Dokument festzuhalten und nicht (ausschließlich) im Testament. Vielmehr sollte dieser Wunsch auch in der eigenen Vorsorgemappe leicht auffindbar abgelegt werden.

Wichtig ist natürlich auch, dass Sie niemanden gegen seinen Willen zur Totenfürsorge zwingen können. Sprechen Sie daher immer auch im Vorfeld mit den Ihnen nahestehenden Menschen, etwa mit Ihrem Lebensgefährten oder der besten Freundin, über Ihren Wunsch zur Totenfürsorge und über Ihre Vorstellungen hinsichtlich eines (Ihnen) entsprechenden Begräbnisses. Auch die nicht unwesentliche Kostenfrage sollte hierbei angesprochen werden.

Wer trägt die Kosten des Begräbnisses?

Von Gesetzes wegen werden die Begräbniskosten aus der Verlassenschaft (früher: Nachlass) bezahlt, und zwar vor der Auszahlung des Erbes oder der Begleichung allfälliger Schulden der verstorbenen Person.

Allerdings entstehen die Kosten des Begräbnisses sehr zeitnah zum Todesfall und sind entsprechend rasch zu begleichen. Das Verlassenschaftsverfahren zur Feststellung des Verlassenschaftsvermögens findet jedoch meist erst Wochen oder Monate nach der Beisetzung statt. Die Kosten des Begräbnisses werden daher üblicherweise zunächst von demjenigen bezahlt (ausgelegt), der das Begräbnis organisiert.

Begräbniskosten aus der Verlassenschaft?

Reicht das Verlassenschaftsvermögen für die Bezahlung der Begräbniskosten aus, so werden die Auslagen für das Begräbnis zuerst erstattet, bevor die Erben das verbleibende Vermögen erhalten. Reichen die Mittel jedoch nicht für die Begräbniskosten aus, so erhält die Person, welche die Kosten ausgelegt hat, das vorhandene Verlassenschaftsvermögen an Zahlung statt und die Erben erhalten nichts. Diese juristische Formulierung „an Zahlung statt" bedeutet für die Person, die die Kosten ausgelegt hat zu gut deutsch natürlich, dass sie voraussichtlich nicht alle Kosten erstattet bekommt!

Die Entscheidungen zur Art des Begräbnisses und dem Umfang der Feierlichkeiten können daher aus Sicht der Person, die das Begräbnis ausrichtet davon mit beeinflusst sein, ob das vorhandene Verlassenschaftsvermögen (beispielsweise PKW, Wohnungseinrichtung, Kontoguthaben …) voraussichtlich für die Rückerstattung der Auslagen ausreicht.

Zu berücksichtigen ist aber auch, dass das Finanzamt zumindest einen Teil der nicht durch die Verlassenschaft gedeckten Kosten des Begräbnisses steuerlich anerkennt: immerhin bis zu 20.000 Euro.

Diese steuerliche Anerkennung bedeutet leider nicht, dass die Person, die das Begräbnis bezahlt die nicht durch die Verlassenschaft gedeckten Kosten vom Finanzamt erstattet bekommt. Die (verbliebenen) Kosten können innerhalb der Höchstgrenzen nur als außergewöhnliche Belastungen mit Selbstbehalt angesetzt werden und vermindern nach Abzug des Selbstbehalts so die Steuerbemessungsgrundlage. Hat der Totenfürsorger ein hohes Einkommen mit einem Grenzsteuersatz (Steuersatz auf das höchste Einkommen gemäß Steuertabelle) von 55 Prozent, so erhält er 55 Prozent der Kosten vom Finanzamt. Jemand mit geringem Einkommen und Grenzsteuersatz von 25 Prozent erhält hingegen nur 25 Prozent vom Finanzamt. Der Rest muss jeweils aus eigener Tasche bezahlt werden.

Ist eine Sterbegeldversicherung für mich sinnvoll?

Bei einer Sterbegeldversicherung zahlen Sie monatliche Versicherungsprämien. Bei Ihrem Tod erhält Ihr Verlassenschaftsvermögen (aus dem die Begräbniskosten bezahlt werden) die Versicherungssumme. Möchten Sie, dass das Geld gleich zur Verfügung steht, können Sie eine Person Ihres Vertrauens oder (weisungsgebunden) den Versicherer oder das Bestattungsinstitut Ihrer Wahl als Begünstigte der Versicherung vermerken. Dann wird das Geld direkt an die Begünstigten ausgezahlt, die Kosten des Begräbnisses können gleich mit der Versicherungssumme beglichen werden.

Prinzipiell hat das Versicherungsunternehmen das finanzielle Risiko, dass Sie frühzeitiger sterben als dies gemäß statistischer Sterbetafel erwartbar ist. Der Versicherer müsste dann mehr Geld auszahlen als er eingenommen und an Zinsen erwirtschaftet hat. Der Versicherer will aber auch noch Gewinn machen. Er schützt sich gegen dieses Risiko einerseits durch höhere Beiträge als gemäß Sterbetafel erforderlich und zusätzlich durch Klauseln im Versicherungsvertrag. Beispielsweise wird bei Tod innerhalb der ersten drei Jahre nach Versicherungsabschluss nur das eingezahlte Kapital wieder ausgezahlt.

Begräbniskosten von bis zu 20.000 Euro sind aber viel Geld und die monatlichen Beträge für die Versicherungsprämie erscheinen gering? Der Verein für Konsumenteninformation (VKI) hat Ende 2017 einen Preisvergleich durchgeführt. Bei einer Versicherungssumme von 10.000 Euro

Unser Tipp

Sparen Sie sich die monatlichen Versicherungsprämien und legen Sie das Geld beispielsweise monatlich auf einem Sparkonto an. Dieses Sparkonto gehört dann mit zur Verlassenschaft, aus der die Begräbniskosten bezahlt werden. Und wenn einmal etwas Außergewöhnliches an Kosten vor dem Sterbetag passiert, dann haben Sie einen Notgroschen, auf den Sie zurückgreifen können.

bezahlt man beim günstigsten Anbieter 1.148,06 Euro im Jahr, der teuerste Anbieter hingegen nimmt 1.380,82 Euro. Preisunterschiede von immerhin 20 Prozent bieten ein ordentliches Sparpotential – ohne Risiko!

Ein Sparbuch mit einer Verzinsung von nur einem Prozent (und nach Abzug der Kapitalertragsteuer) benötigt für die Ansparung der 10.000 Euro in zehn Jahren übrigens nur 959,52 Euro im Jahr. Sie ersparen sich über die Laufzeit von zehn Jahren weitere rund 2.000 Euro an Abschluss- und Verwaltungskosten sowie Versicherungssteuer. Allerdings besteht bei kleinen Verlassenschaften das Risiko, dass die Verlassenschaft/das Sparbuch in den ersten Jahren nicht für das gewünschte Begräbnis ausreicht. Ist Ihre erwartete Verlassenschaft wahrscheinlich geringer als die Kosten des von Ihnen als würdig gewünschten Begräbnisses und Sie möchten Ihr Begräbnis selbst regeln, so sollten Sie auch die Frage einer Sterbegeldversicherung mit dem gewünschten Totenfürsorger besprechen. Schließlich geht es dann auch um dessen Geld und Bereitschaft, Ihren Wunsch bezüglich des Begräbnisses auch umzusetzen.

Von der Verlassenschaft zum Erbe

Erbrecht und Partnerschaft ohne Ehe

Zur optimalen Vorsorge gehört auch, dass man sich beizeiten über seine eigenen Wünsche klar wird, wie Familie, Lebensgefährten und Freunde versorgt werden sollen. Der Gesetzgeber berücksichtigt hier vorrangig die Ehe- beziehungsweise eingetragenen Partner sowie die Blutsverwandten. Lebensgefährten werden nur mit einem außerordentlichen Erbrecht berücksichtigt. Bei einer traditionellen und intakten Familie ist dies prinzipiell auch in Ordnung. Modernere Formen des Zusammenlebens berücksichtigt dies jedoch nicht. Die Frage der Versorgung von Hinterbliebenen ist damit nicht eine Frage des hohen Alters, sondern sollte insbesondere auch von jüngeren Menschen mit fester Partnerschaft ohne Ehe beziehungsweise eingetragener Partnerschaft bedacht werden.

Unter dem Begriff „Erbe" verstehen die Juristen die Rechtsnachfolge von einer oder mehreren Personen für die Verbindlichkeiten und Vermögenswerte der verstorbenen Person. Diese Rechtsnachfolge entsteht aufgrund der gesetzlichen Regelungen (► Seite 76) oder auf Bestimmungen einer letztwilligen Verfügung (► Seite 83). Es sind damit also nicht einzelne Gegenstände, sondern es ist immer ein Anteil am hinterlassenen Vermögen (inkl. Verbindlichkeiten) gemeint.

Die Verlassenschaft

Mit dem Ableben eines Menschen wird aus dessen Besitz, seinem Vermögen, aber auch seinen Verbindlichkeiten juristisch gesehen zunächst einmal die Verlassenschaft. Erst mit der Einantwortung des Erbes an die Erbinnen und Erben geht dieses auch in deren Besitz über und sie dürfen darüber verfügen.

Zur Verlassenschaft gehören die Versicherungsleistungen einer (Risiko-)Lebensversicherung, sofern diese als Begünstigten den verstorbenen Versicherungsnehmer aufweist. Gleiches gilt für

Versicherungen, deren Begünstigter auf „Überbringer" lautet und zu dem zum Todeszeitpunkt keine Verfügung vorliegt. Ist bei Begünstigten hingegen eine namentliche Person oder Gesellschaft eingetragen, wird die Versicherungsleistung direkt an diese ausgezahlt.

Bei der Berechnung des Pflichtteils wird diese Lebensversicherung jedoch wie eine Schenkung behandelt mit der Folge, dass der Pflichtteilsberechtigte möglicherweise einen teilweisen Herausforderungsanspruch gegenüber dem Begünstigten der Lebensversicherung erwirbt. Hintergrund dieser Regelung ist der Schutz der Pflichtteilsberechtigten, da Verlassenschaften ansonsten mittels Lebensversicherungen an Dritte übertragen werden könnten.

Sehr wohl zur Verlassenschaft gehören aber außer den Verbindlichkeiten/Schulden der verstorbenen Person auch die Begräbniskosten, d.h. diese sind zuerst quasi als Kostenersatz aus der Verlassenschaft zu bezahlen.

Regelungen in der EU: Welches nationale Recht gilt?

Bereits im August 2012 wurde innerhalb der EU (Europäische Union) eine Erbrechtsverordnung (EU-ErbVO) verabschiedet, welche jedoch erst zum 17. August 2015 in Kraft trat. Ziel der Verordnung ist unter anderem, dass es auch bei Erbschaften mit mehreren betroffenen Ländern (beispielsweise Vermögensgegenstände in mehreren Ländern, Wohnsitz im Drittstaat etc.) nur eine Behörde für die Abwicklung der Verlassenschaft gibt. Wir haben für Sie die wesentlichen Punkte herausgearbeitet.

Wesentlich ist zuerst einmal, dass die EU-Erbrechtsverordnung das nationale Erbrecht nicht ändert. Sie bestimmt jedoch bei Erbschaften mit Auslandsbezug, welches nationale Erbschaftsrecht gilt. Haben Sie keinen Auslandsbezug, so sind Sie von der Änderung nicht betroffen. Auslandsbezug ist immer dann gegeben, wenn die verstorbene Person

Kriterien für Auslandsbezug

- Vermögen im Ausland hinterlässt (beispielsweise Ferienwohnung an der Adria, Beteiligung an Immobilie in Deutschland etc.)
- (zuletzt) im Ausland gelebt hat (beispielsweise Pensionär mit mehr als halbjährigem Lebensmittelpunkt in Spanien oder Thailand)
- eine ausländische Staatsbürgerschaft hatte.

Während bis August 2015 die Staatsbürgerschaft der verstorbenen Person für das anzuwendende Recht entscheidend war, gilt jetzt der letzte gewöhnliche Aufenthalt. Ein in Österreich lebender Niederländer vererbt also jetzt nach österreichischem Recht, ein Österreicher mit Wohnsitz in Deutschland nach deutschem Recht. Allerdings ist der Begriff „letzter gewöhnlicher Aufenthalt" nicht eindeutig definiert, die Gerichte müssen hier im Zweifelsfall die familiären und beruflichen Beziehungen heranziehen und beurteilen. Dies wird beispielsweise bei Pensionären mit zwei oder mehr Wohnsitzen (Österreich im Sommer, Spanien im Winter ...) nicht immer ganz einfach sein. Wer diese Probleme ausschalten will und wie bisher nach seiner Staatsangehörigkeit behandelt werden möchte, hat die Möglichkeit, für das Staatsangehörigkeitsrecht/Heimatrecht zu optieren. Dies geschieht sinnvollerweise in der letztwilligen Verfügung und wird als Rechtswahlklausel bezeichnet.

Bis August 2015 gab es die Möglichkeit, bei Erbfällen mit Vermögen in mehreren Ländern eine Nachlassspaltung durchzuführen und etwa das Vermögen in Finnland nach finnischem Recht, das Vermögen in Österreich nach österreichischem Recht zu vererben. Dies ist jetzt nicht mehr möglich, es gilt nur ein einziges nationales Recht. Wichtig hierbei: Alle bisherigen Testamentsbestimmungen zur Nachlassspaltung wurden nichtig und sollten daher überdacht und neu gefasst werden.

Die EU-Verordnung führt darüber hinaus ein sogenanntes europäisches Nachlasszeugnis ein. Mit Ausnahme der Länder Dänemark, Irland und Großbritannien können Erben damit ihren Erbenstatus in allen EU Ländern nachweisen und sich hiermit legitimieren. Bei Erbschaften mit Vermögenswerten in mehreren Ländern genügt damit ein Nachlasszeugnis, während bisher je betroffenem Land ein eigener Nachweis erforderlich war. Dies und die Gültigkeit der EU-Verordnung gelten auch für Bürger von Drittstaaten außerhalb der EU, wenn diese Vermögenswerte in der EU erben beziehungsweise hinterlassen.

Sofern Sie einen der genannten Auslandsbezüge haben, sollten Sie prüfen, ob bei Ihrer Erbschaftsplanung Handlungsbedarf besteht. Dies wäre beispielsweise dann der Fall, wenn sich das Erbschaftsrecht des gewöhnlichen Aufenthalts (beispielsweise Österreich) und der Staatsbürgerschaft (beispielsweise Deutschland) in für Sie relevanten Punkten unterscheidet.

Handlungsbedarf haben Sie auch dann, wenn Sie in Ihrem bisherigen Testament jetzt ungültige Klauseln zur Nachlassspaltung aufgenommen haben.

Unbedingt beachten sollte man bei grenzüberschreitenden Todesfällen nicht nur das Erbrecht, sondern auch das Steuerrecht! Während es in Österreich keine Erbschaftssteuer gibt, greift etwa der belgische Staat kräftig zu.

Rechtlichen Rat erhalten Sie bei allen Detail- und Zweifelsfragen von den Notaren und auf das Erbrecht spezialisierten Anwälten.

Die gesetzliche Erbfolge

Was geschieht ohne Testament?

Das Erbrecht stellt sehr stark auf den traditionellen Familienverbund im Sinne von Blutsverwandtschaft ab. Der überlebende Ehepartner beziehungsweise der eingetragene Partner sowie im Rahmen eines außerordentlichen Erbrechts der überlebende Lebensgefährte bilden eine Ausnahme. Dies ist zum besseren Verständnis des österreichischen Erbrechts als Hintergrundwissen wichtig. Aber es gibt auch Gestaltungsmöglichkeiten, mit denen man zu Lebzeiten beeinflussen kann, wer wieviel erhält. Nur: Man muss dafür zeitgerecht aktiv geworden sein. Aber zuerst einmal zu den gesetzlichen Regeln des Erbrechts. Diese gelten immer dann, wenn

- es keine auffindbare letztwillige Verfügung der verstorbenen Person gibt
- die letztwillige Verfügung zwar vorhanden ist, jedoch aufgrund von Verstößen, beispielsweise gegen die Formvorschriften, nichtig ist
- die begünstigten Personen das Erbe nicht antreten
- die begünstigten Personen im Vorhinein für sich und ihre Nachkommen (vor einem Notar) auf das Erbe verzichtet haben
- durch eine letztwillige Verfügung nicht die komplette Verlassenschaft zugewiesen ist – und zwar für jenen Teil, der dann übrig ist (siehe u.a. auch Erbvertrag, ► Seite 91).

Das österreichische Erbrecht kennt vier Linien für die Vererbung an Blutsverwandte. Früher benutzte man den Begriff Parentel. Dieser Begriff kommt vom lateinischen Wort parentela und bezeichnete im Mittelalter die Gemeinschaft der durch den nächsten Stammvater Verbundenen. Klingt etwas kompliziert, zielt aber inhaltlich auf die Blutsverwandtschaft ab und wird bei den konkreten Aussagen und Beispielen schnell verständlich.

Es gibt insgesamt vier Linien, welche sich durch die Nähe des Verwandtschaftsgrades unterscheiden. Bevor wir uns damit im Detail beschäftigen, schauen wir uns zuerst das Verhältnis von (Ehe-)Partner und Blutsverwandten an.

Das (Ehe-)Partnererbrecht

Generell gilt beim (Ehe-)Partnererbrecht, dass der (Ehe-)Partner immer einen festen prozentualen Anteil am Erbe erhält, der aber abhängig ist vom Vorhandensein von Blutsverwandten der einzelnen Linien.

(Ehe-)Partner erhält	bei Vorhandensein von
1/3 der Verlassenschaft	Kinder oder Nachkommen der Kinder vorhanden (erste Linie)
2/3 der Verlassenschaft	Eltern vorhanden (zweite Linie), Geschwister werden nicht berücksichtigt. Ist bereits ein Elternteil verstorben so fällt dessen Erbteil (1/6) zusätzlich an den (Ehe-)Partner
3/3 der Verlassenschaft	weder erste noch zweite Linie vorhanden

Auf den Erbanteil des Ehe- beziehungsweise eingetragenen Partners wird alles angerechnet, was dieser aufgrund von Erbvertrag oder Ehe- beziehungsweise Partnerschaftspakt erhält.

Bei der gemeinsam bewohnten Wohnung macht es einen wesentlichen Unterschied, ob einer der beiden Partner Alleineigentümer der Wohnung ist oder die Partner die Wohnung gemeinsam besitzen:

- Im Falle des **Alleineigentums** des Verstorbenen hat der überlebende Ehepartner bzw. der eingetragene Partner lediglich das gesetzliche Vorausvermächtnis, d.h. das Recht, in der gemeinsamen Wohnung zu wohnen und den ehelichen Hausrat zu verwenden. Auch der Lebensgefährte hat das gesetzliche Vorausvermächtnis, sofern er mit dem Verstorbenen zumindest drei Jahre im gemeinsamen Haushalt gelebt hat. Dieses Recht endet jedoch ein Jahr nach dem Tod des Verstorbenen,
- Im Falle der **Eigentümerpartnerschaft** erwirbt der überlebende Partner den halben Mindestanteil des Verstorbenen automatisch (ex lege). Eventuell besteht eine Zahlungsverpflichtung zur Zahlung eines Übernahmspreises

Vorausvermächtnis

Das Vorausvermächtnis regelt Wohnrecht und Gegenstände des gemeinsamen Haushalts

Hatte der Verstorbene das Alleineigentum der Wohnung, so fällt diese in die Verlassenschaft. Der verbleibende Ehe- beziehungsweise eingetragene Partner erhält jedoch ein sogenanntes Vorausvermächtnis, welches sicherstellen soll, dass er weiterhin in der gewohnten Umgebung wohnen bleiben kann. Bei Lebensgefährten ist das Wohnrecht auf ein Jahr beschränkt. Voraussetzung ist, dass er mit der verstorbenen Person zumindest drei Jahre in der gemeinsamen Wohnung gelebt hat und dass die verstorbene Person weder verheiratet war noch in einer eingetragenen Partnerschaft gelebt hat. Das Vorausvermächtnis teilt sich auf in:

- alle zum gemeinsamen Haushalt gehörenden beweglichen Sachen, welche der überlebende (Ehe-)Partner zur Fortführung des Haushalts im gewohnten Rahmen benötigt: Geschirr, Möbel, Teppiche, Fernseher etc. Diese Gegenstände gehen in das Eigentum des verbliebenen (Ehe-)Partners über.
- das weitere Wohnrecht in der bisher gemeinsam bewohnten Wohnung, sofern diese zur Verlassenschaft gehört. Betriebskosten, Reparaturrücklage und Instandhaltung sind zu bezahlen, aber keine Miete an die anderen Erben. Die Wohnung darf vom verbliebenen (Ehe-)Partner weder verkauft, vererbt noch beliehen werden, auch kann das unentgeltliche Wohnrecht weder verkauft noch weitergegeben werden. Beinhaltet die Verlassen-

schaft auch Schulden zu deren Bezahlung die Wohnung verkauft werden muss, so kann sich der überlebende (Ehe-)Partner nicht auf das Wohnrecht berufen. Dieses schützt nur gegenüber den anderen Erben nicht jedoch gegenüber den Gläubigern der verstorbenen Person. Um auch gegenüber den Gläubigern geschützt zu sein, müsste das Wohnrecht zu Lebzeiten des letztwillig Verfügenden, und zwar bevor die Verschuldung zu hoch wurde, in das Grundbuch eingetragen worden sein.

Das Vorausvermächtnis endet nur bei Lebensgefährten ein Jahr nach dem Tod der verstorbenen Person, bei Ehe- und eingetragenen Partnerschaften erst bei Auszug.

Eigentümerpartnerschaft

In Österreich können zwei natürliche Personen eine Eigentumswohnung je zur Hälfte erwerben. Hierbei muss es sich nicht um (Ehe-)Partner handeln. Durch den gemeinsamen Erwerb bilden die beiden Eigentümer eine sogenannte Eigentümerpartnerschaft. Im Falle des Todes eines der beiden Eigentümer sieht der Gesetzgeber besondere Regelungen betreffend des Eigentumsanteils des Verstorbenen vor, die auch mit Zahlungen verbunden sind.

Der Anteil des Verstorbenen geht von Gesetzes wegen unmittelbar in das Eigentum des überlebenden Partners der Eigentümerpartnerschaft über. Je nach Verwandtschaftsverhältnis und dringendem Wohnbedürfnis ergeben sich drei unterschiedliche Fallkonstellationen:

- **Pflichtteilsanspruch und dringendes Wohnbedürfnis.** Ist der Partner pflichtteilsberechtigt (z.B. (Ehe-)Partner oder Kind des Verstorbenen) und dient die Wohnung der Befriedigung seines dringenden Wohnbedürfnisses, muss er trotz Eigentumserwerb des halben Anteils zunächst keine diesbezügliche Zahlung gegenüber der Verlassenschaft leisten. Bei Überschuldung, anderen Pflichtteilsberechtigten oder keinem dringenden Wohnbedürfnis gelten jedoch Sonderregeln.
- **Vorliegen weiterer Pflichtteilsberechtigter oder Überschuldung.** Bei Vorliegen weiterer Pflichtteilsberechtigter, z.B. der Kinder, oder der Überschuldung der Verlassenschaft muss der überlebende Partner einen verminderten Übernahmspreis an die Verlassenschaft zahlen. Der verminderte Übernahmspreis ist ein Viertel des Verkehrswerts der Wohnung. Ist dem Partner die sofortige Zahlung des verminderten Übernahmspreises nicht möglich, kann das Gericht eine Ratenzahlung bewilligen. Diese ist in der Regel mit einer Verzinsung des gestundeten Betrages verbunden.
- **Kein Pflichtteilsanspruch und/oder kein dringendes Wohnbedürfnis.** Ist der überlebende Partner nicht pflichtteilsberechtigt und/oder dient die Wohnung nicht der Befriedigung seines dringenden Wohnbedürfnisses, muss er den Übernahmspreis in die Verlassenschaft zahlen. Der hier angesprochene Übernahmspreis ist die Hälfte des Verkehrswerts der Wohnung.

Unter bestimmten Umständen ist eine Zahlung in die Verlassenschaft Pflicht

Den Verkehrswert einer Wohnung können Sie mit einem kostenpflichtigen Gutachten eines gerichtlich zertifizierten Sachverständigen feststellen lassen. Sind minderjährige Pflichtteilsberechtigte betroffen, so ist die Erstellung eines Gutachtens verpflichtend.

Falls keine weiteren Pflichtteilsberechtigten vorhanden sind, kann der Partner die Pflicht zur Zahlung eines Übernahmspreises oder eines verminderten Übernahmspreises durch eine letztwillige Anordnung oder Schenkung auf den Todesfall verhindern, soweit dadurch keine Gläubiger geschädigt werden.

Der überlebende Ehepartner kann im Rahmen des Verlassenschaftsverfahrens auch **auf den Eigentumserwerb verzichten** bzw. unter Zustimmung der Pflichtteilsberechtigten den Anteil des Verstorbenen einer anderen Person zukommen lassen.

Tipp

Wie Sie sehen, kann es je nach Fallgestaltung schnell etwas komplizierter werden. Hier sollten Sie im Zweifelsfall juristischen Rat einholen.

Unterhaltsanspruch

Ebenfalls zum (Ehe-)Partnererbrecht gehört der Unterhalt, sofern die verstorbene Person unterhaltspflichtig war. Hier hat der überlebende Partner, sofern er nicht erneut heiratet beziehungsweise eine eingetragene Partnerschaft eingeht, weiterhin einen Unterhaltsanspruch wie bei aufrechter Partnerschaft. Dieser Unterhaltsanspruch richtet sich jetzt aber gegen die Erben und unterliegt folgenden einschränkenden Bedingungen:

- Die begünstigte Person muss sich alles auf ihren Anspruch anrechnen lassen, was sie durch vertragliche oder testamentarische Zuwendung, als gesetzlichen Erbteil, als Pflichtteil oder durch öffentlich-rechtliche oder privatrechtliche Leistung erhält.
- Weiters wird der Anspruch durch eigenes Vermögen und eigenes Einkommen (und zwar nicht nur das reale, sondern auch das mögliche) vermindert.
- In jedem Fall ist der Unterhaltsanspruch mit dem Wert der gesamten Verlassenschaft begrenzt!

Das Erbrecht der Blutsverwandten

Die Blutsverwandten werden nach Generationen betrachtet

Wer aber gehört jetzt zu den Blutsverwandten, die möglicherweise auch gesetzlich erbberechtigt sind? Diese teilen sich innerhalb der Linie das verbliebene Erbe (d.h. nach Abzug des Anteils für den (Ehe-)Partner) zu gleichen Teilen auf. Generell gilt: Solange es Verwandte in derselben Linie gibt, kommt die nächste nicht zum Zug. Einen Gesamtüberblick über das System vermittelt das Schaubild auf ► Seite 80 oben.

In einer Linie gilt, dass innerhalb einer Generation (beispielsweise Kinder oder Enkel) alle Erben den gleichen Anteil erhalten. Ist einer der Erben bereits verstorben, so gibt er seinen Erbanteil an seine Kinder weiter. Hat er jedoch keine eigenen Kinder, so wird sein Anteil gleichmäßig an die anderen Erben verteilt (Beispiel: Die verstorbene Person hat drei Kinder, die zu je einem Drittel erbberechtigt sind. Das Kind 1 ist jedoch bereits verstorben und hat keine eigenen Nachkommen, so dass der Erbanteil von Kind 1 jetzt auf die Kinder 2 und 3 gleichmäßig verteilt wird und diese jeweils 50 Prozent des Erbes erhalten).

Adoptivkinder werden berücksichtigt, angeheiratete Kinder hingegen nicht

Erste Linie: Kinder und Enkelkinder (► Seite 80 unten). Zuallererst erben die Kinder der verstorbenen Person zu gleichen Teilen. Bei drei Kindern erbt also jedes Kind ein Drittel des verbliebenen Erbes. Hat der überlebender (Ehe-)Partner 1/3 des Erbes erhalten, so teilen sich die Kinder die verbleibenden 2/3 (= 6/9), d.h. bei drei Kindern erhält jedes Kind 2/9 des Erbes (1/3 für (Ehe-)Partner = 3/9 + 3 Kinder mal 2/9 = 9/9 oder 100 Prozent). Als Kinder gelten alle ehelichen und unehelichen Kinder sowie Adoptivkinder. Adoptivkinder werden im Erbrecht wie Blutsverwandte behandelt! Nicht erbberechtigt sind jedoch angeheiratete (verschwägerte) Kinder. Ist eines der erbberechtigten Kinder bereits verstorben, so wird es von seinen noch lebenden Kindern repräsentiert. Dies bedeutet, dass das Erbe des verstorbenen Kindes unter dessen noch lebenden Kindern (Enkel der verstorbenen Person) gleichmäßig aufgeteilt wird. Adoptivkinder sind aufgrund der Adoption wie leibliche Kinder zu behandeln und sind auch in der Erbfolge Kinder der Adoptiveltern. Zugleich sind sie als Kinder ihrer leiblichen Eltern auch bei diesen erbberechtigt.

Zweite Linie: Eltern und deren Nachkommen (► Seite 81). Gibt es keinen Erben aus der ersten Linie, so kommt die zweite zum Zug. Hier erben zuerst die Eltern der verstorbenen Person.

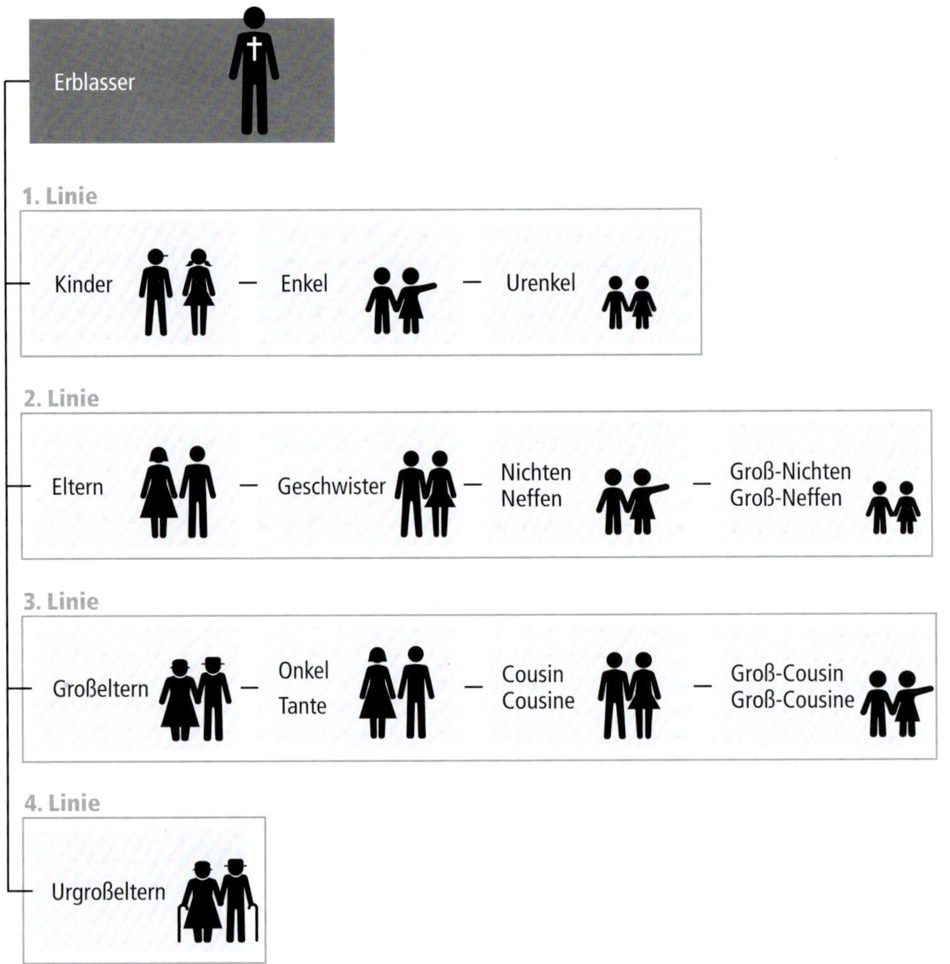

Das Grundprinzip: Es wird nach Generationen vorgegangen

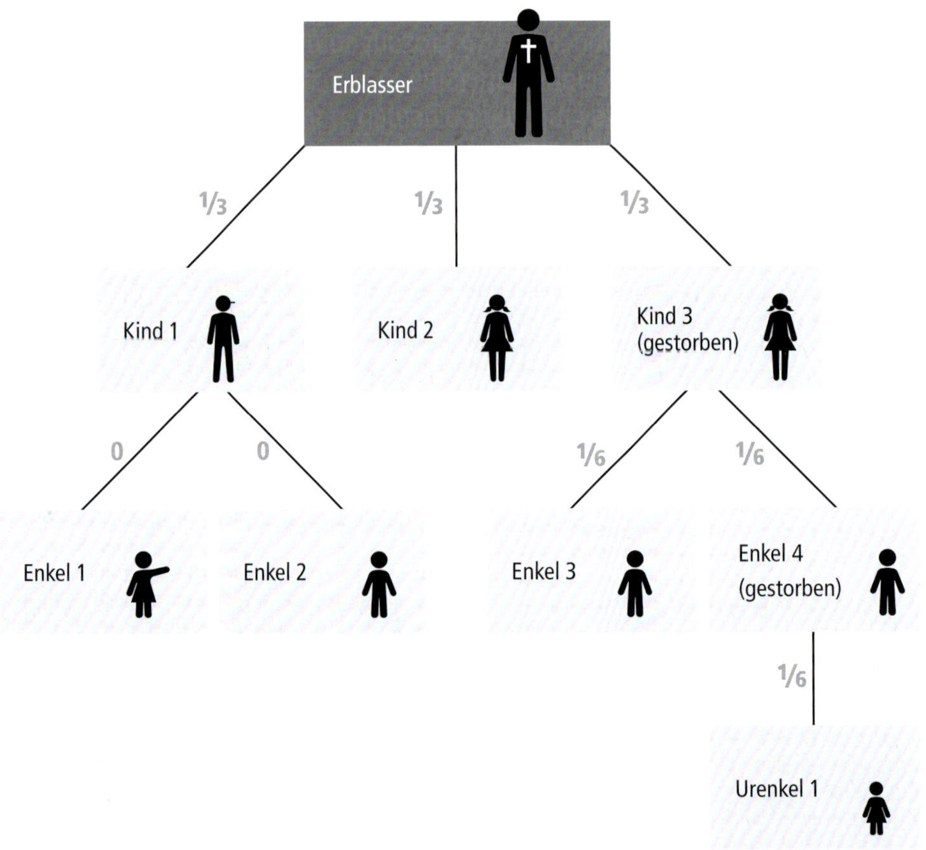

Ist jedoch bereits ein oder sind beide Elternteile verstorben, so erben anstelle des verstorbenen Elternteils die Geschwister der verstorbenen Person. Hat eine verstorbene Person also keine Nachkommen, jedoch drei Geschwister, so erben zuerst die Eltern der verstorbenen Person jeweils 50 Prozent. Ist ein Elternteil bereits verstorben, so erben die drei Geschwister gleichmäßig den Erbteil des verstorbenen Elternteils [hier: 1/3 von (1/2) 50 Prozent, d.h. je 1/6 des Erbes]. Ist jetzt eines der Geschwister bereits verstorben, hat jedoch noch lebende Kinder, so treten die Neffen und Nichten des letztwillig Verfügenden an die Stelle des verstorbenen Bruders/der verstorbenen Schwester in der Erbfolge. Eine Ausnahme gibt es, wenn es einen überlebenden (Ehe-)Partner, aber keine Kinder gibt. In diesem Fall erben die Eltern jenen Teil, der sonst den Kindern zukäme. Sind die Eltern bereits verstorben, fällt deren Anteil aber dem überlebenden (Ehe-)Partner zu und nicht den Geschwistern der verstorbenen Person. Eine weitere Besonderheit gibt es bei der Adoption: Stirbt ein Adoptivkind ohne eigene Nachkommen, so sind nicht die leiblichen Eltern, sondern die Adoptiveltern gesetzliche Erben. Die leiblichen Eltern von Adoptivkindern haben keinen gesetzlichen Erbanspruch.

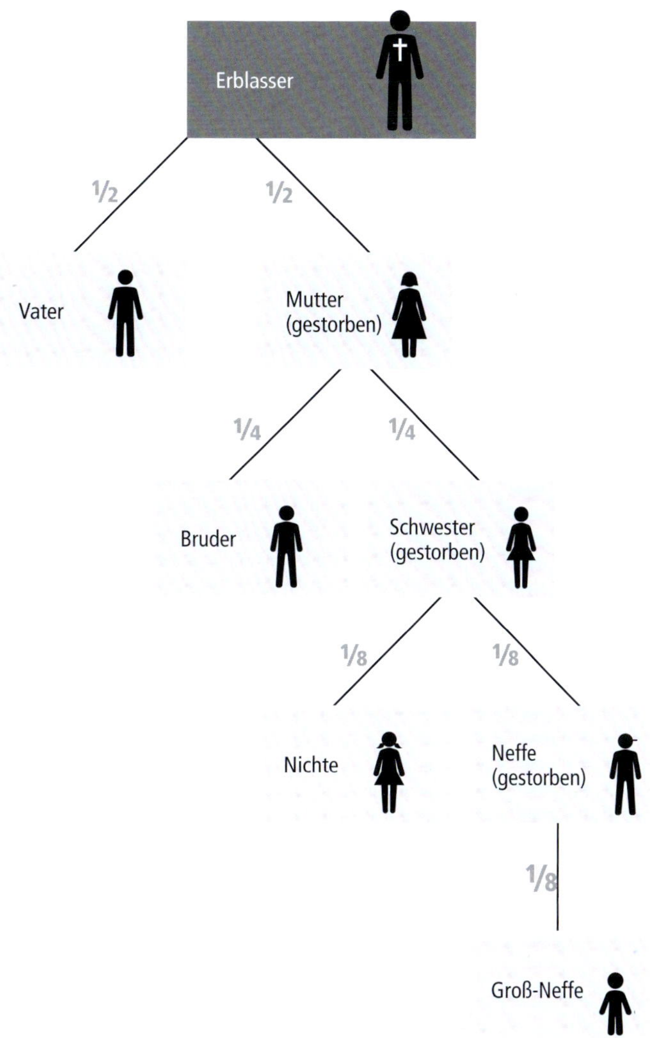

Die gesetzliche Erbfolge betrachtet den Familienstammbaum der Blutsverwandten

Dritte Linie: Großeltern und deren Nachkommen (► Seite 82). Sofern es weder einen erbberechtigten (Ehe-)Partner noch Erben aus der ersten (Kinder und deren Nachfahren) oder zweiten Linie (Eltern und deren Nachfahren) gibt, schaut der Gesetzgeber auf die wieder etwas entferntere Linie der Blutsverwandten. Leben also noch alle Großeltern, so erben diese gleichmäßig jeweils ein Viertel. Ist einer der Großeltern bereits verstorben, so wird dessen Erbteil auf dessen Nachfahren verteilt, d.h. auf die Onkel, Tanten und Cousins beziehungsweise Cousinen der verstorbenen Person. Sind diese bereits verstorben und haben eigene Nachkommen, so treten diese Nachkommen in die Erbfolge ein. Hat ein verstorbenes Großelternteil keine eigenen Nachkommen, so fällt dieser Erbteil dem anderen Großelternteil zu. Auch hier gilt wieder: Angeheiratete Onkel und Tanten sind nicht blutsverwandt, d.h. sie kommen in der gesetzlichen Erbfolge nicht vor.

Vierte Linie: Urgroßeltern. Gibt es jetzt auch keine Erben der dritten Linie, so sind die noch lebenden Urgroßeltern der verstorbenen Person gesetzlich erbberechtigt, und zwar wieder zu gleichen Teilen. Anders als bei den vorangegangenen Linien sind jetzt aber die Nachkommen der bereits verstorbenen Urgroßeltern nicht mehr gesetzlich erbberechtigt.

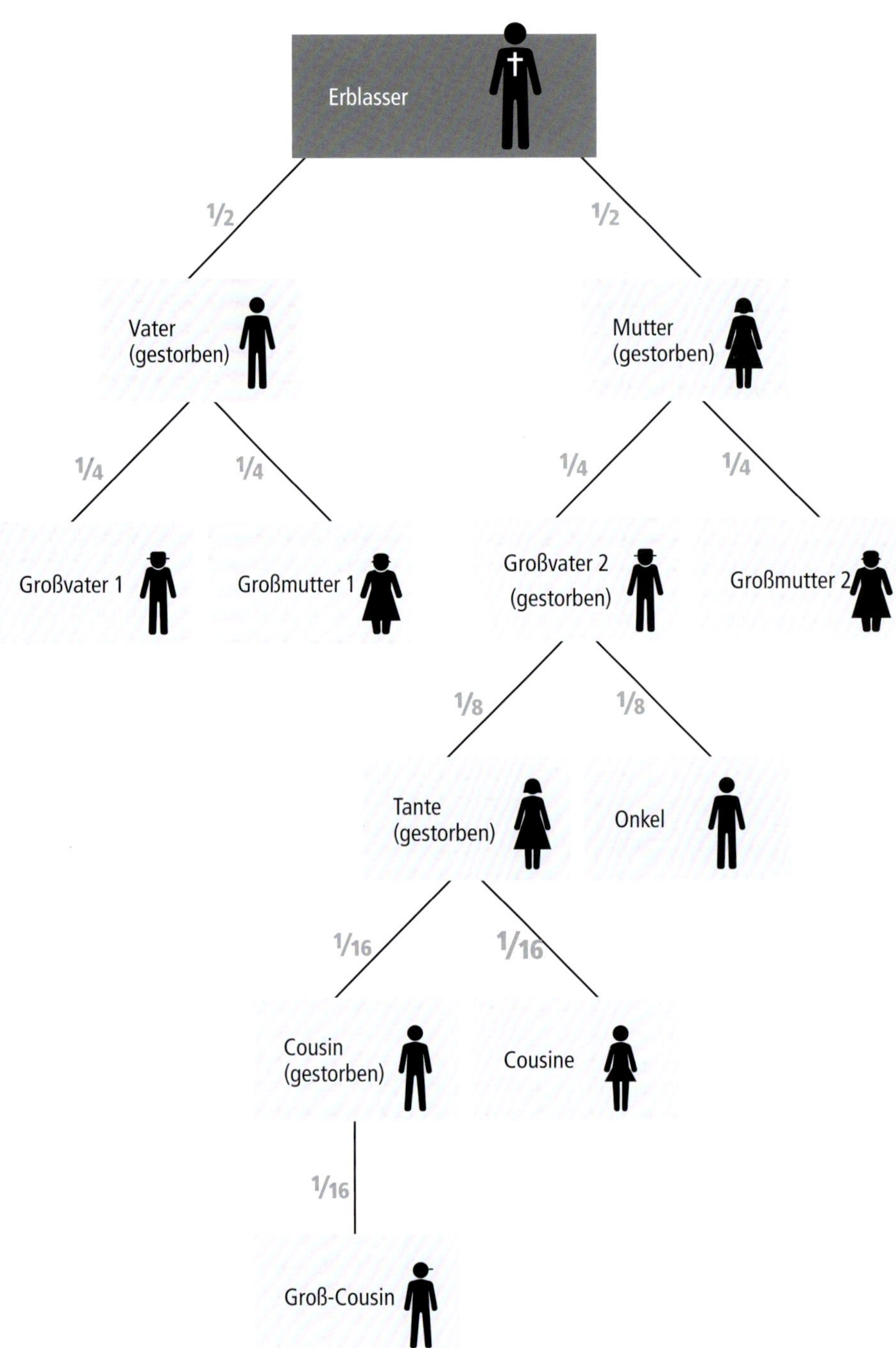

Ein Lebensgefährte erbt dann, wenn es keine Blutsverwandten gibt

Lebensgefährten. Gibt es keine gesetzlichen oder per letztwilliger Verfügung eingesetzten Erbberechtigten, beziehungsweise nehmen diese das Erbe nicht an, so erbt ein allfälliger Lebensgefährte. Dies gilt aber nur dann, wenn er die letzten drei Jahre gemeinsam mit der verstorbenen Person in einem gemeinsamen Haushalt gelebt hat. Diese Bedingung muss nur dann nicht erfüllt werden, wenn die getrennten Wohnsitze auf Gründen gesundheitlicher oder beruflicher Art beruhen und ansonsten eine für Lebensgefährten typische, besondere Verbundenheit bestand.

Vermächtnisnehmer als Erben. Gibt es auch keine Lebensgefährten, so erben alle Vermächtnisnehmer die Verlassenschaft zu gleichen Teilen.

Der Abschluss: Staat. Gibt es keine gesetzlichen Erben aus Ehe-/Partnerschaft, keine Blutsverwandten, keine Lebensgefährten und keine Vermächtnisnehmer, so fällt das Erbe an den Staat.

Das Testament

Rein rechtlich kann jeder von uns frei bestimmen, was nach seinem Tod mit dem eigenen Vermögen geschieht. Lediglich für den (Ehe-)Partner und wenige Blutsverwandte gibt es einen sogenannten Pflichtteil, den wir später ausführlich besprechen (► Seite 88). Beginnen wollen wir mit den unterschiedlichen Möglichkeiten, seinen letzten Willen aufzusetzen. Dies ist besonders wichtig, da der Gesetzgeber hier – quasi zum Schutz der letztwillig verfügenden Person und der Erben – sehr genaue Formvorschriften vorsieht. Allerdings mit dem Nachteil, dass der Letzte Wille bei einem Verstoß gegen ebendiese Formvorschriften nichtig ist. Wenn der Letzte Wille nichtig ist, dann greifen wieder die gesetzlichen Erbvorschriften. Mit anderen Worten: Dann hätten Sie sich die ganze Mühe mit dem Testament sparen können.

Der formale Rahmen

Das **eigenhändige Testament** (eigenhändige Verfügung) ist von der Form her am einfachsten zu erstellen. Zwingend erforderlich ist aber, dass alles (!) von Ihnen selbst mit der Hand geschrieben und mit Vorname und Nachname unterschrieben sein muss. Die Nennung des Datums ist zwar kein Zwangsbestandteil, wird jedoch zur Unterscheidung mehrerer Testamente im Zeitablauf dringend empfohlen. Beachten Sie, dass auch alle Änderungen und Ergänzungen von Ihnen selbst handgeschrieben und unterschrieben werden müssen. (Ehe-)Paare wollen oft ein gemeinsames Testament errichten und sich hier gegenseitig als Erben einsetzen. Dies geht mit einem eigenhändigen Testament nicht, da ja der Testamentsersteller jedes Wort eigenhändig schreiben muss. Bei zwei Personen geht das jedoch nicht in einem Dokument. Es müssten also zwei eigenhändige Testamente geschrieben werden.

Das **fremdhändige Testament** (fremdhändige Verfügung) unterscheidet sich vom eigenhändigen Testament dadurch, dass es auch von einer anderen Person oder mittels PC beziehungsweise Schreibmaschine geschrieben sein kann. Wichtig ist dann aber, dass folgende Formvorschriften eingehalten werden:

- Es muss mit einem eigenhändig geschriebenen Zusatz versehen sein, dass es sich um seinen letzten Willen handelt. Die Identität der Zeugen muss seit dem 1.1.2017 aus dem Dokument hervorgehen.
- Das Testament muss vom letztwillig Verfügenden und drei Zeugen eigenhändig unterschrieben (Vor- und Nachname) werden.
- Die Unterschriften müssen sich auf dem Testament befinden, nicht auf dem Briefumschlag, einem Beiblatt etc.
- Von den Zeugen müssen Name und Geburtsdatum am Testament vermerkt sein bzw. müssen die Zeugen eindeutig identifizierbar sein.
- Den Zeugen muss bewusst sein, dass sie ein Testament unterschreiben und dieses sollte aus dem Text hervorgehen. Empfehlenswert ist hier die Unterschrift beispielsweise: „Max Meier als Testamentszeuge". Den Inhalt des Testaments müssen die Zeugen hierbei nicht kennen, sie bezeugen nur die Erstellung des letzten Willens.
- Die drei Testamentszeugen müssen alle gleichzeitig anwesend sein.
- Die Zeugen dürfen im Testament nicht selbst bedacht werden und auch mit keiner im Testament bedachten Person verwandt oder verschwägert sein. Dies bezieht auch Lebensgefährten, Ehegatten und eingetragene Partner mit ein.
- Für Testamentserrichter, die nicht lesen oder nicht schreiben können gelten Sondervorschriften.

Bereits kleine Formfehler führen zur Nichtigkeit des Testaments

- Die Zeugen müssen testierfähig sein, d.h. über 18 Jahre alt und bei geistiger Gesundheit sein. Weiterhin müssen sie die Sprache des Testamentserrichters ausreichend verstehen (da sie ja auf ihre Funktion als Testamentszeugen hingewiesen werden müssen).

Das **öffentliche Testament** ist zuerst einmal: Nicht öffentlich einsehbar! Vielmehr wird das öffentliche Testament vor einer öffentlichen Urkundsperson, d.h. einem Notar oder vor Gericht, erstellt. Das öffentliche Testament kann sowohl mündlich als auch schriftlich erklärt werden, wobei neben der öffentlichen Urkundsperson entweder eine zweite öffentliche Urkundsperson (zweiter Notar oder zweite Gerichtsperson) oder zwei Zeugen anwesend sein müssen.

Das **mündliche Testament** ist prinzipiell seit dem 1.1.2005 nicht mehr möglich, Ausnahmen sind lediglich das öffentliche Testament und die unmittelbare Lebensgefahr. Ein derartiges Nottestament verliert jedoch nach drei Monaten seine Gültigkeit, sofern der Testamentsersteller die Notsituation mindestens drei Monate überlebt. Mündliche Testamente vor dem 1.1.2005 sind weiterhin gültig, sofern folgende Bedingungen erfüllt sind:

- hatte die verstorbene Person bei den mündlichen Aussagen tatsächlich die Absicht, ein Testament zu errichten? Mit dieser Fragestellung soll vermieden werden, dass eher spaßhafte Aussagen als Letzter Wille eine ungewollte Bedeutung erhalten.
- Wurde der Letzte Wille ernstlich und ausdrücklich erklärt?
- Waren drei testierfähige Testamentszeugen gleichzeitig anwesend, welche bei der Anhörung vor Gericht das mündliche Testament beeiden können?

Tipp

Sofern Sie vor 2005 ein rechtsgültiges mündliches Testament errichtet haben, sollten Sie dennoch beachten, dass nicht nur Sie, sondern auch Ihre drei Zeugen älter werden. Sofern die Zeugen vor Ihnen sterben, können diese nach Ihrem Ableben vor Gericht Ihre Aussagen nicht mehr beeiden. Und dann könnte möglicherweise doch wieder die gesetzliche Erbfolge gelten, die Sie durch Ihr Testament ja zumindest teilweise aufheben oder ändern wollten. Überlegen Sie daher, ob Sie nicht Ihren Letzten Willen in schriftlicher Form oder als mündliches Testament in Form des öffentlichen Testaments erneuern wollen.

Der **Widerruf eines Testamentes** ist jederzeit möglich. Dieser kann erfolgen durch:

- ein neues gültiges Testament mit neuerem Datum
- das Zerreißen des bisherigen Testaments
- einen offiziellen Widerruf des Testaments, wobei der Widerruf die formalen Kriterien des Testaments (siehe ► Seite 83) einhalten muss. Es muss sich bei Testament und Widerruf aber nicht um die gleiche Testamentsform handeln.

Stellen Sie sicher, dass Ihr Testament auch gefunden wird

Die **Aufbewahrung des Testaments** ist wahlfrei. In jedem Fall sollte aber in Ihrem Vorsorgeordner ein Hinweis auf das Vorhandensein eines Testaments und seinen Aufenthaltsort zu finden sein. Schließlich kann Ihr letzter Wille nur dann befolgt werden, wenn der Notar, der im Auftrag des Gerichts Ihre Verlassenschaft abhandelt, von ihm Kenntnis erlangt. Mögliche Aufbewahrungsorte sind:

- bei einem Rechtsanwalt
- beim Notar oder Gericht
- im Banksafe.

Der Inhalt

Im einfachsten Fall könnte Ihr Testament wie folgt aussehen

> *Testament*
> *Ich, Irmgard Richter, mache für den Fall meines Ablebens meinen Lebensgefährten Felix Meier zum Alleinerben.*
> *Irmgard Richter, 01.04. 2023*

oder auch

> *Testament*
> *Ich, Irmgard Richter, vererbe für den Fall meines Ablebens meinem Lebensgefährten Felix Meier und meinem Sohn Franz Richter meine Verlassenschaft zu gleichen Teilen.*
> *Irmgard Richter, 01.04. 2023*

Möglicherweise wollen Sie Ihren Erben auch Wünsche oder Auflagen mit auf den Weg geben? Dies können Sie prinzipiell machen, ob diese Wünsche dann auch berücksichtigt werden, steht noch auf einem anderen Blatt.

> *Testament*
> *Ich, Irmgard Richter, vererbe für den Fall meines Ablebens meinem Lebensgefährten Felix Meier und meinem Sohn Franz Richter meine Verlassenschaft zu gleichen Teilen, wenn sich Felix um meinen Hund und Franz um meine Meerschweinchen kümmert.*
> *Irmgard Richter, 01.04. 2023*

Sie können auch unter Bedingungen vererben, aber nicht unter jeder

Sie können die Verlassenschaft auch unter Bedingungen vererben. Dabei ist zu beachten, dass Bedingungen immer ein ungewisses Ereignis beinhalten. Rein rechtlich dürfen sie nicht unmöglich, gesetz- oder sittenwidrig sein. Auch unverständliche Bedingungen gelten als nicht gemacht, d.h. hier sollten Sie sorgfältig und verständlich formulieren.

> *Testament*
> *Ich, Irmgard Richter, mache für den Fall meines Ablebens meinen Lebensgefährten Felix Meier zu meinem Alleinerben, wenn er sich einer Entziehungskur unterzieht.*
> *Irmgard Richter, 01.04. 2023*

Oftmals ist der Übergang von Auflage und Bedingung in der Praxis fließend, wobei die Auflage für den Begünstigten unverbindlicher ist. Sofern Zweifel daran bestehen, ob eine Auflage oder eine Bedingung gemeint ist, sagt der Gesetzgeber, dass dann die Auflage anzunehmen ist. Sehr gerne wird vom letztwillig Verfügenden gewünscht, dass die begünstigte Person niemals wieder heiratet. Dies jedoch ist sittenwidrig und damit ungültig. Sie können aber die Erbschaft mit einer Befristung oder der Abhängigkeit von einem sicheren Ereignis versehen.

> *Testament*
> *Ich, Irmgard Richter, mache für den Fall meines Ablebens meinen Stiefsohn Karl Meier zu meinem Alleinerben. Über das Erbe darf er erst dann verfügen, wenn er 18 Jahre alt ist. Bis dahin soll er vom Testamentsvollstrecker ein monatliches Taschengeld von 50 Euro erhalten.*
> *Irmgard Richter, 01.04. 2023*

Jetzt kann es natürlich sein, dass die von Ihnen als Erbe vorgesehene Person vor Ihnen verstirbt, erbunwürdig wird oder das Erbe ausschlägt. Wenn Sie für diesen Fall vorsorgen wollen, können Sie einen sogenannten Ersatzerben benennen. Dies ist auch möglich mit mehreren Ersatzerben, deren Reihenfolge jedoch bestimmt sein muss.

> *Testament*
> *Ich, Irmgard Richter, mache für den Fall meines Ablebens meinen Lebensgefährten Felix Meier zu meinem Alleinerben. Sollte dieser nicht erben können oder wollen, so berufe ich meine Pflegerin Ludmilla Fürsorglich zur Ersatzerbin.*
> *Irmgard Richter, 01.04. 2023*

Mit Nacherbschaft den Familienbesitz dauerhaft erhalten

Wenn Sie die Verlassenschaft (beispielsweise Immobilie, Gesellschaft ...) für die nächsten Generationen sichern wollen, können Sie dies auch im Testament regeln. Sie würden hier nicht nur Ihren Erben, sondern auch nach dessen Tod den oder die Nacherben festlegen. Dies bedeutet allerdings für den Erben, dass er die Verlassenschaft so wie er sie erhalten hat an den Nacherben weitergeben muss. Er kann also zwar von den Erträgen (Mieteinnahmen, Ausschüttungen ...) profitieren, kann die Verlassenschaft jedoch ohne Zustimmung des Nacherben weder verkaufen noch beleihen. Vielmehr muss er durch entsprechende Instandhaltungsmaßnahmen den Ursprungszustand sichern. Letzteres aber natürlich nur dann, soweit die Erträge aus der Verlassenschaft hierfür ausreichend sind.

> *Testament*
> *Ich, Irmgard Richter, mache für den Fall meines Ablebens meinen Sohn Karl Richter zu meinem Alleinerben. Nach dessen Tod soll sein ältestes lebendes Kind die Erbschaft bekommen.*
> *Irmgard Richter, 01.04. 2023*

Sie können auch noch Ungeborene als Nacherben einsetzen. Allerdings ist hier die Anzahl der Nacherben zahlenmäßig beschränkt: bei Geld und beweglichen Sachen auf zwei Nacherben, ansonsten auf einen Nacherben. Durch die sogenannte Nacherbschaft sind die Erben sehr stark gebunden. Sie können auch dann nicht frei über die Verlassenschaft verfügen, wenn dies etwa für die Werterhaltung des Nachlasses sinnvoll oder erforderlich wäre. Dies könnte beispielsweise dann sein, wenn eine Liegenschaft an Wert verlieren wird, da die angrenzende Straße ausgebaut wird. Wenn die Erträge der Verlassenschaft nicht ausreichen, um mit Instandhaltungsmaßnahmen die Substanz des Gebäudes zu sichern, kann das ebenfalls zum Problem werden. Durch die Regeln zur Nacherbschaft wäre hier ein Verkauf des Grundstücks vor dem Wertverlust kaum möglich, maximal bei Zustimmung des Nacherben. Dieser Nachteil lässt sich dadurch umgehen, dass eine sogenannte Nacherbschaft auf den Überrest formuliert wird:

> *Testament*
> *Ich, Irmgard Richter, mache für den Fall meines Ablebens meinen Sohn Karl Richter zu meinem Alleinerben. Nach dessen Tod soll sein ältestes Kind von der Erbschaft das bekommen, was noch übrig ist.*
> *Irmgard Richter, 01.04. 2023*

Hier ist der Erbe in keinster Weise an der Verwendung der Verlassenschaft gehindert, er kann sie im Extremfall auch verprassen. Ist bei seinem Tode doch noch etwas übrig, so hat der letztwillig Verfügende hier bereits dessen Nacherben festgelegt.

Tipp

Oftmals kommt es in letztwilligen Verfügungen zu besonderen Regelungen bezüglich dem Ehe-/eingetragenen Partner oder auch von Kindern. Ab 2017 unterstellt der Gesetzgeber mit erfolgter Scheidung/Trennung, dass damit auch das Testament in diesem Bereich widerrufen werden soll. Gleiches gilt bei Aufhebung der Abstammung (keine leibliche Vaterschaft) oder Adoption. Sofern der letztwillig Verfügende den früheren Partner oder die Kinder dennoch im Testament bedenken will, ist dies natürlich möglich. Im Testament muss dann jedoch festgelegt werden, dass dieser automatische Widerruf des Testaments nicht erfolgen soll.

Je komplexer Ihre Wünsche sind, desto wichtiger ist juristische Unterstützung

Diese Bedingungen und Einschränkungen lassen sich natürlich auch miteinander kombinieren, was die Regelung der Verlassenschaft für den Normalbürger ohne fachliche (juristische) Hilfestellung sehr kompliziert und fehleranfällig macht. Sie werden sehen: Wenn Sie eine größere Familie und etwas komplizierte Verhältnisse mit Ihren Blutsverwandten haben, wird ein Testament leicht eine Herausforderung, damit (nur) diejenigen erbmäßig berücksichtigt werden, die es aus Ihrer Sicht auch verdienen. Wenn Sie mit Nebenbedingungen, Auflagen und Ähnlichem die Verteilung der Verlassenschaft für sich möglichst gut lösen möchten, wird es noch ein Stück schwieriger. Hier gilt dann immer: Je komplizierter der Fall, desto wichtiger ist es, das Testament von einem Juristen (Notar oder spezialisiertem Rechtsanwalt) aufsetzen zu lassen.

Sofern Sie eine andere Staatsbürgerschaft haben als von dem Land, in dem Sie ganz oder überwiegend wohnen, sollten Sie eventuell eine Rechtswahlklausel in das Testament aufnehmen. So können Sie, sofern Sie das möchten, bestimmen, dass Ihr Testament nicht nach dem Erbschaftsrecht Ihres Wohnsitzlandes, sondern nach dem Land Ihrer Staatsbürgerschaft gültig ist (siehe auch ► Seite 75):

„Für dieses Testament wähle ich das Erbschaftsrecht meiner Staatsbürgerschaft."

Der Pflichtteil

Durch das Testament kann der letztwillig Verfügende selbst bestimmen, wer durch das Erbe in welcher Höhe begünstigt werden soll. Damit wird das gesetzliche Erbrecht weitgehend ausgehebelt. Allerdings dient das gesetzliche Erbrecht ja der Versorgung und dem Schutz von (Ehe-) Partner und Blutsverwandten. Und diese Schutzfunktion ist auch die Begründung dafür, dass die nach gesetzlichem Erbrecht eigentlich Begünstigten zumindest ein sogenanntes Pflichtteil erhalten. Ein Pflichtteil erhält jedoch trotz gesetzlichem Anspruch nicht, wer:

- auf das Erbrecht verzichtet hat
- von der verstorbenen Person enterbt wurde
- erbunwürdig oder erbunfähig ist.

Das sogenannte Pflichtteil ist geringer als die Erbquoten nach dem gesetzlichen Erbrecht (► Seite 77).

Erbberechtigt	Höhe Pflichtteil
(Ehe-)Partner	Hälfte der gesetzlichen Erbquote
Erste Linie: Kinder und deren Nachkommen	Hälfte der gesetzlichen Erbquote
Zweite Linie: Eltern und Geschwister	kein Pflichtteil
Dritte Linie: Großeltern	kein Pflichtteil
Vierte Linie: Urgroßeltern	kein Pflichtteil

Das Pflichtteil kann halbiert werden, wenn es zu keiner Zeit ein familiäres Naheverhältnis zwischen dem letztwillig Verfügenden und den Pflichtteilsberechtigten gegeben hat. Typisch dafür sind beispielsweise Kinder alleinerziehender Elternteile, die vom anderen Elternteil nur Alimente oder gelegentliche Besuche erhalten haben. Dieses Recht auf Pflichtteilsminderung besteht jedoch nicht, wenn die verstorbene Person den Kontakt grundlos gemieden hat oder berechtigten Grund für den fehlenden Kontakt gegeben hat.

Tipp

Die Minderung des Pflichtteils tritt nicht automatisch ein, sondern muss vom letztwillig Verfügenden in seinem letzten Willen selbst angeordnet werden. Die Zulässigkeit einer Pflichtteilsminderung wird bei Nachprüfungen jedoch außerordentlich streng gesehen. Der letztwillig Verfügende sollte daher parallel zur Abfassung seines letzten Willens auch Belege für das nicht vorhandene familiäre Naheverhältnis sammeln und dokumentieren.

Das Pflichtteil kann gerichtlich eingeklagt werden

Sofern ein Pflichtteilsberechtigter im Testament übergangen wurde, kann er gegenüber der Verlassenschaft/den Erben seinen Pflichtteil mittels Pflichtteilsklage einfordern. Dazu hat er drei Jahre Zeit, danach tritt Verjährung ein.

Sinnvollerweise sollte jedes (größere) Geschenk mittels Schenkungsvertrag erfolgen, welcher auch den Satz enthält: „Der Beschenkte muss sich den Wert der Schenkung (Betrag: ….) auf sein gesetzliches Pflichtteil anrechnen lassen."

Tipp

Pflichtteilsberechtigte müssen sich Geschenke der verstorbenen Person zu Lebenszeiten anrechnen lassen. Hat also die verstorbene Person zu Lebenszeiten beispielsweise dem Sohn einen PKW oder eine Wohnung geschenkt, so mindert dies seinen Anspruch auf ein Pflichtteil. Rein formal wird der Gegenwert zuerst der Verlassenschaft zugerechnet und dann bei dem Beschenkten nach Berechnung des (jetzt erhöhten) Pflichtteils wieder abgezogen.

Der Pflichtteil ist in der Regel in Geld zu begleichen und grundsätzlich sofort fällig. Die vererbende Person kann auch die Stundung für maximal fünf Jahre oder die Zahlung in Teilbeträgen verfügen. Auf Antrag des Pflichtteilsschuldners, d.h. z.B. des Alleinerben welcher die Pflichtteile ausbezahlen muss, kann auch das Gericht eine Stundung beschließen. Dies wäre z.B. dann denkbar, wenn der Erbe ansonsten den Betrieb oder die selbstgenutzte Wohnung verkaufen müsste. Die Stundung kann in diesem Fall insgesamt maximal zwei mal fünf, also zehn Jahre, betragen.

Klare Regeln im Vorhinein zum Pflichtteil erspart den Erben viel Streit

Auf das Erbe und das Pflichtteil verzichten

Jede erbberechtigte Person kann im Vorhinein mittels Notariatsakt auf das Erbe verzichten, z.B. im Gegenzug zu einer Abfindung oder um eine Teilung des Erbes zu verhindern. Ein Erbverzicht bedeutet hierbei zugleich den Verzicht auf das Pflichtteil. Und was auch zu bedenken ist: Der Erbverzicht wirkt nicht nur bzgl. der eigenen Person, sondern auch für die Nachkommen der erbberechtigten Person. Stirbt diese also vor dem Erblasser, so erhalten auch seine Nachkommen keinen Anteil am Erbe.

Abfindung des Pflichtteilsanspruchs

Der Pflichtteilsberechtigte kann auf sein Pflichtteil verzichten. Dieses ist aufgrund seiner sehr weitreichenden Konsequenz an die notarielle Beratung und Beurkundung gebunden. Warum aber sollte dies ein Pflichtteilsberechtigter machen?

Beispiel

Sie haben einen (Ehe-)Partner und ein Kind. Gemäß gesetzlicher Erbfolge stehen dem (Ehe-)Partner ein Drittel und dem Kind zwei Drittel der Verlassenschaft zu. Mit einem Testament setzen Sie jetzt Ihren (Ehe-) Partner zum Alleinerben ein. Das Kind ist dennoch pflichtteilsberechtigt mit der Hälfte der gesetzlichen Erbquote von zwei Drittel, d.h. mit einem Drittel. Allerdings erhält Ihr Kind diesen Pflichtteil erst mit Ihrem Tod, d.h. möglicherweise erst in zehn, zwanzig, dreißig oder vierzig Jahren. Und nur als ein Drittel jenes Vermögens, dass dann noch vorhanden ist. Oftmals ist es dann sinnvoller, sich früher auf eine Auszahlung eines Betrages bei gleichzeitigem (notariellen) Verzicht auf das Pflichtteil zu einigen. Denn wie heißt es so schön: „Lieber den Spatz in der Hand als die Taube auf dem Dach." Und der ausbezahlte Pflichtteilsberechtigte kann mit dem Geld eine Wohnung/ein Haus kaufen, sich Weltreisen leisten, etc. Was aber könnte als „Abfindungsbetrag" vereinbart werden? Prinzipiell der sogenannte Barwert. Darunter versteht man den auf heute abgezinsten zukünftigen Wert. Erhalte ich also z.B. im nächsten Jahr 1.000 Euro und beträgt die Inflationsrate 2 Prozent, so wäre der Barwert dieser Zahlung:

- Barwert = zukünftiger Betrag x (1 – 2 %)
- Barwert = 1.000 Euro x (1 – 0,02)
- Barwert = 1.000 Euro x 0,98
- Barwert = 980 Euro

Und bei mehreren Jahren in der Zukunft wird mit mehrfacher Multiplikation [(1 – 2 %) x (1 – 2 %), …] gearbeitet. Was noch zwischen den beiden zu vereinbaren ist: Mit welchem erwarteten Lebensalter soll gerechnet werden und welche Inflationsrate soll verwendet werden?

Ein Erbverzicht kann durch zweiseitige Willenserklärung von Erblasser und Erbberechtigtem wieder aufgehoben werden. Dies muss schriftlich geschehen, ist seit 2017 jedoch nicht mehr in Form eines Notariatsaktes erforderlich.

Sonderregelungen zum Pflichtteil

Traditionell haben Familien auf Bauernhöfen im land- und forstwirtschaftlichen Bereich viele Kinder und damit auch viele gesetzliche Erben. Im Erbfall droht hier, dass der land- oder forstwirtschaftliche Bereich von mehreren Erben übernommen oder unter den Erben aufgeteilt werden muss. Von daher hat der Gesetzgeber Regeln erlassen, um die Erhaltung der Höfe zu ermöglichen. Diese sind bundesweit mit Ausnahme von Kärnten und Tirol im Anerbengesetz (Bundesgesetz vom 21. Mai 1958 über besondere Vorschriften für die bäuerliche Erbteilung (Anerbengesetz)) geregelt. In Tirol gilt das Tiroler Höfegesetz, in Kärnten das Kärntner Erbhöfegesetz. Inhaltlich sind sich alle drei Gesetze ähnlich, ihre Besprechung würde jedoch den Rahmen dieses Buches sprengen. Wir verweisen auf unsere Publikation „Richtig schenken".

Erbunwürdigkeit

Der Gesetzgeber schließt erbunwürdige Personen vom Erbe aus und definiert diese Erbunwürdigkeit wie folgt:

Auch erbunwürdige Personen können erben, wenn die verstorbene Person ihnen nachweislich vergeben hat

- Wer gegen den Verstorbenen oder die Verlassenschaft eine gerichtlich strafbare Handlung begangen hat, die nur vorsätzlich begangen werden kann und mit mehr als einjähriger Freiheitsstrafe bedroht ist, ist erbunwürdig, sofern der Verstorbene nicht zu erkennen gegeben hat, dass er ihm verziehen hat.
- Wer absichtlich die Verwirklichung des wahren letzten Willens des Verstorbenen vereitelt oder zu vereiteln versucht hat, etwa indem er ihn zur Erklärung des letzten Willens gezwungen oder arglistig verleitet, ihn an der Erklärung oder Änderung des letzten Willens gehindert oder einen bereits errichteten letzten Willen unterdrückt hat, ist erbunwürdig, sofern der Verstorbene nicht zu erkennen gegeben hat, dass er ihm verziehen hat. Er haftet für jeden einem Dritten dadurch zugefügten Schaden.
- Wer
  - gegen den Ehegatten, eingetragenen Partner oder Lebensgefährten des Verstorbenen oder gegen dessen Verwandte in gerader Linie eine gerichtlich strafbare Handlung begangen hat, die nur vorsätzlich begangen werden kann und mit mehr als einjähriger Freiheitsstrafe bedroht ist,
  - dem Verstorbenen in verwerflicher Weise schweres seelisches Leid zugefügt hat oder
  - sonst gegenüber dem Verstorbenen seine Pflichten aus dem Rechtsverhältnis zwischen Eltern und Kindern gröblich vernachlässigt hat,

  sofern die verstorbene Person nicht zu erkennen gegeben hat, dass sie ihm verziehen hat.

Das Erbe von erbunwürdigen Personen fällt an deren Nachkommen, sofern vorhanden. Beispiel: Der Verstorbene hat die drei Kinder Tim, Marie und Julius, welche zu gleichen Teilen bedacht werden sollen. Julius ist jedoch erbunwürdig und kann daher nicht erben. Hat Julius selbst Kinder, so erben diese seinen Anteil von einem Drittel der Verlassenschaft. Hat er hingegen keine Kinder, so fällt sein Anteil zu gleichen Teilen an seine Geschwister Tim und Marie.

Tipp

Auch wenn der Gesetzgeber jemanden für erbunwürdig erklärt bzw. erklären kann, kann ein letztwillig Verfügender diesen trotzdem in seinem Testament berücksichtigen. Voraussetzung dafür ist, dass der letztwillig Verfügende der erbunwürdigen Person das konkrete Verhalten, welches Ursache für die Erbunwürdigkeit ist, verzeiht. Dies sollte dann unter dem Aspekt des Nachweises auch im Testament mit ausgesprochen werden.

Enterbung

Die vererbende Person (früher: Erblasser) kann unter sehr eingeschränkten Bedingungen einen Pflichtteilsberechtigten auch vollständig enterben, d.h. von jedem Anteil am Erbe, auch am

Pflichtteil ausschließen. Die Gründe für die Enterbung sind klar definiert und müssen im Testament konkret angesprochen werden. Enterbt werden kann wer:

- gegen den Verstorbenen eine gerichtlich strafbare Handlung begangen hat, die nur vorsätzlich begangen werden kann und mit mehr als einjähriger Freiheitsstrafe bedroht ist,
- gegen den Ehegatten, eingetragenen Partner, Lebensgefährten oder Verwandten in gerader Linie, die Geschwister des Verstorbenen und deren Kinder, Ehegatten, eingetragenen Partner oder Lebensgefährten sowie die Stiefkinder des Verstorbenen eine gerichtlich strafbare Handlung begangen hat, die nur vorsätzlich begangen werden kann und mit mehr als einjähriger Freiheitsstrafe bedroht ist,
- absichtlich die Verwirklichung des wahren letzten Willens des Verstorbenen vereitelt oder zu vereiteln versucht hat,
- dem Verstorbenen in verwerflicher Weise schweres seelisches Leid zugefügt hat,
- sonst seine familienrechtlichen Pflichten gegenüber dem Verstorbenen gröblich vernachlässigt hat oder
- wegen einer oder mehrerer mit Vorsatz begangener strafbarer Handlungen zu einer lebenslangen oder zwanzigjährigen Freiheitsstrafe verurteilt worden ist.

Bei gesetzlicher Erbfolge treten die Nachkommen der enterbten Person an deren Stelle, sofern die enterbte Person vor dem Erblasser verstirbt.

Der Erbvertrag

Neben dem Testament ist der Erbvertrag die zweite Möglichkeit für den letztwillig Verfügenden, von der gesetzlichen Erbfolge abzuweichen. Im Gegensatz zum Testament handelt es sich dabei jedoch um einen Vertrag, der von zwei Personen geschlossen wird. Der Unterschied ist entscheidend: Das Testament als einseitiges Rechtsgeschäft kann jederzeit geändert oder widerrufen werden, für die Änderung oder Aufhebung des Erbvertrages müssen beide Vertragspartner zustimmen.

Nicht jeder kann einen Erbvertrag schließen

Erbverträge sind nur zwischen Ehepartnern und eingetragenen Partnern möglich sowie von Verlobten und Personen, die sich die eingetragene Partnerschaft versprochen haben. Diese müssen auch tatsächlich heiraten beziehungsweise sich verpartnern, damit ein Erbvertrag gültig ist. Erbverträge bedürfen der notariellen Beurkundung. Mit dem Erbvertrag setzt ein Partner den anderen zum Erben ein oder beide Partner einander gegenseitig. Dies ist jedoch nicht für das gesamte Vermögen möglich. Vielmehr rechnet sich der Umfang des mittels Erbvertrag verfügbaren Vermögens so:

Gesamtvermögen
– Schulden
– Pflichtteile
= verfügbares Gesamtvermögen
– 25 Prozent frei verfügbar
= maximaler Umfang Erbvertrag

Über diese (mindestens) 25 Prozent des Vermögens kann die verpflichtete Person frei verfügen. Das bedeutet, sie kann dieses Vermögen auch mittels Testament weiteren Personen überlassen.

Wichtig für Sie

Während Ihrer Lebenszeit sind Sie weiterhin in der Verwendung Ihres Vermögens frei. Der Erbvertrag gilt nur für den Todesfall und regelt die Verteilung des dann vorhandenen Vermögens.

Auch wichtig

Der Erbvertrag kann nur zwischen Ehepartnern beziehungsweise eingetragenen Partnern sowie Personen, die sich Ehe oder eingetragene Partnerschaft versprochen haben, abgeschlossen werden. Dementsprechend erlischt der Ehevertrag mit der Scheidung, der gerichtlichen Auflösung oder anderen Auflösung der Ehe oder Partnerschaft. Der schuldlos geschiedene Ehepartner kann jedoch trotzdem den im Erbvertrag vereinbarten Erbteil erhalten. Dabei handelt es sich quasi um eine Schutzbestimmung im Sinne des schwächeren Partners, welcher mittels Erbvertrag abgesichert werden sollte. Diese Schutzbestimmung kann dann nur durch eine Formulierung im Erbvertrag, dass der Erbvertrag nur bei aufrechter Ehe oder Partnerschaft gilt, ausgeschlossen werden. Alles ein klein wenig kompliziert und damit zu Recht ein Grund dafür, dass ein Erbvertrag vor einem Notar abgeschlossen werden muss. Denn dieser muss – im Gegensatz zum einseitig beauftragten Rechtsanwalt – beide Vertragspartner gleichermaßen beraten.

Das Vermächtnis (Das Legat)

Die Begriffe „Erbe", „Testament" und „Vermächtnis" werden im Volksmund zumeist als synonyme Wörter, d.h. Begriffe mit der gleichen Bedeutung verwendet. Dies jedoch ist nicht korrekt.

Mit einem Vermächtnis vermacht die verstorbene Person bestimmte Gegenstände, Rechte etc. einer bestimmten Person, beispielsweise:

„Meine Uhr soll Hans-Peter erhalten."
„Maria erlasse ich den mir noch geschuldeten Geldbetrag von 500 Euro."

Die einer Person vermachten Gegenstände, Rechte aber auch Pflichten gehören an sich mit zum Erbe. Der Vermächtnisnehmer erhält mit dem Vermächtnis einen Herausgabeanspruch gegenüber dem beziehungsweise den Erben.

Im Letzten Willen unterscheiden sich Erbe und Vermächtnis formal durch „Ich vererbe" und „Ich vermache", inhaltlich jedoch auch durch die Zuwendung von konkreten Vermögensgegenständen an konkrete Personen. Wird der Begriff falsch gebraucht, so ist dies zumeist kein Problem, da es sich bei konkreten Gegenständen quasi immer um ein Vermächtnis handelt. Allerdings möchte der Gesetzgeber jetzt auch nicht, dass ein übergescheiter letztwillig Verfügender alle Vermögenswerte per Vermächtnis verteilt und seine Gläubiger mit den Verbindlichkeiten im Regen stehen lässt und sieht daher eine Bevorzugung von Gläubigern und Pflichtteilsberechtigten vor. Haben Sie Verbindlichkeiten und möchten Enttäuschungen vermeiden, dann erkundigen Sie sich lieber bei der Abfassung des Testaments/Vermächtnisses bei einem Notar oder Rechtsanwalt, was genau Sie überhaupt vermachen können.

Gläubiger haben Vorrang, bevor die Vermächtnisnehmer Uhr, Auto oder Haus erhalten

Beim Vermächtnis, d.h. der Zuwendung von bestimmten Gegenständen aus der Verlassenschaft, gibt es noch nachfolgende Besonderheiten und Möglichkeiten. Dabei kommt es uns nicht vorrangig auf die Begrifflichkeiten an, vielmehr zeigt Ihnen diese Zusammenstellung auch die Möglichkeiten auf, wie mit einem Vermächtnis ein Erbe oder Dritter bedacht werden kann. Sie werden sehen, bei einigen Vermächtnisarten gibt es starke Parallelen zur inhaltlichen Ausgestaltung von Testamenten.

Ein **Ersatzvermächtnis** liegt vor, wenn der Vermächtnisgeber für den Fall, dass der Vermächtnisnehmer vor ihm verstirbt, einen Ersatz-Vermächtnisnehmer benennt: „Meine Uhr erhält Hans-

Peter. Sollte dieser vor mir versterben, erhält die Uhr mein Enkel Klaus-Michael." Es können auch mehrere nacheinander greifende Ersatzvermächtnisnehmer benannt werden.

Ein **Nachvermächtnis** liegt vor, wenn der Vermächtnisgeber den Vermächtnisnehmer verpflichtet, den vermachten Gegenstand weiter zu vermachen: „Den Familienschmuck bestehend aus ... vermache ich meiner Tochter Marie, welche diesen an ihre Tochter Ilse weitervermachen soll."

Ein **Verschaffungsvermächtnis** liegt vor, wenn die Erben dem Vermächtnisnehmer den Gegenstand mit Mitteln des Erbes verschaffen sollen: „Peter erhält einen neuen Traktor...... welchen meine Erben aus den ihnen zukommenden Mitteln anschaffen sollen." Bei der Formulierung ist jedoch ein Jurist/Notar zu befragen, da im Normalfall kein Gegenstand vermacht werden kann, der nicht Bestandteil des Erbes ist.

Ein **Vorausvermächtnis** liegt dann vor, wenn der Vermächtnisnehmer zugleich (Mit-)Erbe ist. Dieser erhält dann einen Gegenstand aus der Verlassenschaft ohne Anrechnung auf seinen Erbteil: „Meine Kunstsammlung erhält mein Sohn Helmut, das Erbe soll unter meinen Söhnen zu gleichen Teilen aufgeteilt werden."

Ein **Universalvermächtnis** liegt dann vor, wenn die verstorbene Person sein gesamtes Vermögen mittels Vermächtnis einem Dritten zuwendet.

Das Pflegevermächtnis verhilft pflegenden Angehörigen zu einem finanziellen Lohn

Neu ist das gesetzliche **Pflegevermächtnis**. Damit sollen der verstorbenen Person nahestehende Menschen, welche sie in den letzten drei Jahren in nicht nur geringem Maße gepflegt haben und dafür kein Entgelt und keine Zuwendung erhalten haben, bedacht werden. Nahe stehende Personen sind die gesetzlichen Erben der verstorbenen Person inklusive deren Lebensgefährten, Ehegatten und eingetragenen Partnern sowie deren Kinder, zusätzlich auch ein Lebensgefährte der verstorbenen Person und dessen Kinder.

Die Höhe des Vermächtnisses richtet sich nach Art, Dauer und Umfang der Leistungen. Eine Anrechnung auf den Pflichtteil ist nur dann möglich, wenn die verstorbene Person dies zu Lebzeiten ausdrücklich vereinbart hat. Das Pflegevermächtnis kann nur beim Vorliegen eines Enterbungsgrundes entzogen werden.

Teilungsanordnung. Zu unterscheiden vom Vermächtnis ist die sogenannte Teilungsanordnung. Mit der Teilungsanordnung bestimmt der letztwillig Verfügende im Testament, wie das Vermögen auf die Erben verteilt werden soll. Ist das einem Erben zugeteilte Vermögen größer als sein Erbanspruch, so hat er den anderen Erben diesen Vermögensvorteil zu ersetzen. Im Gegensatz zum (Voraus-)Vermächtnis wird also keiner der Miterben bevorzugt.

Tipp

Ein Vermächtnis kann Bestandteil eines Testaments sein, jedoch ist dies nicht zwingend. So kann auch ein handschriftlicher Zettel: „Ich vermache meinem Freund Klaus Bachmeier mein Fahrrad" mit eigenhändiger Unterschrift ein gültiges Vermächtnis sein. Im Unterschied zum Testament hebt jetzt ein neues Vermächtnis nicht (!) das alte Vermächtnis zwingend auf. So kann es beispielsweise durchaus zwei Vermächtnisse mit dem Wortlaut: „Ich vermache meiner Freundin Inge Meisel 20.000 Euro" geben, d.h. hier werden insgesamt 40.000 Euro vermacht. Bei einem zweifachen Vermächtnis über das Fahrrad hingegen ist klar: Das zweite Vermächtnis ersetzt das erste. Sofern ein Vermächtnis nicht mehr gelten soll, empfiehlt es sich zur Vermeidung von Missverständnissen, das alte Vermächtnis zu zerreißen und ein neues zu schreiben.

Das digitale Vermächtnis

Zuerst einmal: Das „digitale Vermächtnis" ist kein gesetzlich vorgegebener Begriff aus den Regelungen zum Erbrecht oder zu Vermächtnissen. Dennoch hinterlässt die verstorbene Person Informationen, deren weitere Handhabung mit bedacht werden sollte. Das „digitale Vermächtnis" ist ein recht junges Thema, welches mit der stärkeren Verbreitung von Social Media in den letzten Jahren an Bedeutung gewonnen hat. Dementsprechend gibt es (noch) keine allgemeingültigen gesetzlichen Regelungen und ändern sich auch die Nutzungsbestimmungen der Anbieter. Es ist daher schwierig Ratschläge zu geben, die auch in nur wenigen Jahren noch Aktualität und Bestand haben.

Der Computer. Ihr Computer nimmt im Verlassenschaftsverfahren keine Sonderstellung ein, dies bedeutet, dass die Erben erst nach Abschluss des Verlassenschaftsverfahrens über das Gerät und damit die Daten auf der Festplatte verfügen dürfen. Aber wie kann eine Lösung aussehen, wenn auch andere Personen auf die Daten angewiesen sind, z.B. im Unternehmensbereich? Das einfachste wäre es natürlich, wenn Sie diesen Personen Ihr Passwort geben. Allerdings haben diese Personen dann immer noch nicht zwingend einen Zugriff auf den Computer als physischem Gerät. Und auch ein ernsthaftes Hindernis: Ihr Passwort dürften Sie ja immer wieder ändern, schon alleine aus Sicherheitsgründen.

Tipp

Inzwischen bieten etliche Unternehmen wie Dropbox oder Microsoft eine elektronische Ablage im Internet an. Diese kostet nicht viel und übernimmt für Sie zusätzlich die Datensicherung mit nachvollziehbarer Versionenspeicherung. Die Ordner im Speicher dieser Anbieter können Sie jetzt einzeln oder gesammelt für dritte Personen freigeben. Diese Personen können die Dateien in den Ordnern entweder nur lesen oder auch ändern, worüber Sie aber informiert würden. Hierdurch wäre in jedem Fall sichergestellt, dass die für dritte Personen wie den Geschäftspartner erforderlichen Informationen, Dokumente etc. jederzeit verfügbar sind. Geschäftsunterlagen könnten Sie so für den Kollegen freischalten, ärztliche Untersuchungsergebnisse für Ihre medizinische Vertrauensperson, Familienfotos für die nächsten Angehörigen, die Übersicht Ihrer Konten für wieder eine andere Person. Und für sehr private Ordner vergeben Sie eben keine Zugriffsmöglichkeit. Diese Möglichkeit der Daten-Teilung gibt es übrigens auch für E-Mails, beispielsweise als Cloudmail, so dass Ihre geschäftlichen E-Mails auch in Ihrem Todesfall von den von Ihnen vorab berechtigten Personen genutzt werden können (natürlich nicht zum Schaden der Verlassenschaft).

Noch sind die Regeln uneinheitlich: Löschung, Gedenk-Profil oder Datenfriedhof?

Dienste im Internet. Sie haben ein Benutzerprofil bei facebook, XING, Google etc.? Die dort hinterlegten Daten und Bilder gehören prinzipiell Ihnen und nach Ihrem Tod Ihren Erben. Nur werden diese Daten zumeist im eigenen Testament vergessen und auch die Erben denken nicht daran, was mit diesen Daten passieren sollte. Der Gesetzgeber jedenfalls hat hier keine generelle Vorgehensweise vorgesehen und jeder Diensteanbieter hat entsprechend eigene Regeln. In Deutschland gab es im Jahr 2018 eine Grundsatzentscheidung des Bundesgerichtshofs (BGH) in Kassel: Erben dürfen auf das Facebook-Konto des Verstorbenen zugreifen. Das digitale Konto in einem Sozialen Netzwerk geht genauso auf die Erben über wie Briefe, entschied der BGH in letzter Instanz. Damit gewann eine Mutter den Prozess gegen Facebook. Ihre 15-jährige Tochter war unter ungeklärten Umständen von einer U-Bahn erfasst worden und ums Leben gekommen. Die Mutter wollte über das Facebook-Konto ihrer Tochter Klarheit gewinnen, ob sie möglicherweise Suizidabsichten hatte. Facebook sperrte jedoch das Konto der Verstorbenen und muss den Erben jetzt den Zugriff auf das Konto gestatten. Da sich der Oberste Gerichtshof (OGH) häufig auch an Urteilen des deutschen Bundesgerichtshofs orientiert ist damit zu rechnen, dass auch österreichische Erben bald Zugriff auf digitale Konten in Sozialen Netzwerken erhalten. Laut einem ersten rechtskräftigen Urteil des Bezirksgerichts Dornbirn im Jahr 2020 muss der Konzern

Tipp

Das digitale Vermächtnis sollte im Testament mit berücksichtigt werden, wenn Sie möchten, dass Ihre Daten nach Ihrem Tod gelöscht oder wenn eine Gedenkseite eingerichtet werden soll. Hierfür sollten Sie bei den von Ihnen genutzten Diensten die Nutzungsbestimmungen bezüglich der Möglichkeiten prüfen und in Ihrem Vorsorgeordner vermerken, in welchen sozialen Netzwerken Sie aktiv sind und welche User-ID Sie dort verwenden. Oftmals wird auch empfohlen die entsprechenden Passwörter zu vermerken. Allerdings bietet dies Möglichkeiten des Missbrauchs bereits zu Lebzeiten, da ja ein digitaler Aufbewahrungsort (eigener PC, spezielle Anbieter im Netz) auch Angriffsziel von Hackern sein kann. Diese Gefahr können Sie vermeiden, wenn Sie die Hinterlegung der Zugangsdaten in einem Safe, beim Anwalt oder Notar vornehmen mit dem Auftrag an die Erben, die Seiten zu löschen oder zu einer Gedenkseite umzuwidmen. Die Problematik des regelmäßigen Passwortwechsels können Sie umgehen, wenn Sie dieses nach einer festen Regel ändern und die Regel hinterlegen. Eine feste Regel könnte beispielsweise ein feststehender Begriff sein, in den nach dem ersten Zeichen die erste Ziffer des aktuellen Monats (beispielsweise „0" von „01") und vor dem letzten Zeichen die zweite Ziffer des aktuellen Monats eingefügt wird.

Apple einer Erbin die Zugangsdaten zum Benutzerkonto und zur iCloud eines Verstorbenen zur Verfügung stellen. Prinzipiell ist es bei den meisten Diensteanbietern so, dass die Benutzerprofile ohne Löschungsantrag immer weiter bestehen. Bei den meisten Anbietern können unter Vorlage von Geburts- und Sterbeurkunde, Vorname und Name, User-ID beim Diensteanbieter, E-Mail etc. sowie dem Nachweis der Erbschaft (Einantwortungsurkunde) die Daten gelöscht werden und zum Teil auch in ein „Gedenk-Profil" geändert werden.

Seit Ende 2016 gibt es auch Dienstleister, welche mit Suchmaschinen die Online-Accounts Verstorbener ausfindig machen. Dies aber kostet nicht nur Geld sondern hat auch den Nachteil, dass es nur dann funktioniert, wenn der Benutzername bekannt und kein Pseudonym verwendet wurde. Und noch ein wesentlicher Unterschied: wenn der Verstorbene im Vorhinein keine Regelung getroffen hat ist es den Erben überlassen, was mit dem digitalen Vermächtnis geschieht.

Bei digitalen Inhalten wie Filmen, Musik oder E-Books sieht es je nach den Allgemeinen Geschäftsbedingungen (AGB) der IT-Konzerne wie Apple oder Amazon anders aus. Denn mit dem digitalen Besitz ist im Gegensatz zum physischen Besitz eines Werkstücks zumeist kein Verbreitungsrecht verbunden. Und damit kann der digitale Besitz auch nicht per Erbe weitergegeben werden.

Sind E-Mails noch vertraulicher als traditionelle Briefe?

Erben dürfen gemäß der österreichischen Gesetzgebung die Briefe der verstorbenen Person öffnen. Nicht geregelt ist jedoch, wie genau mit der elektronischen Post in Form von E-Mails zu verfahren ist. Hier gibt es einerseits das Interesse der Erben am Zugriff auf die E-Mails, da ja inzwischen viele Verträge per E-Mail abgeschlossen werden und diese Verträge auf die Erben als Rechtsnachfolger übergehen. Andererseits sind die E-Mails und damit die Teilnehmer der Kommunikation durch das Telekommunikationsgesetz geschützt.

Probleme kann es im Todesfall auch mit sogenannten Dauerschuldverhältnissen wie Handy-Verträgen geben. Denn diese enden nicht automatisch mit dem Tod des Vertragspartners,

Tipp

Sie können Ihren Erben viel Arbeit und Ärger ersparen, indem Sie entweder die E-Mail-Konten nebst User ID und Passwörtern in Ihrem Verlassenschaftsordner vermerken. Oder Sie verfügen in Ihrem Testament, dass die E-Mail-Anbieter Ihre Zugangsdaten einer von Ihnen benannten Person aushändigen sollen. Auf die Möglichkeit der Daten-Teilung mittels Cloudmail haben wir auf ▶ Seite 94 hingewiesen. In den letzten Jahren wurden von privaten Anbietern auch Internet-Dienste geschaffen, mit denen eine Person im Vorhinein die zeitnahe Weitergabe von sensiblen Daten festlegen kann und diese Daten dann elektronisch dem gewünschten Empfänger mitgeteilt werden. Und auch zukünftig werden wohl zusätzliche Anbieter hierzu am Markt erscheinen, so dass wir hier keine klare Empfehlung abgeben möchten. In einer gemeinsamen Empfehlung haben das Schweizer TV-Magazin „Kassensturz" und die belgische Konsumentenorganisation „Test Achats" im Jahr 2017 das allerdings kostenpflichtige Angebot von SecureSafe (www.securesafe.com) bzgl. Sicherheit gelobt, in den Bereichen Nutzerfreundlichkeit und Angebotsvielfalt gab es jedoch schlechtere Beurteilungen.

Tipp

Zwar gibt es keinen Rechtsanspruch auf eine außerordentliche Kündigung für die (erwarteten) Erben, oft hat sich aber der Diensteanbieter ein außerordentliches Kündigungsrecht in den Allgemeinen Geschäftsbedingungen ausbedungen. Im Wege der Kulanz könnte so der Diensteanbieter bei Vorlage der Sterbeurkunde kündigen und damit weitere Kosten für die Verlassenschaft vermeiden.

sondern müssen gekündigt werden. Hier greifen einerseits zum Teil längere Kündigungsfristen und andererseits der Umstand, dass der Erbe als Rechtsnachfolger erst mit der Verlassenschaftsverhandlung feststeht. Beides kostet Zeit und damit Geld und natürlich viel Ärger für die Anverwandten.

Die Schenkung als (Vorweg-)Vermächtnis

Insbesondere bei älteren Menschen, die sich frühzeitig mit ihrem Besitz und der Möglichkeit des Todes auseinandersetzen, ist oft eindeutig, wer welche Vermögensgegenstände oder auch finanzielle Mittel erhalten soll. Dabei stellt sich dann leicht die Frage, ob man selbst diese Vermögenswerte noch braucht und der zukünftig Beschenkte „auf den Tod des Schenkers warten muss" oder ob eine frühzeitigere Übergabe möglich und sinnvoll ist.

Bei einer **Schenkung auf den Todesfall** verpflichtet sich die schenkende Person in einem Notariatsakt, eine bestimmte Sache (beispielsweise Grundstück, Wohnung, Briefmarkensammlung) dem zu Beschenkenden im Todesfall zu schenken. Diese Schenkung ist nicht widerruflich und bindet die schenkende Person bezüglich dieses Vermögensgegenstandes. Sie kann diesen Gegenstand also weder verkaufen noch anderweitig verschenken. Im Falle von Liegenschaften wird der Beschenkte üblicherweise durch die Eintragung eines Belastungs- und Veräußerungsverbot abgesichert. Da eine „Schenkung auf den Todesfall" immer unter Einbeziehung eines Notars erfolgt, werden Sie dort auch in den Einzelfragen beraten.

Auch eine unmittelbare Schenkung kommt natürlich in Frage. Im Falle von Liegenschaften (Grundstücke, Wohnungen etc.) erfolgt auch diese mit Hilfe eines Notars, der auch für die Eintragung im Grundbuch sowie die Berechnung der Grunderwerbssteuer und der Eintragungsgebühr zuständig ist.

Insbesondere bei der selbstgenutzten Wohnung, aber auch bei anderen Liegenschaften ist es üblich, dass sich die schenkende Person zu Lebzeiten Rechte vorbehält, die sie vor der Undankbarkeit der Beschenkten schützen und absichern sollen. Je nach Art der Immobilie kann die Absicherung beispielsweise sinnvoll bestehen aus der Vereinbarung von:

- Wohnrecht
- Fruchtgenussrecht
- Belastungs- und Veräußerungsverbot.

Wie kann sich ein Schenker zu Lebzeiten gegen die Undankbarkeit der Beschenkten absichern?

Bei der Eintragung eines Wohnrechts im Grundbuch hat die schenkende Person das Recht, die verschenkte Immobilie weiterhin zu bewohnen und nach ihren persönlichen Bedürfnissen zu nutzen. Der Beschenkte darf die Wohnung also nicht selbst bewohnen (es sei denn die schenkende Person erlaubt es) und nicht vermieten. Dieses Wohnrecht ist untrennbar mit der Wohnung verbunden, d.h. auch bei einem Verkauf würde der Käufer dieses Recht als Verpflichtung mitübernehmen. Aber auch die schenkende Person ist durch das Wohnrecht eingeschränkt: Das Recht schließt nicht mit ein, dass sie die Wohnung weitervermieten könnte.

Beim Fruchtgenussrecht hingegen sichert sich die schenkende Person die Erträge der verschenkten Sache. Dies können die Mieteinnahmen einer vermieteten Immobilie sein, die Äpfel aus dem Obstgarten etc. In jedem Fall sollte mit notarieller Beratung festgelegt werden, wer für die Instandhaltungskosten und Betriebskosten der verschenkten Liegenschaft aufkommen muss.

Üblicherweise werden die Rechte der schenkenden Person zusätzlich dadurch abgesichert, dass ein Belastungs- und Veräußerungsverbot in das Grundbuch eingetragen wird. Dies ist jedoch nur möglich bei Schenkungen zwischen

- Ehegatten beziehungsweise eingetragenen Partnern
- Eltern und Kindern (leibliche, Wahl-, Stief- und Pflegekindern) nebst deren Ehegatten oder eingetragenen Partnern

Sind diese Rechte im Grundbuch eingetragen kann der Beschenkte die Liegenschaft weder beleihen noch verkaufen. Auch Dritte sind hieran gebunden: Hat das beschenkte Kind beispielsweise Schulden, so darf es nicht nur selbst die Liegenschaft nicht beleihen, auch die Bank darf kein Pfandrecht auf die Liegenschaft eintragen. Zu beachten ist, dass diese Rechte mit dem Tod der schenkenden, aber auch mit dem Tod der beschenkten Person erlöschen.

Bei Schenkungen von beweglichen Gegenständen und Geldbeträgen ist keine notarielle Form erforderlich. Allerdings müssen diese Gegenstände beziehungsweise Geldbeträge übergeben werden, damit die Schenkung formal vollzogen und damit gültig ist. Es empfiehlt sich zusätzlich, diese Schenkung auch schriftlich zu dokumentieren, damit nach dem Tod der schenkenden Person keine Streitereien mit den Erben erfolgen können, ob es sich um eine Schenkung oder ein Darlehen handelt.

Erfreulich ist, dass es in Österreich keine Schenkungssteuer mehr gibt! Allerdings sind Schenkungen zum Teil meldepflichtig. Vergisst man diese Meldung, so kann man mit einer Geldbuße von 10 Prozent des nicht gemeldeten Wertes bestraft werden. Meldepflichtig sind ab einer gewissen Wertgrenze:

- Bargeld
- Sparbücher, Wertpapiere (beispielsweise Anleihen, Aktien ...), Darlehensforderungen und sonstige Kapitalforderungen
- Bewegliches körperliches Vermögen, beispielsweise Schmuck, PKW
- Gesellschaftsbeteiligungen, Betriebe und Teilbetriebe
- Immaterielle Rechte (Urheber- und Patentrechte, Wohnrechte, Fruchtgenuss ...).

Die Wertgrenze liegt bei nahen Angehörigen (weiter Begriff inklusive der weitest entfernten Blutsverwandten sowie Lebensgefährten) bei 50.000 Euro innerhalb der letzten zwölf Monate und ansonsten bei 15.000 Euro innerhalb von fünf Jahren. Bitte beachten Sie, dass es sich hier um den Wert aller Schenkungen in diesem Zeitraum handelt, nicht um den Einzelwert der Schenkungen. Für Ihre Meldung an das Finanzamt haben Sie drei Monate Zeit.

Obsorgerecht für Kinder und Jugendliche

Wenn sie mit der Obsorge für eines oder mehrere Kinder betraut sind, werden Sie sich im Zusammenhang mit der Vorsorge auch mit der Frage beschäftigen, wer die Obsorge für diese Kinder ausüben kann, wenn sie dazu nicht mehr in der Lage sind.

Sofern beide Eltern mit der Obsorge betraut sind und ein Elternteil stirbt, wird der verbliebene mit der alleinigen Obsorge betraut. Stirbt jedoch der alleine mit der Obsorge betraute Elternteil oder sterben beide, so muss die Obsorge vom Gericht neu bestimmt werden. Ebenso, wenn der Elternteil nicht mehr in der Lage ist, die Obsorge wahrzunehmen. Hierbei schaut das Gericht

Patchwork- und Regenbogenfamilien werden gestärkt

zuerst im unmittelbaren Umfeld des Kindes nach geeigneten Personen. Dies sind zuerst einmal nahe Verwandte wie die Großeltern, Tanten und Onkel des Kindes. Seit 2013 zählen hierzu aber auch alle erwachsenen Personen, die mit dem obsorgenden Elternteil und dem Kind in einem gemeinsamen Haushalt leben. Damit will der Gesetzgeber sogenannte Patchworkfamilien und Regenbogenfamilien stärken.

Das Gericht hat Kinder und Jugendliche in Verfahren betreffend der Obsorge persönlich zu hören beziehungsweise andere Institutionen mit der Befragung des Kindes zu beauftragen (Kinder- und Jugendhilfeträger, Familiengerichtshilfe, Sachverständige ...). Voraussetzung ist, dass die Verständnisfähigkeit des Minderjährigen eine überlegte Äußerung zum Verfahrensgegenstand erwarten lässt. Jugendliche ab 14 Jahren können in Gerichtsverfahren bezüglich der Obsorgeregelung eigenständig handeln - das heißt Anträge einbringen oder Rekurs gegen einen Beschluss einbringen. Die Entscheidung des Gerichts wird dabei immer durch das Wohl des Kindes bestimmt, welches unter anderem anhand folgender Kriterien beurteilt wird:

- Angemessene Versorgung und sorgfältige Erziehung des Kindes. Das bedeutet, dafür Sorge zu tragen, dass das Kind ausreichende und anständige Nahrung zu sich nimmt und auch medizinisch bestmöglich betreut ist.
- Fürsorge, Geborgenheit und der Schutz der körperlichen und seelischen Integrität des Kindes
- Wertschätzung und Akzeptanz des Kindes durch die mit der Obsorge betrauten Personen
- Förderung der Anlagen, Fähigkeiten, Neigungen und Entwicklungsmöglichkeiten des Kindes

Die mit der Obsorge betraute Person muss erwachsen und geschäftsfähig sein. Wird das Gericht in diesem direkten Umfeld des Kindes nicht fündig, so wird der Kinder- und Jugendhilfeträger mit der Obsorge betraut, der sich nach geeigneter Unterbringung für das Kind umsieht. Das können Pflegeeltern sein, aber auch betreute Wohngemeinschaften oder Ähnliches. Pflegeeltern können zu einem späteren Zeitpunkt die alleinige Obsorge beantragen.

Mit Wünschen zur Vorsorgeregelung geben Sie dem Gericht wichtige Hilfestellungen

Als Eltern beziehungsweise mit der Obsorge betraute Personen können Sie, mittels Testament und/oder Vorsorgevollmacht, Vorschläge für eine zukünftige Obsorgeregelung machen. Dieser Vorschlag sollte idealerweise mit einer Begründung einhergehen, weshalb diese Person Ihnen als geeignet für die Ausübung der Obsorge erscheint und aus der deutlich erkennbar wird, dass dies auch im Interesse des Kindes ist. Dabei kann es hilfreich sein, unter anderem die oben erwähnten Kriterien des Kindeswohles als Hilfestellung für die Begründung heranzuziehen.

Das Gericht ist an diesen Vorschlag rechtlich nicht gebunden, es wird ihn aber in seine Überlegungen mit einbeziehen. Sofern Sie eine ansonsten naheliegende Obsorgeregelung wie z.B. bei den Großeltern verhindern wollen, könnten Sie diesen Wunsch einer Ablehnung ebenfalls in Testament oder Vorsorgevollmacht niederlegen wobei auch hier eine Begründung hilfreich ist.

Bis zur Entscheidung des Gerichts über die Obsorge hat das Kind keinen Obsorgeberechtigten, ist also insbesondere im Außenverhältnis (beispielsweise gegenüber Behörden, Kreditinstituten, Versicherern ...) nicht vertreten. Es wäre jedoch möglich, dass demjenigen, welcher als Obsorgeberechtigter in Betracht kommt, gem. §107 Abs.2 AußStrG die vorläufige Obsorge übertragen wird. Es kann auch der Kinder- und Jugendhilfeträger zwischenzeitlich mit der Obsorge betraut werden, bis das Verfahren abgeschlossen ist.

Tipp

Zwischen dem Tod der obsorgeberechtigten Person und der Testamentseröffnung vergehen oft mehrere Wochen. Ihr Wunsch zur zukünftigen Obsorgeregelung ist jedoch zeitkritisch, damit für Ihr Kind zeitnah in Ihrem Sinne gesorgt werden kann. Ihr Wunsch zur Obsorgeregelung sollte daher auch Platz in Ihrem Vorsorgeordner finden.

Exkurs: Witwenpension

„Wenn ein Ehepartner stirbt erhält der verbliebene Partner Witwenpension" ist ein gängiges Verständnis in breiten Bevölkerungskreisen. Das Problem ist, dass dieses Verständnis nicht immer richtig ist, insbesondere dann nicht, wenn langjährige Lebensgefährten noch kurz vor dem krankheitsbedingten Tod eines Partners heiraten, um so den Partner auch finanziell zu versorgen. Um Sozialmissbrauch im Sinne von „Ich vermache durch Heirat eine Witwenpension" zu vermeiden, hat der Gesetzgeber den Anspruch für Witwenpension auf maximal 30 Monate beschränkt, wenn einer der folgenden Fälle vorliegt:

Strikte Bestimmungen

- Die Witwe war beim Tod des Ehepartners noch nicht 35 Jahre alt, sofern die Ehe zum Todeszeitpunkt noch nicht mindestens 10 Jahre bestanden hat.
- Der verstorbene Ehepartner war bei der Eheschließung bereits Pensionist und die Ehe bestand nicht seit einer Mindestanzahl von Jahren:
  – drei Jahre bei einem Altersunterschied von bis zu 20 Jahren
  – fünf Jahre bei einem Altersunterschied von 20 bis 25 Jahre
  – zehn Jahre bei einem Altersunterschied von mindestens 25 Jahren.
- Der verstorbene Ehe-Partner war zwar noch nicht Pensionsbezieher, jedoch bei der Eheschließung bereits über 60 Jahre (Frauen) beziehungsweise 65 Jahre alt (Männer) und die Ehe bestand nicht seit mindestens zwei Jahren.
  Die hier genannten Beschränkungen auf eine Maximaldauer der Witwenpension gelten jedoch nicht, wenn besondere schutzwürdige Umstände vorliegen, beispielsweise:
  – In der Ehe wurde ein Kind geboren.
  – Die Witwe war zum Todeszeitpunkt der verstorbenen Person schwanger.
  – Es existiert ein Kind mit Anspruch auf Waisenpension.
  – Das Ehepaar war bereits früher miteinander verheiratet und unter Beachtung des ersten Heiratstermins würden die obigen Fristen eingehalten.
  – Wird der Hinterbliebene vor Fristablauf der Witwenpension invalid und beantragt die Weiterzahlung, so wird während der Dauer der Invalidität weitergezahlt.

Wie Sie sehen, sind die Regeln darauf ausgelegt, dass eine langjährige Lebenspartnerschaft erst kurz vor dem Tod formalisiert wird oder „ein alter Gockel den Lebensabend mit der Morgengabe einer Witwenpension erkauft". Hier soll die Gemeinschaft der Pensionsberechtigten vor den möglicherweise vorrangig finanziellen Beweggründen einer späten Lebensentscheidung für die Ehe geschützt werden.

Sofern dem Verbliebenen dann Witwenpension zusteht, richtet sich diese einerseits nach der Pensionshöhe der verstorbenen Person, jedoch auch nach dem Einkommen des Hinterbliebenen. Dazu drei Daumen-Regeln, die in einem Beratungsgespräch bei der Pensionsversicherungsanstalt (PVA) konkretisiert werden sollten:

- Bei gleich hohem Einkommen von Verstorbenen und Hinterbliebenem beträgt die Witwenpension rund 40 Prozent.
- Ist das Einkommen der verstorbenen Person mindestens dreimal so hoch wie das Einkommen des Hinterbliebenen, so beträgt die Witwenpension 60 Prozent.
- Ist das Einkommen des Hinterbliebenen mindestens 2 1/3 so hoch wie das Einkommen der verstorbenen Person, so beträgt die Witwenpension 0 Prozent.

Die Witwenpension beträgt daher zwischen 0 und 60 Prozent der Pension, auf welche die verstorbene Person Anspruch gehabt hätte.

Exkurs: Waisenpension

Die Waisenpension ist eine Leistung, die den hinterbliebenen Kindern nach dem Tod eines versicherten Elternteiles eine soziale Absicherung garantiert. Zuständige Stelle ist jener Versicherungsträger, bei dem der Versicherte in den letzten 15 Jahren überwiegend versichert war. Als Voraussetzung sind zu beachten:

- Bei Tod eines Pensionsversicherten muss eine Mindestversicherungszeit des Verstorbenen in der Pensionsversicherung in Abhängigkeit vom Alter vorliegen.
- Kindeseigenschaft im Sinne des ASVG (Allgemeines Sozialversicherungsgesetz) muss gegeben sein. Als Kinder zählen: eheliche Kinder, uneheliche Kinder, (Wahl-)Adoptivkinder und Stiefkinder.

Tipp

Wurde die Voraussetzung der Wartezeit nicht erfüllt und wurde von dem Verstorbenen aber mindestens ein Beitragsmonat erworben, so steht den Waisen eine Abfindung als einmalige Leistung zu.

Ein Anspruch auf eine Waisenpension besteht grundsätzlich ab dem Tod des Versicherten bis zum 18. Geburtstag des Kindes. Ab dem Alter von 18 Jahren gebührt die Waisenpension nur noch unter folgenden Voraussetzungen:

Waisenpension über den Beginn der Volljährigkeit hinaus

- Bei einer Schul- oder Berufsausbildung, welche die Arbeitskraft des Waisen überwiegend beansprucht, gebührt die Waisenpension bis zum Alter von 27 Jahren. Das Studium muss ernsthaft und zielstrebig betrieben werden.
- Bei einer Ausübung einer Tätigkeit nach dem Freiwilligengesetz.
- Bei Erwerbsunfähigkeit des Kindes kann die Waisenpension unbefristet (ohne Altersgrenze) bezogen werden. Das Gebrechen muss allerdings vor dem 18. Geburtstag oder während der Schul- oder Berufsausbildung eingetreten sein.

Eine Waisenpension muss beantragt werden und hier sind wieder wichtige Fristen zu beachten: Für die Auszahlung der Waisenpension rückwirkend ab dem auf den Todestag folgenden Tages ist es erforderlich, dass diese innerhalb von sechs Monaten ab dem Todestag beantragt wird. Diese Frist verlängert sich um die Dauer eines eventuellen Verfahrens zur Feststellung der Vaterschaft beziehungsweise zur Bestellung einer mit der Obsorge betrauten Person. Wird die (evtl. verlängerte) Antragsfrist überschritten, so wird die Waisenpension erst ab Antragstellung ausgezahlt, d.h. Sie verlieren zumindest sechs Monate Zahlungsanspruch! Aber auch hier gibt es wieder eine kleine Ausnahme: Wenn der Antrag auf Waisenpension innerhalb von sechs Monaten nach dem 18. Geburtstag oder binnen sechs Monaten ab Wiedererlangung der Geschäftsfähigkeit gestellt wird, entsteht der Pensionsanspruch rückwirkend mit dem auf den Todestag folgenden Tag.

Klare Regeln zur Pensionshöhe

Basis für die Berechnung der Waisenpension bildet immer eine 60-prozentige Witwenpension, unabhängig davon, ob bzw. in welcher Höhe diese tatsächlich anfällt. Die Waisenpension beträgt einen bestimmten Prozentsatz der Witwenpension: bei Tod eines Elternteils 40 Prozent, bei Tod beider Elternteile 60 Prozent. Von der Waisenpension wird trotz Krankenversicherungsschutz kein Krankenversicherungsbeitrag abgezogen.

Die Auszahlung der Pension erfolgt monatlich im Nachhinein, jeweils am 1. des Folgemonats. Für die Monate April und Oktober wird die Pension in doppelter Höhe (Pensionssonderzahlung) angewiesen.

Service

Adressen/Links
Glossar
Literatur
Stichwortverzeichnis
Formulare zum Heraustrennen (2-fach)

ELGA

Elektronische Gesundheitsakte
ELGA GmbH
Treustraße 35-43/Stg. 4/1. Stock, 1200 Wien
Tel. +43 1 212 70 50
E-Mail: office@elga.gv.at
www.elga.gv.at

Konsumentenschutz

Verein für Konsumenteninformation (VKI)
Linke Wienzeile 18, 1060 Wien
Tel. +43 1 588 77-0 Fax +43 1 588 77-73
E-Mail: konsument@vki.at
www. vki.at | www.konsument.at

Notariatskammern

Wien
Niederösterreich
Burgenland

Notariatskammer für Wien, Niederösterreich und Burgenland
Landesgerichtsstraße 20, 1010 Wien
Tel. +43 1 402 45 09 0
E-Mail: kammer-wnb@notar.or.at

Oberösterreich

Notariatskammer für Oberösterreich
Schmiedegasse 20/5, 4040 Linz-Urfahr
Tel. +43 732 73 70 73
E-Mail: oberoesterreich@notariatskammer.at

Kärnten

Notariatskammer für Kärnten
Lakeside B11a, 9020 Klagenfurt
Tel. +43 463 51 27 97
E-Mail: office@ktn-notare.at

Steiermark

Notariatskammer für Steiermark
Wielandgasse 36/III, 8010 Graz
Tel. +43 316 82 52 86
E-Mail: steiermark@notariatskammer.at

Salzburg

Notariatskammer für Salzburg
Ignaz-Harrer-Straße 7, 5020 Salzburg
Tel. +43 662 84 53 59
E-Mail: salzburg@notariatskammer.at

Tirol
Vorarlberg

Notariatskammer für Tirol und Vorarlberg
Maximilianstraße 3, 6020 Innsbruck
Tel. +43 512 56 41 41
E-Mail: notariatskammer.tirol@nktv.at

Organspende

Widerspruchsregister zu Organspenden
https://transplant.goeg.at/widerspruchsregister

Gesundheit Österreich GmbH
Widerspruchsregister
Stubenring 6, 1010 Wien
Tel. +43 1 515 61-0 Fax +43 1 513 84 72
E-Mail: wr@goeg.at
www.goeg.at

Patienten-anwaltschaften

Wien

Wiener Pflege-, Patientinnen- und Patientenanwaltschaft
Ramperstorffergasse 67, 1050 Wien
Tel. +43 1 587 12 04
E-Mail: post@wpa.wien.gv.at
www.patientenanwaltschaft.wien.at

Niederösterreich

Niederösterreichischer Patienten- und Pflegeanwalt
Landhausplatz1/Haus 13, 3109 St. Pölten
Tel. +43 2742 9005-15575
E-Mail: post.ppa@noel.gv.at
www.patientenanwalt.com

Burgenland

Burgenländischer Gesundheits-, Patientinnen-, Patienten- und Behindertenanwalt
Marktstraße 3, Technologiezentrum,Bauteil5 EG, 7000 Eisenstadt
Tel. 05 76 00 2153
E-Mail: post.patientenanwalt@bgld.gv.at
www.burgenland.at (Gesundheit und Soziales, Patientenanwalt)

Oberösterreich

Oberösterreichischen Patientenvertretung
Bahnhofplatz 1, 4021 Linz
Tel. +43 732 77 20-142 15
E-Mail: ppv.post@ooe.gv.at
www.land-oberoesterreich.gv.at

Kärnten

Patientenanwaltschaft Kärnten
Völkermarkter Ring 31, 9020 Klagenfurt
Tel. +43 (050) 536 571 22
E-Mail: patientenanwalt@knt.gv.at
www.patientenanwalt-kaernten.at

Steiermark

Steiermärkische Patienten- und Pflegeombudsfrau
Friedrichgasse 9, 8010 Graz
Tel. +43 316 877 33 50/3191
E-Mail: ppo@stmk.gv.at
www.patientenvertretung.steiermark.at

Salzburg

Salzburger Patientenvertreterin
Michael-Pacher-Strasse 36, 5020 Salzburg
Tel. +43 662 8042-2030
E-Mail: patientenvertretung@salzburg.gv.at
www.salzburg.gv.at

Tirol

Tiroler Patientenvertretung
Meraner Straße 5 (1. Stock), 6020 Innsbruck
Tel. +43 512 508 7700
E-Mail: patientenvertretung@tirol.gv.at
www.tirol.gv.at/patientenvertretung

Vorarlberg

Vorarlberger Patientenanwalt
Marktplatz 8, 6800 Feldkirch
Tel. +43 5522 815 53
E-Mail: anwalt@patientenanwalt-vbg.at
www.patientenanwalt-vbg.at

Patientenverfügung

www.patientenanwalt.com/ihre-Rechte/Patientenverfuegung

Rechtsanwaltskammern, Anwaltssuche

Burgenland

Rechtsanwaltskammer Burgenland
Marktstraße 3, 7000 Eisenstadt
Tel. +43 720 211 990
E-Mail: office@rechtsanwaltskammer.net
www.rechtsanwaltskammer.net

Kärnten

Rechtsanwaltskammer für Kärnten
Theatergasse 4/I, 9020 Klagenfurt
Tel. +43 463 51 24 25
E-Mail: kammer@rechtsanwaelte-kaernten.at
www.rechtsanwaelte-kaernten.at

Niederösterreich

Rechtsanwaltskammer Niederösterreich
Andreas-Hofer-Straße 6, 3100 St. Pölten
Tel. +43 2742 71 6 50-0
E-Mail: office@raknoe.at
www.raknoe.at

Oberösterreich

Oberösterreichische Rechtsanwaltskammer
Gruberstraße 21, 4020 Linz
Tel. +43 732 77 17 30
E-Mail: office@ooerak.or.at
www.ooerak.at

Salzburg

Salzburger Rechtsanwaltskammer
Imbergstraße 31C, 5020 Salzburg
Tel.: +43 662 64 00 42
E-Mail: info@srak.at
www.srak.at

Steiermark

Steiermärkische Rechtsanwaltskammer
Salzamtsgasse 3/IV, 8010 Graz
Tel. +43 316 83 02 90
E-Mail: office@rakstmk.at
www.rakstmk.at

Tirol

Tiroler Rechtsanwaltskammer
Meraner Straße 3/III, 6020 Innsbruck
Tel. +43 512 58 70 67
E-Mail: office@tiroler-rak.at
www.tiroler-rak.at

Vorarlberg

Vorarlberger Rechtsanwaltskammer
Marktplatz 11, 6800 Feldkirch
Tel. +43 5522 71 1 22
E-Mail: kammer@rechtsanwaelte-vorarlberg.at
www.rechtsanwaelte-vorarlberg.at

Wien

Rechtsanwaltskammer Wien
Ertlgasse 2/Ecke Rotenturmstraße, 1010 Wien
Tel. +43 1 533 27 18-0
E-Mail: office@rakwien.at
www.rakwien.at

Erwachsenen-schutzvereine

VertretungsNetz – Erwachsenenvertretung, Patientenanwaltschaft, Bewohnervertretung
Ungargasse 66/2/3. OG, 1030 Wien
Tel. +43 1 330 46 00 Fax +43 1 330 46 00 300
E-Mail: verein@vertretungsnetz.at
www.vertretungsnetz.at

NÖ Landesverein für Erwachsenenschutz – Erwachsenenvertretung, Bewohnervertretung
Bräuhausgasse 5/2/2, 3100 St. Pölten
Tel. +43 2742 77 175 Fax +43 2742 77 175 18
E-mail: erwachsenenschutz@noelv.at
www.noelv.at

ifs Erwachsenenvertretung
Interpark FOCUS 40, 6832 Röthis
Tel. 05 1755 500 Fax 05 1755 9500
E-Mail: ifs@ifs.at
E-Mail: erwachsenenvertretung@ifs.at
www.ifs.at/ erwachsenenvertretung

Zentrale:
Erwachsenenvertretung Salzburg
Hauptstraße 91d, 5600 St. Johann im Pongau
Tel. +43 6412 6706
E-Mail: office@erwachsenenvertretung.at
www.erwachsenenvertretung.at

Regionalstelle:
Erwachsenenvertretung Salzburg
Flugplatzstraße 52/7, 5700 Zell am See
Tel. +43 6542 742 53
E-Mail: zell@erwachsenenvertretung.at

Vorsorge-vollmacht

www.konsument.at/allesgeregelt

Widerspruch gegen gesetzliche Erwachsenen-vertretung

www.konsument.at/allesgeregelt

Amyotrophe Lateralsklerose (ALS)
Bei ALS kommt es zu einer fortschreitenden und irreversiblen Schädigung oder Degeneration der Nervenzellen (Neuronen), die für die Muskelbewegungen verantwortlich sind. Folgen können unter anderem Muskelkrämpfe, Speichelfluss, Sprechstörung, Schluckstörung oder Atemstörung sein.

Demenz
Unter dem Begriff Demenz versteht man den kontinuierlichen Abbau der geistigen Leistungsfähigkeit, vor allem von Gedächtnisleistung und Denkvermögen.

Einantwortung
Die Einantwortung ist eine Besonderheit des österreichischen Rechts. Die österreichische Rechtsordnung sieht einen eigenen hoheitlichen Akt nach Abschluss des Verlassenschaftsverfahrens vor, durch den der Erbe nach Abgabe einer Erbantrittserklärung Eigentum an den Vermögenswerten der Verlassenschaft erwirbt. Durch die Einantwortung kommt es zur Rechtsnachfolge, durch die der Erbe in die Rechte und Pflichten des Erblassers eintritt. Bis dahin ist die ruhende Verlassenschaft als juristische Person anzusehen – das heißt, ähnlich wie bei einer GmbH oder Stiftung handelt es sich in dieser „eigentümerlosen" Phase um eine Art selbstständiges Vermögen. Die Bestätigung der Einantwortung erfolgt mit gesondertem Beschluss über die Einantwortung.

ELGA
Elektronische Gesundheitsakte, www.elga.gv.at

Erwachsenenvertreter, gesetzlich
Die gesetzliche Erwachsenenvertretung ist nur vom Begriff her neu. Man versteht darunter die bisherige Vertretungsbefugnis naher Angehöriger. Sie tritt erst dann in Kraft, wenn sie im ÖZVV eingetragen ist. Das neue Gesetz erweitert die Befugnisse der nahen Angehörigen. Die Vertretungsbefugnis ist auf maximal drei Jahre befristet.

Erwachsenenvertreter, gerichtlich
Sofern man älter als 18 Jahre ist und aufgrund einer geistigen Behinderung oder psychischen Erkrankung (auch: Demenz) nicht mehr in der Lage ist Geschäfte ohne Nachteil für sich selbst abzuschließen, wird vom Gericht ein gesetzlicher Erwachsenenvertreter für einen bestellt. Bis zum Jahr 1984 verstand man darunter die sogenannte „Entmündigung", d.h. die Obsorge durch eine dritte Person. Heutzutage spricht man auch von der Erwachsenenfürsorge. Zunehmend beschränkt sich die Erwachsenenvertretung darauf, nur in jenen Bereichen zu unterstützen, die die betroffene Person wirklich benötigt. Die Vertretungsbefugnis ist auf maximal drei Jahre befristet.

Erwachsenenvertreter, gewählt
Von einer gewählten Erwachsenenvertretung spricht man, wenn eine Person nicht mehr voll handlungsfähig ist und sich einen Vertreter selbst wählt. Voraussetzung für die Vollmacht ist, dass von dem Betroffenen die Tragweite der Bevollmächtigung zumindest in Grundzügen verstanden wird. Die Vertretungsbefugnis ist zeitlich unbefristet.

Erwachsenenvertreter-Verfügung
Mittels einer Erwachsenenvertreter-Verfügung kann man festlegen, wer zukünftig vom Gericht zum gerichtlichen Erwachsenenvertreter berufen werden soll, man kann aber auch Personen mittels dieser Verfügung von der Vertretung ausschliessen. Das Gericht wird dieser Meinungsäußerung des Betroffenen im Rahmen der Entscheidungspyramide berücksichtigen, wenn die genannte Person über die erforderliche Eignung verfügt

Euthanasie
Daunter versteht man die aktive Sterbehilfe, d.h. helfende Handlungen, welche einer unheilbaren Person das Sterben erleichtern. Aktive Sterbehilfe ist in Österreich verboten. Erlaubt ist hingegen die aktive indirekte Sterbehilfe. Darunter versteht man aktive Handlungen beispielsweise bei der Schmerzlinderung durch Medikamente, bei denen eine Verkürzung des Sterbevorgangs nicht ausgeschlossen werden kann. Ab 2022 gibt es zusätzlich die Sterbeverfügung, bei der Unterstützung beim selbstbestimmten Suizid erlaubt ist.

Hospiz
Hospiz kommt als Begriff vom lateinischen hospitium „Herberge" und ist eine Einrichtung der Sterbebegleitung. Im deutschen Sprachraum wird damit eine stationäre Pflegeeinrichtung bezeichnet, die meist über nur wenige Betten verfügt und ähnlich wie ein kleines Pflegeheim organisiert ist. Es gibt jedoch auch ambulante Hospizdienste und Palliativstationen in Krankenhäusern.

Neuromuskuläre Erkrankungen
Unter dem Begriff neuromuskuläre Erkrankungen wird eine große Gruppe verschiedener Erkrankungen aus dem Bereich der Neurologie zusammengefasst. Als Symptom tritt Muskelschwäche auf, welche jedoch sehr unterschiedliche Ursachen haben kann. Die Muskelschwäche kann Arme und Beine ebenso betreffen wie die für die Atmung erforderlichen Muskeln.

Palliativbetreuung Die palliative Betreuung (palliative care) hat zum Ziel, chronisch kranken, schwerkranken und sterbenden Menschen größtmögliche Lebensqualität zu ermöglichen. Sie beinhaltet die Palliativmedizin zur Schmerzlinderung und anderer krankheitsbedingter Beschwerden sowie psychologische, soziale und spirituelle Begleitung. Sie ist nicht ausgerichtet auf die Behandlung der Ursachen, da es sich um weit fortgeschrittene Krankheitsbilder ohne Heilungschancen handelt.

Patientenverfügung Erklärung einer Person im Vorhinein, welche Behandlungen sie im Rahmen der gesetzlichen Möglichkeiten ablehnt.

Parentel Dieser Begriff kommt vom lateinischen Wort parentela und bezeichnete im Mittelalter die Gemeinschaft der durch den nächsten Stammvater Verbundenen. Klingt etwas kompliziert, zielt aber inhaltlich auf die Blutsverwandtschaft ab und wird bei den Regeln der gesetzlichen Erbfolge verwandt, welche die Blutsverwandten bevorzugt. Der modernere Begriff ist: Linie.

PEG-Sonde Die PEG-Sonde (perkutane endoskopische Gastrostomie) ist ein endoskopisch angelegter künstlicher Zugang durch die Bauchdecke in den Magen.

Totenfürsorge Zuständigkeit für die Organisation und Durchführung des Begräbnisses. Üblicherweise kommen die Rechte und Pflichten der Totenfürsorge dem nächsten Angehörigen zu, jedoch kann die verstorbene Person zu Lebzeiten eine andere Regelung treffen.

Untervollmacht Der Vollmachtnehmer darf die ihm mittels Vollmacht gewährten Rechte mittels (Unter-)Vollmacht an einen Dritten weitergeben.

Vorsorgevollmacht Mit einer Vorsorgevollmacht kann eine Person vor dem Verlust der Geschäftsfähigkeit, der Einsichts- und Urteilsfähigkeit und der Äußerungsfähigkeit selbst bestimmen, wer als Bevollmächtigter für sie entscheiden darf. Die Vertretungsbefugnis ist zeitlich unbefristet.

Anerbengesetz (1958) Bundesgesetz vom 21. Mai 1958 über besondere Vorschriften für die bäuerliche Erbteilung

Andreaus F, Kretzl C (2013) Rechtsgrundlagen für Gesundheitsberufe, 2. Auflage. facultas, Wien

ARGE PatientenanwältInnen, Hospiz Österreich (2019) Ratgeber Patientenverfügung, 3. Aufl. NÖ Patienten- und Pflegeanwaltschaft, St. Pölten

ARGE PatientenanwältInnen, Hospiz Österreich (2021) Ratgeber Patientenverfügung – leicht lesen, 3. Aufl. NÖ Patienten- und Pflegeanwaltschaft, St. Pölten

ÄrzteG 1998 (2022) Bundesgesetz über die Ausübung des ärztlichen Berufes und die Standesvertretung der Ärzte (Ärztegesetz 1998). BGBl. I Nr. 169/1998 i.d.F. BGBl. I Nr. 65/2022

Barth B (2017) Vom Sachwalter- zum Erwachsenenschutzrecht. In: Schriftenreihe Niederösterreichische Juristische Gesellschaft. LexisNexis, Wien

Barth B (2017) Das neue Erwachsenenschutzrecht. Linde, Wien

Bleckmann M (2023) Mein Recht als Patient, 3. Auflage. Verein für Konsumenteninformation, Wien

Bohnenkamp R, Weidner S (2014) Das Vorsorge-Set. Stiftung Warentest, Berlin

Bohnenkamp R, Weidner S (2016) Das Vorsorge-Set, 2., aktualisierte Auflage. Stiftung Warentest, Berlin

Bundesministerium für Justiz (2007) Das Sachwalter-Recht – leicht zu lesen. Bundesministerium für Justiz, Wien

Bundesministerium für Justiz (2014) Sachwalterschaft – Wissenswertes für Betroffene, Angehörige und Interessierte. Bundesministerium für Justiz, Wien

Bundesministerium für Justiz (2017) Das neue Erwachsenenschutzrecht. Bundesministerium für Justiz, Wien

Davis PE (2020) Erben ohne Streit, 8. Auflage. Verein für Konsumenteninformation, Wien

Erbhöfegesetz Kärnten (1990) Bundesgesetz vom 13. Dezember 1989 über die bäuerliche Erbteilung in Kärnten

ErbRÄG (2015) Erbrechts-Änderungsgesetz 2015 [ErbRÄG 2015 (203/BNR))]

ErwSchG (2017)
2. Erwachsenenschutz-Gesetz

ErwSchVG (2017)
Erwachsenenschutzvereinsgesetz

Esterbauer E, Leitner-Bommer N (2016)
Rechtzeitig und richtig vorsorgen.
Schoellerbank Wealth Advisory, Wien

Gitschthaler E, Schweighofer M (2017)
Erwachsenenschutzrecht.
Manz, Wien

Kapeller L (2022)
Fruchtbares Ende.
Der Standard, Wien, 27.05.2022

Kilian W (2016)
Vorsorge für den Todesfall, 2. Auflage
Linde populär, Wien

Lappe M (2019)
Todesfall regeln. Das KONSUMENT-Buch für Angehörige.
Verein für Konsumenteninformation, Wien

Lappe M (2021)
Richtig schenken. Klug entscheiden und schlau abwickeln.
Verein für Konsumenteninformation, Wien

Lappe M (2022)
Notlagen meistern. Die KONSUMENT-Notfallsmappe.
Verein für Konsumenteninformation, Wien

OTPG (2018)
Bundesgesetz über die Transplantation von menschlichen Organen (Organtransplantationsgesetz – OTPG). BGBl. I Nr. 108/2012 i.d.F. BGBl. I Nr. 37/2018

PatVG (2019)
Bundesgesetz über Patientenverfügungen (Patientenverfügungs-Gesetz).
BGBl. I Nr. 55/2006 i.d.F. BGBl. I Nr. 12/2019

StVfG (2021)
Bundesgesetz über die Errichtung von Sterbeverfügungen (Sterbeverfügungsgesetz – StVfG),
StF: BGBl. I Nr. 242/2021

THG (1900)
Gesetz betreffend die besonderen Rechtsverhältnisse geschlossener Hofe
(Tiroler Höfegesetz – THG)

Verein für Konsumenteninformation (VKI) (2017)
Sparbuch schlägt Versicherung. KONSUMENT 11/2017
Verein für Konsumenteninformation, Wien

Verweijen S, Veith A (2015)
Vorsorgevollmacht und Patientenverfügung.
Linde Verlag, Wien

A
Abhängigkeitsverhältnis 36
Adoptiveltern 79, 81
Adoptivkind 79, 81
Alleinerziehende 13
Alleinstehende, mit Vertrauensperson 13
–, ohne Vertrauensperson 13
Alltag, ärztlicher 58
Altersdemenz 36
Alzheimer 36, 66
Anerbengesetz 90
Angehöriger, nächster 29
Angelegenheiten, abgabenrechtliche 46
–, medizinische 26
Anordnungen, besondere 47
Ärztegesetz 20
Aufenthalts- und Wohnungsangelegenheiten 43
Aufwandsentschädigung 36
Aufwandsersatz 41
Auslandsbezug 47, 75
Auswärtigenzuschlag 67

B
Bankgeheimnis 46
Bankvollmacht 16, 48ff
Barauslagen 41
Beatmung, künstliche 17, 63
Begräbnis 66f
Begräbniskosten 72
Behörden, Vertretung vor 42
Beistandspflicht 20
Belastungsverbot 96
Bestattung
–, Baumbestattung 69
–, Diamantbestattung 70
–, Donaubestattung 70
–, Edelsteinbestattung 70
–, Erdbestattung 68
–, Feuerbestattung 68
–, Naturbestattung 68
–, Seebestattung 69
–, Weltraumbestattung 70
Bestattungsgesetze 68
Bestattungsunternehmen 67f
Bevollmächtigte 37, 39
Bevollmächtigungen 39
Bewohnervertretung 27
Blockade, wechselseitige 40
Blutsverwandte 17, 72, 74, 76, 81
brainstorming 21

C
Checkliste 18
Computer 94

D
Dauerschuldverhältnisse 95
Demenz 10, 16, 27, 35, 48, 59

E
Eigentümerpartnerschaft 77
Eigentumswohnung 43, 78
Eigenvorsorge 35
Eignungspyramide 28, 42
Einantwortung 74
Einantwortungsurkunde 95
Enterbung 18, 90
Enterbungsgrund 93
Entmündigung 27
Entscheidungsfähigkeit 21
Erbe 18, 74
Erbvertrag 76
Erbfolge 66
–, gesetzliche 76
Erblasser 90
Erbquoten 88
Erbrecht, außerordentliches 76
–, der Blutsverwandten 79
–, Ehe-Partnererbrecht 77
Erbrechtsverordnung (EU-ErbVO) 75
Erbschaftsrecht 75, 87
Erbschaftssteuer 76
Erbunwürdigkeit 90
Erbvertrag 77, 91
Erbverzicht 89
Erdbestattung 68
Ersatzbevollmächtigte 41, 47
Ersatzerben 18, 86
Ersatzvermächtnis 92
Erwachsenenschutzgesetz, 2., 2018 24
Erwachsenenschutzrecht, Vereine für 17
Erwachsenenschutzverein 48, 57
Erwachsenenvertreter 50
–, gewählter 34
Erwachsenenvertretung 27
–, gerichtliche 10, 24, 27
–, gesetzliche 11, 24
–, gewählte 10
–, Widerspruch gegen gesetzliche 31
Erwachsenenvertretungs-Verfügung 11
Existenzminimum 31

F
Familienbesitz 22
Familiengrab 67
Familienmitglieder 28
Forschung, medizinische 26
Friedhofsordnung 67
Friedhofszwang 68
Fruchtgenussrecht 96

G
Gedächtnisseite 18
Gedenk-Profil 95
Gedenkseite 95
Geldgeschenke 45
Genehmigungsvorbehalt 25
Gesundheit Österreich GmbH 62
Gesundheitsangelegenheiten 44
Grabnutzungsrecht 67
Grabstätte 68

H
Haager Erwachsenenschutzübereinkommen 47
Haftpflichtversicherung 41
Haftungserklärung 45
Handlungsfähigkeit 25
Hausarzt 58
Heimatrecht 75
Hinweiskarte 58
Hirntod 63

I
Insichgeschäft 47

K
Kärntner Erbhöfegesetz 90
Kollisionsbevollmächtigte 45, 47
Konfession 67f
Konten-Zeichnungsberechtigung 50
Kontolimit 50
Kontrolle, gerichtliche 26
Kontrolleur 37
Körperspende 66
Krankenakte 58
Kreditrahmen 50
Kreditverträge 46
Kündigungsfristen 96

L
Lebenserhaltung 50
Lebensgefährten 11f, 72, 74, 76, 82, 99
Lebensgemeinschaften 17
Lebenspartnerschaften 43
Lebenssituation 37
Lebensversicherung, Risiko- 74
Legat 92
Leichenschmaus 68
Letzter Wille 83, 92
Linien 76

M
Mietvertrag 43

N
Nacherben 86
Nacherbschaft auf den Überrest 87
Nachlass 18, 72
Nachlassspaltung 75
Nachlasszeugnis 76
Nachvermächtnis 93
Naheverhältnis, familiäres 88
Notar 37
Notariatsakt 38
Notarzt 50
Notfallbogen 58
Notgroschen 74

O
Obsorgerecht 97
Oder-Konto 49
Organspende 17, 56, 61f
Organtransplantationsgesetz (OPTG) 62
Österreichisches Zentrales Vertretungsverzeichnis (ÖZVV) 27, 30f, 36, 47

P
Palliativmedizin 55f
Palliativmediziner 59
Palliativpflege 56
Parentel 76
Parte 66
Partnerschaft, eingetragene 12
Partnerschaftspakt 77
Patchwork-Familien 12, 98
Patientenakte 58
Patientenanwaltschaft 27
Patientenverfügung 10, 21, 26, 42, 50, 60
–, sonstige 50ff
–, verbindliche 50f
Patientenverfügungs-Gesetz 51ff
Patientenverfügungsregister 57
Pensionskonto-Erklärung 45
Personensorge 25
Pflegebedürftigkeit 21
Pflegeeltern 98
Pflegevermächtnis 93
Pflichtteil 83, 88f
Pflichtteilsanspruch 78, 89
Pflichtteilsberechtigte 88
Pflichtteilsklage 88
Pflichtteilsminderung 88
Privatbegräbnisstätte 68

R
Rechnungslegung 41
Rechtswahlklausel 75, 87
Reerdigung 69
Regenbogenfamilien 98

S
Sachverständigengutachten 28
Sachwalterschaft und -verfügung 10, 24
Sachwaltervereine 27
Sachwalterverfügung 11, 48
–, bedingte 42
Safes 46
Schadenersatzansprüche 46, 49
Scheidung 92
Schenkung, auf den Todesfall 96
Schenkungssteuer 97
Schenkungsvertrag 88
Schließfach 46, 49
Schweigepflicht, ärztliche 20
Selbstbestimmung 24
Selbsttötung 21
Sittenwidrig 86
Sorgerecht 14
Sozialmissbrauch 99
Staatsangehörigkeitsrecht 75
Staatsbürgerschaft 75, 87
Sterbebegleitung 21
Sterbegeldversicherung 73
Sterbehilfe 55f
Sterbeprozess 21
Sterbetafel 73
Sterbeverfügung 56, 59f
Sterbeverfügungsgesetz 59
Sterilisation 26
Stimmrecht 43
Stundung 89

T
Teilungsanordnung 93
Testament 11, 22, 43, 83, 98
–, Aufbewahrung 84
–, eigenhändiges 83
–, fremdhändiges 83
–, mündliches 84
–, Nottestament 84
–, öffentliches 84
–, Widerruf 84
Testamentseröffnung 72
Testamentserrichter 83
Testamentszeuge 83
Tiroler Höfegesetz 90
Totenfürsorge 72ff
Transplantationen 62
Trauernde 66

U
Übernahmspreis 77
Überziehungsrahmen 50
Und-Konto 49
Universalvermächtnis 93
Unterfertigung 47
Unterhaltsanspruch 79
Untervollmacht 41, 49
Urkundsperson 84

V
Veranlagungen, mündelsichere 26
Veräußerungsverbot 96
Verbreitungsrecht 95
Verfügung 39
–, letztwillige 18, 74, 76
Verheiratet 12
Verlassenschaft 18, 72, 74
–, digitale 18
–, Verlassenschaftsverfahren 73, 78
–, Verlassenschaftsvermögen 73
Vermächtnis 22, 43, 46, 92
–, digitales 94
Vermächtnisnehmer 82
Vermögensangelegenheiten 44
–, sonstige 46
Vermögensveranlagung 26
Vermögensverhältnisse 45
Verschaffungsvermächtnis 93
Verschwiegenheitspflicht 25, 44
Versorgungsmaßnahmen 44
Vertrauensperson 17, 37, 43, 58
Vertretungsbefugnis, für nahe Angehörige 21, 24, 29
Vertretungsnotwendigkeit, Eintritt der 40
Vertretungsvollmacht 30f
Verwandtschaftsgrad 76
Vollmacht, über den Todesfall 49
Vollmachtgeber 39
Vorausvermächtnis 77
–, 93
Vorsorgebevollmächtigte 17, 50
Vorsorgevertrag 67
Vorsorgevollmacht 10, 16, 21, 35, 56, 98
–, eigenhändige , 38
–, fremdhändige 38
–, qualifizierte 38
Vorweg-Vermächtnis 96

W
Wald der Ewigkeit 69
Widerspruch 31
Widerspruchslösung 62
Widerspruchsregister 56, 62
Witwenpension 99
Wohnbedürfnis, dringendes 78
Wohnrecht 96

Z
Zeichnungsberechtigung 49
Zusatzberechtigte 47
Zusatzbevollmächtigte 47
Zustimmungslösung 62

Mein Vorsorge-Ordner

Name

Mein Vorsorge-Ordner

Name

Mein Vorsorge-Ordner

Vorhandene Unterlagen (bitte ankreuzen)

- ○ Vorsorgevollmacht
- ○ Bankvollmacht(en)
- ○ Widerspruch gesetzliche Erwachsenenvertretung
- ○ Patientenverfügung
- ○ Widerspruch gegen Organspende
- ○ Testament / Letzter Wille
- ○ Vermächtnisse
- ○ Obsorge für minderjährige Kinder
- ○ Verträge Beerdigung
- ○ Verzeichnis von wichtigen Verträgen
- ○ Verzeichnis von Konten, Depots und Versicherungen
- ○ Pensionen, Pflegegeld und Betreuungsverträge
- ○ Digitales Vermächtnis: Verzeichnis von Mitgliedschaften im Internet

Mein Vorsorge-Ordner

Vorhandene Unterlagen (bitte ankreuzen)

- ○ Vorsorgevollmacht
- ○ Bankvollmacht(en)
- ○ Widerspruch gesetzliche Erwachsenenvertretung
- ○ Patientenverfügung
- ○ Widerspruch gegen Organspende
- ○ Testament / Letzter Wille
- ○ Vermächtnisse
- ○ Obsorge für minderjährige Kinder
- ○ Verträge Beerdigung
- ○ Verzeichnis von wichtigen Verträgen
- ○ Verzeichnis von Konten, Depots und Versicherungen
- ○ Pensionen, Pflegegeld und Betreuungsverträge
- ○ Digitales Vermächtnis: Verzeichnis von Mitgliedschaften im Internet

Ordnerrücken zum Ausschneiden und Beschriften

Vorsorge Ordner von

Vorsorge Ordner von

Vorsorge Ordner von

Vorsorge Ordner von

Vorsorgevollmacht

1. Bevollmächtigung, Verfügungen

A Vollmachtgeber/in

Herr/Frau .... (Familienname, Vorname)
geboren am ....
wohnhaft in ....
Telefon/E-Mail ....
Sozialversicherungsnummer ....

Ich kann die Tragweite der hier abgegebenen Erklärung vollinhaltlich erkennen. Ich bin mir bewusst, dass die Einsetzung eines/einer Bevollmächtigten in aller Regel die Bestellung eines gerichtlichen Erwachsenenvertreters ersetzt und der/die Bevollmächtigte – anders als der gerichtliche Erwachsenenvertreter – nicht vom Gericht überwacht wird. Ich weiß, dass ich die Vollmacht jederzeit widerrufen kann, dass der Widerruf aber zu seiner Wirksamkeit dem/der Bevollmächtigten zugehen muss.

B Bevollmächtigte/r

(darf nicht in einem Abhängigkeitsverhältnis oder einer anderen engen Beziehung zur Einrichtung stehen, in der sich Vollmachtgeber/in aufhält oder von der er/sie betreut wird)

Ich bevollmächtige
Herr/Frau .... (Familienname, Vorname)
geboren am ....
wohnhaft in ....
Telefon/E-Mail ....
Naheverhältnis: .... (z.B. Tochter, Freundin)

Zusatz (Einsatz mehrerer Bevollmächtigter oder eines/einer Ersatzbevollmächtigten)

Ich bevollmächtige weiter
Herr/Frau .... (Familienname, Vorname)
geboren am ....
wohnhaft in ....
Telefon/E-Mail ....
Naheverhältnis: .... (z.B. Tochter, Freundin)
(Unterfertigung dieser Person am Ende der Urkunde – siehe 3. A!)

❍ Die beiden Bevollmächtigten können in allen Angelegenheiten **allein** vorgehen.

oder

❍ Die beiden Bevollmächtigten sollen in allen Angelegenheiten **gemeinsam vorgehen** (bei Nichteinigung ist ein gerichtlicher Erwachsenenvertreter zu bestellen).

oder

❍ Der/die zweite Bevollmächtigte soll **ersatzweise**, wenn die oben zuerst genannte Person die Vollmacht nicht ausüben kann oder will (z.B. Urlaub), tätig werden (schriftliche Bestätigung des Erstbevollmächtigten sinnvoll bzw. – etwa bei Bankgeschäften – erforderlich).

C Wirksamwerden der Vollmacht

Der/Die Bevollmächtigte ist nur zu meiner Vertretung berechtigt, wenn ich in rechtlichen Angelegenheiten **nicht mehr selbst entscheiden kan**n; das ist der Fall, wenn in rechtsgeschäftlichen Angelegenheiten die Geschäftsfähigkeit oder wenn in höchstpersönlichen Angelegenheiten die Einsichts- und Urteilsfähigkeit fehlt oder wenn ich mich **nicht mehr selbst äußern kann**. Dies muss im Österreichischen Zentralen Vertretungsverzeichnis (ÖZVV) eingetragen sein.

D Aufwandersatz, Entgelt, Rechnungslegung

Der/Die Bevollmächtigte bekommt tatsächlich gemachte notwendige und nützliche **Aufwendungen** (z.B. Reisekosten, Parkgebühren, Telefonkosten) ersetzt, sofern er/sie schriftlich dokumentiert (Rechnung, Fahrtenbuch).

Zusätzlich steht ihm für die mit der Vollmacht verbundenen Tätigkeiten

❍ kein **Entgelt** zu;
❍ ein angemessenes **Entgelt** für Tätigkeiten zu, die besondere berufliche Kenntnisse erfordern;
❍ ein **Entgelt** in der Höhe von monatlich .... Euro zu.

Er ist zur **Rechnungsführung** verpflichtet (hat also insb. Rechnungen zu sammeln).

E Untervollmacht

(= „Weitergabe der Vollmacht"; nicht gemeint ist die Einräumung einer Zeichnungsberechtigung gegenüber der Bank; siehe 2. D 2.)

❍ Mein/e Bevollmächtigte/r darf keinesfalls jemanden anderen bevollmächtigen, für mich vertretungsweise tätig zu werden.

❍ Er darf zwar grundsätzlich die Vollmacht weitergeben, nicht aber in folgenden Angelegenheiten:

....

....

....

....

(Unterfertigung dieser Person am Ende der Urkunde – siehe 3. A!)

Die Einwilligung in eine medizinische Behandlung oder die Änderung meines Wohnortes kann (soweit die Vollmacht diese Angelegenheiten mitumfasst) keinesfalls weitergegeben werden.

F Patientenverfügung

Ich habe eine Patientenverfügung errichtet; der/die Bevollmächtigte soll meinen darin festgelegten Willen befolgen und durchsetzen.

❍ Sie ist der Vollmacht angeschlossen.

❍ Sie ist hinterlegt bei: ....

G Erwachsenenvertreter-Verfügung (bedingte)

Ist trotz dieser Vollmacht die Bestellung eines gerichtlichen Erwachsenenvertreters erforderlich, so soll folgende Person herangezogen werden:

❍ die hier bevollmächtigte Person;

❍ Herr/Frau .... (Familienname, Vorname)

geboren am ....

wohnhaft in ....

Telefon/E-Mail ....

Naheverhältnis: .... (z.B. Tochter, Freundin)

2. Umfang der Vorsorgevollmacht

Ich bevollmächtige zur/in

A Vertretung vor Behörden und anderen Institutionen

Der/Die Bevollmächtigte ist berechtigt,

- ❍ mich vor **Behörden und Gerichten** zu vertreten;
- ❍ mich gegenüber öffentlichen **Versicherungen** sowie **Pensionsbehörden und betrieblichen Pensionsvorsorgeeinrichtungen** (wie Krankenkassen, Pensions- und Unfallversicherungsanstalten, Pensionsämtern, [Mitarbeiter-]Vorsorgekassen, Krankenfürsorgeanstalten, Pensionsinstituten, Betriebspensionskassen, Pensionsfonds, Wohlfahrtsfonds und sonstigen Hilfs- und Unterstützungskassen) zu vertreten;
- ❍ mich gegenüber privaten **Versicherungen** (wie Lebensversicherungen, Haushaltsversicherungen usw.) zu vertreten;
- ❍ für mich **Verträge mit Telekommunikationsunternehmen** abzuschließen und zu kündigen sowie alle damit zusammenhängenden Willenserklärungen abzugeben.

Die Vertretungsmacht umfasst auch die Bevollmächtigung zur Entgegennahme von an mich adressierten Sendungen.

B Aufenthalts- und Wohnungsangelegenheiten

- ❍ Entscheidung über **vorübergehende** Änderungen des Wohnortes (z.B. Rehabilitations- oder Kurzzeitheimaufenthalt);
- ❍ Entscheidung über die **dauerhafte** Änderung des Wohnortes (Umzug in andere Wohnung, Pflegeheim) ■ Achtung: bedarf bei Umzug ins Ausland der gerichtlichen Genehmigung! ■
- ❍ Abschluss der damit zusammenhängenden **Verträge** (z. B. Mietvertrag, Heimvertrag).
- ❍ Ich möchte, wenn es notwendig wird und soweit dies möglich ist, in folgender **Einrichtung** leben:

.... (namentliche Bezeichnung)

.... (Anschrift)

....

Folgende Person ist in diesem Fall meine **Vertrauensperson** (Ansprechpartner/in für das Heim):

- ❍ die hier bevollmächtigte Person
- ❍ Herr/Frau .... (Familienname, Vorname)
  geboren am ....
  wohnhaft in ....

Telefon/E-Mail ....

Naheverhältnis: .... (z.B. Tochter, Freundin)

❍ **Auflösung meines bisherigen Haushaltes** (insb. Kündigung des Mietvertrags, Verkauf der Möbel, Abmeldung Radio und Fernsehen etc.) für den Fall dauernden Wohnens in einer stationären Einrichtung; dies gilt nur, soweit nicht eintrittsberechtigte Personen oder sonstige Berechtigte (z.B. Mieter/in, Untermieter/in) vorhanden sind. Im Falle einer Eigentumswohnung oder eines eigenen Hauses bitte jedenfalls D 1. (Liegenschaften) und D 4. (Grundbuch) ausfüllen!

❍ **Sonderregelung**:
Mit meiner Wohnung/meinem Haus soll der/die Bevollmächtigte folgendermaßen verfügen:

....

....

....

....

Mit meiner Wohnungseinrichtung soll der/die Bevollmächtigte folgendermaßen verfügen:

....

....

....

....

❍ Ausübung meines Äußerungs- und Stimmrechts als **Wohnungseigentümer/in** (§ 24 Abs. 2 Wohnungseigentumsgesetz).

Die Vollmacht umfasst auch **folgende Angelegenheiten** des Aufenthalts und der Wohnung:

....

....

....

....

C Gesundheitsangelegenheiten

❍ Zustimmung zu **medizinischen Behandlungen** nach meinem mutmaßlichen Willen (sowohl stationär als auch ambulant). Ich entbinde hiermit die zuständigen Ärzte und Ärztinnen sowie das Pflegepersonal gegenüber der hier bevollmächtigten Person ausdrücklich von ihrer **Verschwiegenheitspflicht**.

❍ Zusätzlich: Zustimmung zu medizinischen Behandlungen, auch wenn sie gewöhnlich mit einer **schweren oder nachhaltigen Beeinträchtigung** der körperlichen Unversehrtheit oder der Persönlichkeitverbunden sind (z.B. operativer Eingriff, Chemotherapie, Ernährung durch – nicht in vorhandene Körperöffnungen geführte – Sonden);

❍ Ich habe eine **Patientenverfügung** erstellt; der/die Bevollmächtigte soll meinen darin festgelegten Willen befolgen und durchsetzen (siehe 1. F).

❍ Alternative (ersetzt keine verbindliche Patientenverfügung!): Folgende medizinische Behandlungen, die ich im Folgenden konkret beschreibe, lehne ich ab:

....

....

....

....

Arzt/Ärztin, der/die mich beim Erstellen der Patientenverfügung aufgeklärt und beraten hat:

Name ....

Adresse ....

Telefon ....

❍ Die Vollmacht umfasst auch den Abschluss der notwendigen **Behandlungsverträge** bzw. Krankenhausaufnahmeverträge.

❍ Die Vollmacht umfasst auch **folgende** Pflege-, Betreuungs- und Versorgungsmaßnahmen:

....

....

....

....

❍ Individuelle Vorgaben:

....

....

....

....

D Vermögensangelegenheiten

1. Allgemeines

Der/Die Bevollmächtigte ist berechtigt,

❍ über meine **sämtlichen Einkünfte** und mir gehörende **Vermögensgegenstände** zu verfügen und Verträge hierüber abzuschließen (ausgenommen davon sind Verfügungen über Konten, Depots, Sparbücher, Safes usw. bei Kreditinstituten und über Bausparverträge);

oder (alternativ zur umfassenden Verfügungsbefugnis)

❍ über mein **Einkommen** aus (z.B. Pension, Unfallversicherung)

....

....

....

❍ über folgende **Liegenschaften**

. . . .

. . . .

. . . .

❍ über folgende **Vermögensgegenstände** (z.B. Schmuck) ausgenommen Geldvermögen, das auf einem Konto, Sparbuch, Safe oder Depot liegt,

. . . .

. . . .

. . . .

. . . .

zu verfügen und Verträge hierüber abzuschließen;

❍ **Geldgeschenke** in der Höhe von . . . . €
(ausgeschrieben: . . . .) jährlich an

. . . .

. . . .

vorzunehmen;

❍ eine **Schenkung** von (z.B. Liegenschaft, Wohnung; Achtung: bei Ehegatten besteht allenfalls Notariatsaktspflicht für die Errichtung der Vollmacht!)

. . . .

. . . .

an

. . . .

. . . .

vorzunehmen.

❍ auch folgende Rechtsgeschäfte abzuschließen, die wegen ihres großen Umfangs nach meinen Vermögensverhältnissen unüblich sind (Angelegenheiten, die nicht zum ordentlichen Wirtschaftsbetrieb gehören)

- ❑ der Kauf und Verkauf von Haus und Wohnung
- ❑ der Verkauf und die Belastung von Liegenschaften
- ❑ die Schenkung einer Liegenschaft
- ❑ . . . .
- ❑ . . . .
- ❑ . . . .
- ❑ . . . .

❍ Wenn der/die Bevollmächtigte zugleich mit mir ein Geschäft abschließen will (**Insichgeschäft**), vertritt mich folgende Person

- ❑ die/die Ersatzbevollmächtigte;

❑ Herr/Frau .... (Familienname, Vorname)
geboren am ....
wohnhaft in ....
Telefon/E-Mail ....
Naheverhältnis: .... (z.B. Tochter, Freundin)
(Unterfertigung dieser Person am Ende der Urkunde – siehe 3. A!)

2. Bankvollmacht

Der/Die Bevollmächtigte ist berechtigt,

❍ über folgende **Konten und/oder Depots** zu verfügen sowie mich diesbezüglich im Geschäftsverkehr mit Kreditinstituten zu vertreten;

Kontonummer: ....BLZ: ....Kreditinstitut ....
Kontonummer: ....BLZ: ....Kreditinstitut ....
Kontonummer: ....BLZ: ....Kreditinstitut ....
Kontonummer: ....BLZ: ....Kreditinstitut ....

❍ über alle beim Kreditinstitut .... geführten Konten oder Depots zu verfügen sowie mich diesbezüglich im Geschäftsverkehr mit Kreditinstituten zu vertreten;

❍ über alle wo auch immer geführten Konten oder Depots zu verfügen sowie mich diesbezüglich im Geschäftsverkehr mit Kreditinstituten zu vertreten;

- ❑ für diese auch Zeichnungsberechtigungen zu erteilen;
- ❑ andere Konten/Depots auf meinen Namen zu eröffnen, über diese zu verfügen und sie zu schließen;
- ❑ über mein Pensions-/Rentenkonto zu verfügen sowie mich diesbezüglich im Geschäftsverkehr mit dem Kreditinstitut zu vertreten.

❍ über mein **Bausparguthaben** zu verfügen sowie mich diesbezüglich im Geschäftsverkehr mit der Bausparkasse zu vertreten;

Bausparvertragsnummer: .... Bausparkasse: ....

- ❑ einen (neuen) Bausparvertrag auf meinen Namen zu eröffnen und in meinem Namen einen Antrag auf Gewährung der Bausparprämie zu stellen (§ 108 EStG);
- ❑ meinen Bausparvertrag zu kündigen;

❍ meine Rechte als **Safe-/Schließfachinhaber/in** auszuüben.

❍ über folgende **Sparbücher** zu verfügen sowie mich diesbezüglich im Geschäftsverkehr mit dem Kreditinstitut zu vertreten (Vorlage des Sparbuchs und allenfalls auch Bekanntgabe des Losungswortes notwendig);

Sparbuchnummer: .... Bank: ....
Sparbuchnummer: .... Bank: ....
Sparbuchnummer: .... Bank: ....

❍ über andere bei dem Kreditinstitut .... geführte Sparbücher zu verfügen sowie mich diesbezüglich im Geschäftsverkehr mit Kreditinstituten zu vertreten;

❍ über alle wo auch immer geführten Sparbücher zu verfügen sowie mich diesbezüglich im Geschäftsverkehr mit Kreditinstituten zu vertreten;
- ❑ (neue) Sparbücher auf meinen Namen zu eröffnen;
- ❑ meine Sparbücher zu schließen;

❍ mich in **Kreditgeschäften** zu vertreten, und zwar:
- ❑ Kreditrückführungsvereinbarungen für mich abzuschließen
- ❑ Kredite vorzeitig zurückzuzahlen oder zu kündigen
- ❑ Kredite zu kündigen
- ❑ zusätzliche Sicherheiten in meinem Namen abzugeben
- ❑ **andere Ansprüche** aus Kreditgeschäften geltend zu machen

❍ andere Ansprüche aus **Bankgeschäften** geltend zu machen (z.B. Schadenersatzanspruch).

Damit stimme ich der **Offenbarung von Bankgeheimnissen** an die hier bevollmächtigte Person im Umfang der Vollmacht zu (§ 38 Abs. 2 Z 5 Bankwesengesetz).

3. Abgabenrechtliche Angelegenheiten

Der/Die Bevollmächtigte ist

❍ **generell** zur Wahrnehmung meiner abgabenrechtlichen Angelegenheiten bevollmächtigt;
❍ **lediglich** zur einkommenssteuerrechtlichen Veranlagung (**Einkommenssteuererklärung** und **Arbeitnehmerveranlagung**) bevollmächtigt;
❍ berechtigt, Zahlungen für mich **entgegenzunehmen**.

Von dieser Vollmacht ist auch die Entgegennahme behördlicher Schriftstücke mitumfasst (siehe auch 2. A).

4. Sonstige Vermögensangelegenheiten

Der/Die Bevollmächtigte ist berechtigt,

❍ Zahlungen und Wertgegenstände für mich **entgegenzunehmen** sowie Zahlungen an mich zu quittieren und Zahlungen vorzunehmen;

❍ **Eintragungen im Grundbuch** bezogen auf meine Liegenschaften
....
vorzunehmen.

❍ **Soweit** testamentarisch bestimmte Gegenstände meinem/er Erben/in überlassen worden sind, sind diese Gegenstände zurückzubehalten, zu verwahren und nach meinem Tod dem/r Erben/in – soweit von diesem erwünscht und der Nachlass nicht überschuldet – auszuhändigen.

❍ Mein Testament ist hinterlegt bei:

....

....

❍ Die Vollmacht umfasst auch **folgende** hier nicht angeführte **Vermögensangelegenheiten**.

....

....

❍ Individuelle Vorgaben:

....

....

....

....

....

(z.B. Übertragung der Wohnung/des Hauses an ein Kind mittels Kaufvertrags, Schenkung, Ausgedinges).

E Besondere Anordnungen

Folgende Maßnahmen darf der/die Bevollmächtigte nicht vornehmen:

....

....

....

....

....

....

....

....

....

Weitere Wünsche:

....

....

....

....

....

....

....

....

....

....

3. Unterfertigung

A Unterfertigung von Vollmachtgeber und Vollmachtnehmer

- Ich bestätige mit meiner Unterschrift, dass ich meine Vorsorgevollmacht selbst errichtet habe.

Ort: .... Datum: ....

Unterschrift: ....

- Ich, ... (Name), als bevollmächtigte Person, verpflichte mich, die Vollmacht in vollem Umfang und nach bestem Wissen und Gewissen auszuüben:

Ort: .... Datum: ....

Unterschrift: ....

Für Einverleibungen im Grundbuch erforderlich (siehe § 31 Abs. 1 und 6 GBG): notarielle bzw. gerichtliche Beglaubigung der Unterschrift des Vollmachtgebers/der Vollmachtgeberin:

- Ich, ... (Name), als Zusatzbevollmächtigte/r (Ersatzbevollmächtigte/r bzw. Kollisionsbevollmächtigte/r), verpflichte mich, die Vollmacht in vollem Umfang auszuüben:

Ort: .... Datum: ....

Unterschrift: ....

❍ Die Vollmacht ist im Österreichischen Zentralen Vertretungsverzeichnis registriert (bei jedem Anwalt/jeder Anwältin oder jedem Notar/jeder Notarin und den Erwachsenenschutzvereinen möglich).

B Errichtung vor Rechtsanwalt/anwältin oder Notar/in oder Erwachsenenschutzverein

Erklärung des Rechtsanwalts/der Rechtsanwältin, Notars/Notarin oder des Erwachsenenschutzvereines

Ich habe den Erklärenden/die Erklärende über die Rechtsfolgen einer Vorsorgevollmacht sowie die Möglichkeit des jederzeitigen Widerrufs, der zu seiner Wirksamkeit dem/der Bevollmächtigten zugehen muss, belehrt. Insbesondere habe ich darauf aufmerksam gemacht, dass die Einsetzung eines/einer Bevollmächtigten in aller Regel die Bestellung eines gerichtlichen Erwachsenenvertreters ersetzt und der/die Bevollmächtigte – anders als der gerichtliche Erwachsenenvertreter – nicht vom Gericht überwacht wird. Auch habe ich darauf hingewiesen, dass die österreichische Notariatskammer auf Anfrage den Gerichten und bestimmten anderen Stellen bzw. Personen Einsicht in das Verzeichnis zu gewähren hat.

Ergänzende Bemerkungen: ....
....
....
....

Name, Unterschrift und Stampiglie des Rechtsanwalts/der Rechtsanwältin bzw. des Notars/der Notarin bzw. des Erwachsenenschutzvereines:

Ort, Datum:. ....

Vorsorgevollmacht

1. Bevollmächtigung, Verfügungen

A Vollmachtgeber/in

Herr/Frau .... (Familienname, Vorname)
geboren am ....
wohnhaft in ....
Telefon/E-Mail ....
Sozialversicherungsnummer ....

Ich kann die Tragweite der hier abgegebenen Erklärung vollinhaltlich erkennen. Ich bin mir bewusst, dass die Einsetzung eines/einer Bevollmächtigten in aller Regel die Bestellung eines gerichtlichen Erwachsenenvertreters ersetzt und der/die Bevollmächtigte – anders als der gerichtliche Erwachsenenvertreter – nicht vom Gericht überwacht wird. Ich weiß, dass ich die Vollmacht jederzeit widerrufen kann, dass der Widerruf aber zu seiner Wirksamkeit dem/der Bevollmächtigten zugehen muss.

B Bevollmächtigte/r

(darf nicht in einem Abhängigkeitsverhältnis oder einer anderen engen Beziehung zur Einrichtung stehen, in der sich Vollmachtgeber/in aufhält oder von der er/sie betreut wird)

Ich bevollmächtige
Herr/Frau .... (Familienname, Vorname)
geboren am ....
wohnhaft in ....
Telefon/E-Mail ....
Naheverhältnis: .... (z.B. Tochter, Freundin)

Zusatz (Einsatz mehrerer Bevollmächtigter oder eines/einer Ersatzbevollmächtigten)

Ich bevollmächtige weiter
Herr/Frau .... (Familienname, Vorname)
geboren am ....
wohnhaft in ....
Telefon/E-Mail ....
Naheverhältnis: .... (z.B. Tochter, Freundin)
(Unterfertigung dieser Person am Ende der Urkunde – siehe 3. A!)

❍ Die beiden Bevollmächtigten können in allen Angelegenheiten **allein** vorgehen.

oder

❍ Die beiden Bevollmächtigten sollen in allen Angelegenheiten **gemeinsam vorgehen** (bei Nichteinigung ist ein gerichtlicher Erwachsenenvertreter zu bestellen).

oder

❍ Der/die zweite Bevollmächtigte soll **ersatzweise**, wenn die oben zuerst genannte Person die Vollmacht nicht ausüben kann oder will (z.B. Urlaub), tätig werden (schriftliche Bestätigung des Erstbevollmächtigten sinnvoll bzw. – etwa bei Bankgeschäften – erforderlich).

C Wirksamwerden der Vollmacht

Der/Die Bevollmächtigte ist nur zu meiner Vertretung berechtigt, wenn ich in rechtlichen Angelegenheiten **nicht mehr selbst entscheiden kan**n; das ist der Fall, wenn in rechtsgeschäftlichen Angelegenheiten die Geschäftsfähigkeit oder wenn in höchstpersönlichen Angelegenheiten die Einsichts- und Urteilsfähigkeit fehlt oder wenn ich mich **nicht mehr selbst äußern kann**.
Dies muss im Österreichischen Zentralen Vertretungsverzeichnis (ÖZVV) eingetragen sein.

D Aufwandersatz, Entgelt, Rechnungslegung

Der/Die Bevollmächtigte bekommt tatsächlich gemachte notwendige und nützliche **Aufwendungen** (z.B. Reisekosten, Parkgebühren, Telefonkosten) ersetzt, sofern er/sie schriftlich dokumentiert (Rechnung, Fahrtenbuch).

Zusätzlich steht ihm für die mit der Vollmacht verbundenen Tätigkeiten

❍ kein **Entgelt** zu;
❍ ein angemessenes **Entgelt** für Tätigkeiten zu, die besondere berufliche Kenntnisse erfordern;
❍ ein **Entgelt** in der Höhe von monatlich .... Euro zu.

Er ist zur **Rechnungsführung** verpflichtet (hat also insb. Rechnungen zu sammeln).

E Untervollmacht

(= „Weitergabe der Vollmacht"; nicht gemeint ist die Einräumung einer Zeichnungsberechtigung gegenüber der Bank; siehe 2. D 2.)

❍ Mein/e Bevollmächtigte/r darf keinesfalls jemanden anderen bevollmächtigen, für mich vertretungsweise tätig zu werden.

❍ Er darf zwar grundsätzlich die Vollmacht weitergeben, nicht aber in folgenden Angelegenheiten:

. . . .

. . . .

. . . .

. . . .

(Unterfertigung dieser Person am Ende der Urkunde – siehe 3. A!)

Die Einwilligung in eine medizinische Behandlung oder die Änderung meines Wohnortes kann (soweit die Vollmacht diese Angelegenheiten mitumfasst) keinesfalls weitergegeben werden.

F Patientenverfügung

Ich habe eine Patientenverfügung errichtet; der/die Bevollmächtigte soll meinen darin festgelegten Willen befolgen und durchsetzen.

❍ Sie ist der Vollmacht angeschlossen.

❍ Sie ist hinterlegt bei: . . . .

G Erwachsenenvertreter-Verfügung (bedingte)

Ist trotz dieser Vollmacht die Bestellung eines gerichtlichen Erwachsenenvertreters erforderlich, so soll folgende Person herangezogen werden:

❍ die hier bevollmächtigte Person;

❍ Herr/Frau . . . . (Familienname, Vorname)
geboren am . . . .
wohnhaft in . . . .
Telefon/E-Mail . . . .
Naheverhältnis: . . . . (z.B. Tochter, Freundin)

2. Umfang der Vorsorgevollmacht

Ich bevollmächtige zur/in

A Vertretung vor Behörden und anderen Institutionen

Der/Die Bevollmächtigte ist berechtigt,

- ❍ mich vor **Behörden und Gerichten** zu vertreten;
- ❍ mich gegenüber öffentlichen **Versicherungen** sowie **Pensionsbehörden und betrieblichen Pensionsvorsorgeeinrichtungen** (wie Krankenkassen, Pensions- und Unfallversicherungsanstalten, Pensionsämtern, [Mitarbeiter-]Vorsorgekassen, Krankenfürsorgeanstalten, Pensionsinstituten, Betriebspensionskassen, Pensionsfonds, Wohlfahrtsfonds und sonstigen Hilfs- und Unterstützungskassen) zu vertreten;
- ❍ mich gegenüber privaten **Versicherungen** (wie Lebensversicherungen, Haushaltsversicherungen usw.) zu vertreten;
- ❍ für mich **Verträge mit Telekommunikationsunternehmen** abzuschließen und zu kündigen sowie alle damit zusammenhängenden Willenserklärungen abzugeben.

Die Vertretungsmacht umfasst auch die Bevollmächtigung zur Entgegennahme von an mich adressierten Sendungen.

B Aufenthalts- und Wohnungsangelegenheiten

- ❍ Entscheidung über **vorübergehende** Änderungen des Wohnortes (z.B. Rehabilitations- oder Kurzzeitheimaufenthalt);
- ❍ Entscheidung über die **dauerhafte** Änderung des Wohnortes (Umzug in andere Wohnung, Pflegeheim) ■ Achtung: bedarf bei Umzug ins Ausland der gerichtlichen Genehmigung! ■
- ❍ Abschluss der damit zusammenhängenden **Verträge** (z. B. Mietvertrag, Heimvertrag).
- ❍ Ich möchte, wenn es notwendig wird und soweit dies möglich ist, in folgender **Einrichtung** leben:

.... (namentliche Bezeichnung)

.... (Anschrift)

....

Folgende Person ist in diesem Fall meine **Vertrauensperson** (Ansprechpartner/in für das Heim):

- ❍ die hier bevollmächtigte Person
- ❍ Herr/Frau .... (Familienname, Vorname)
  geboren am ....
  wohnhaft in ....

Telefon/E-Mail ....

Naheverhältnis: .... (z.B. Tochter, Freundin)

❍ **Auflösung meines bisherigen Haushaltes** (insb. Kündigung des Mietvertrags, Verkauf der Möbel, Abmeldung Radio und Fernsehen etc.) für den Fall dauernden Wohnens in einer stationären Einrichtung; dies gilt nur, soweit nicht eintrittsberechtigte Personen oder sonstige Berechtigte (z.B. Mieter/in, Untermieter/in) vorhanden sind. Im Falle einer Eigentumswohnung oder eines eigenen Hauses bitte jedenfalls D 1. (Liegenschaften) und D 4. (Grundbuch) ausfüllen!

❍ **Sonderregelung**:
Mit meiner Wohnung/meinem Haus soll der/die Bevollmächtigte folgendermaßen verfügen:

....

....

....

....

Mit meiner Wohnungseinrichtung soll der/die Bevollmächtigte folgendermaßen verfügen:

....

....

....

....

❍ Ausübung meines Äußerungs- und Stimmrechts als **Wohnungseigentümer/in** (§ 24 Abs. 2 Wohnungseigentumsgesetz).

Die Vollmacht umfasst auch **folgende Angelegenheiten** des Aufenthalts und der Wohnung:

....

....

....

....

C Gesundheitsangelegenheiten

❍ Zustimmung zu **medizinischen Behandlungen** nach meinem mutmaßlichen Willen (sowohl stationär als auch ambulant). Ich entbinde hiermit die zuständigen Ärzte und Ärztinnen sowie das Pflegepersonal gegenüber der hier bevollmächtigten Person ausdrücklich von ihrer **Verschwiegenheitspflicht**.

❍ Zusätzlich: Zustimmung zu medizinischen Behandlungen, auch wenn sie gewöhnlich mit einer **schweren oder nachhaltigen Beeinträchtigung** der körperlichen Unversehrtheit oder der Persönlichkeitverbunden sind (z.B. operativer Eingriff, Chemotherapie, Ernährung durch – nicht in vorhandene Körperöffnungen geführte – Sonden);

❍ Ich habe eine **Patientenverfügung** erstellt; der/die Bevollmächtigte soll meinen darin festgelegten Willen befolgen und durchsetzen (siehe 1. F).

❍ Alternative (ersetzt keine verbindliche Patientenverfügung!): Folgende medizinische Behandlungen, die ich im Folgenden konkret beschreibe, lehne ich ab:

....

....

....

....

Arzt/Ärztin, der/die mich beim Erstellen der Patientenverfügung aufgeklärt und beraten hat:

Name ....

Adresse ....

Telefon ....

❍ Die Vollmacht umfasst auch den Abschluss der notwendigen **Behandlungsverträge** bzw. Krankenhausaufnahmeverträge.

❍ Die Vollmacht umfasst auch **folgende** Pflege-, Betreuungs- und Versorgungsmaßnahmen:

....

....

....

....

❍ Individuelle Vorgaben:

....

....

....

....

D Vermögensangelegenheiten

1. Allgemeines

Der/Die Bevollmächtigte ist berechtigt,

❍ über meine **sämtlichen Einkünfte** und mir gehörende **Vermögensgegenstände** zu verfügen und Verträge hierüber abzuschließen (ausgenommen davon sind Verfügungen über Konten, Depots, Sparbücher, Safes usw. bei Kreditinstituten und über Bausparverträge);

oder (alternativ zur umfassenden Verfügungsbefugnis)

❍ über mein **Einkommen** aus (z.B. Pension, Unfallversicherung)

....

....

....

❍ über folgende **Liegenschaften**

....

....

....

❍ über folgende **Vermögensgegenstände** (z.B. Schmuck) ausgenommen Geldvermögen, das auf einem Konto, Sparbuch, Safe oder Depot liegt,

....

....

....

....

zu verfügen und Verträge hierüber abzuschließen;

❍ **Geldgeschenke** in der Höhe von .... €
(ausgeschrieben: ....) jährlich an

....

....

vorzunehmen;

❍ eine **Schenkung** von (z.B. Liegenschaft, Wohnung; Achtung: bei Ehegatten besteht allenfalls Notariatsaktspflicht für die Errichtung der Vollmacht!)

....

....

an

....

....

vorzunehmen.

❍ auch folgende Rechtsgeschäfte abzuschließen, die wegen ihres großen Umfangs nach meinen Vermögensverhältnissen unüblich sind (Angelegenheiten, die nicht zum ordentlichen Wirtschaftsbetrieb gehören)

- ❑ der Kauf und Verkauf von Haus und Wohnung
- ❑ der Verkauf und die Belastung von Liegenschaften
- ❑ die Schenkung einer Liegenschaft
- ❑ ....
- ❑ ....
- ❑ ....
- ❑ ....

❍ Wenn der/die Bevollmächtigte zugleich mit mir ein Geschäft abschließen will (**Insichgeschäft**), vertritt mich folgende Person

- ❑ die/die Ersatzbevollmächtigte;

❑ Herr/Frau . . . . (Familienname, Vorname)
geboren am . . . .
wohnhaft in . . . .
Telefon/E-Mail . . . .
Naheverhältnis: . . . . (z.B. Tochter, Freundin)
(Unterfertigung dieser Person am Ende der Urkunde – siehe 3. A!)

2. Bankvollmacht

Der/Die Bevollmächtigte ist berechtigt,

❍ über folgende **Konten und/oder Depots** zu verfügen sowie mich diesbezüglich im Geschäftsverkehr mit Kreditinstituten zu vertreten;

Kontonummer: ....BLZ: ....Kreditinstitut ....
Kontonummer: ....BLZ: ....Kreditinstitut ....
Kontonummer: ....BLZ: ....Kreditinstitut ....
Kontonummer: ....BLZ: ....Kreditinstitut ....

❍ über alle beim Kreditinstitut . . . . geführten Konten oder Depots zu verfügen sowie mich diesbezüglich im Geschäftsverkehr mit Kreditinstituten zu vertreten;
❍ über alle wo auch immer geführten Konten oder Depots zu verfügen sowie mich diesbezüglich im Geschäftsverkehr mit Kreditinstituten zu vertreten;
  ❑ für diese auch Zeichnungsberechtigungen zu erteilen;
  ❑ andere Konten/Depots auf meinen Namen zu eröffnen, über diese zu verfügen und sie zu schließen;
  ❑ über mein Pensions-/Rentenkonto zu verfügen sowie mich diesbezüglich im Geschäftsverkehr mit dem Kreditinstitut zu vertreten.

❍ über mein **Bausparguthaben** zu verfügen sowie mich diesbezüglich im Geschäftsverkehr mit der Bausparkasse zu vertreten;
Bausparvertragsnummer: .... Bausparkasse: ....

  ❑ einen (neuen) Bausparvertrag auf meinen Namen zu eröffnen und in meinem Namen einen Antrag auf Gewährung der Bausparprämie zu stellen (§ 108 EStG);
  ❑ meinen Bausparvertrag zu kündigen;

❍ meine Rechte als **Safe-/Schließfachinhaber/in** auszuüben.

❍ über folgende **Sparbücher** zu verfügen sowie mich diesbezüglich im Geschäftsverkehr mit dem Kreditinstitut zu vertreten (Vorlage des Sparbuchs und allenfalls auch Bekanntgabe des Losungswortes notwendig);

Sparbuchnummer: . . . . Bank: . . . .
Sparbuchnummer: . . . . Bank: . . . .
Sparbuchnummer: . . . . Bank: . . . .

❍ über andere bei dem Kreditinstitut .... geführte Sparbücher zu verfügen sowie mich diesbezüglich im Geschäftsverkehr mit Kreditinstituten zu vertreten;

❍ über alle wo auch immer geführten Sparbücher zu verfügen sowie mich diesbezüglich im Geschäftsverkehr mit Kreditinstituten zu vertreten;
  ❑ (neue) Sparbücher auf meinen Namen zu eröffnen;
  ❑ meine Sparbücher zu schließen;

❍ mich in **Kreditgeschäften** zu vertreten, und zwar:
  ❑ Kreditrückführungsvereinbarungen für mich abzuschließen
  ❑ Kredite vorzeitig zurückzuzahlen oder zu kündigen
  ❑ Kredite zu kündigen
  ❑ zusätzliche Sicherheiten in meinem Namen abzugeben
  ❑ **andere Ansprüche** aus Kreditgeschäften geltend zu machen

❍ andere Ansprüche aus **Bankgeschäften** geltend zu machen (z.B. Schadenersatzanspruch).

Damit stimme ich der **Offenbarung von Bankgeheimnissen** an die hier bevollmächtigte Person im Umfang der Vollmacht zu (§ 38 Abs. 2 Z 5 Bankwesengesetz).

3. Abgabenrechtliche Angelegenheiten

Der/Die Bevollmächtigte ist

❍ **generell** zur Wahrnehmung meiner abgabenrechtlichen Angelegenheiten bevollmächtigt;
❍ **lediglich** zur einkommenssteuerrechtlichen Veranlagung (**Einkommenssteuererklärung** und **Arbeitnehmerveranlagung**) bevollmächtigt;
❍ berechtigt, Zahlungen für mich **entgegenzunehmen**.

Von dieser Vollmacht ist auch die Entgegennahme behördlicher Schriftstücke mitumfasst (siehe auch 2. A).

4. Sonstige Vermögensangelegenheiten

Der/Die Bevollmächtigte ist berechtigt,

❍ Zahlungen und Wertgegenstände für mich **entgegenzunehmen** sowie Zahlungen an mich zu quittieren und Zahlungen vorzunehmen;

❍ **Eintragungen im Grundbuch** bezogen auf meine Liegenschaften

....

vorzunehmen.

❍ **Soweit** testamentarisch bestimmte Gegenstände meinem/er Erben/in überlassen worden sind, sind diese Gegenstände zurückzubehalten, zu verwahren und nach meinem Tod dem/r Erben/in – soweit von diesem erwünscht und der Nachlass nicht überschuldet – auszuhändigen.

❍ Mein Testament ist hinterlegt bei:

....

....

❍ Die Vollmacht umfasst auch **folgende** hier nicht angeführte **Vermögensangelegenheiten**.

....

....

❍ Individuelle Vorgaben:

....

....

....

....

....

(z.B. Übertragung der Wohnung/des Hauses an ein Kind mittels Kaufvertrags, Schenkung, Ausgedinges).

E Besondere Anordnungen

Folgende Maßnahmen darf der/die Bevollmächtigte nicht vornehmen:

....

....

....

....

....

....

....

....

....

Weitere Wünsche:

....

....

....

....

....

....

....

....

....

....

3. Unterfertigung

A Unterfertigung von Vollmachtgeber und Vollmachtnehmer

- Ich bestätige mit meiner Unterschrift, dass ich meine Vorsorgevollmacht selbst errichtet habe.

Ort: .... Datum: ....

Unterschrift: ....

- Ich, ... (Name),
  als bevollmächtigte Person, verpflichte mich, die Vollmacht in vollem Umfang und nach bestem Wissen und Gewissen auszuüben:

Ort: .... Datum: ....

Unterschrift: ....

Für Einverleibungen im Grundbuch erforderlich (siehe § 31 Abs. 1 und 6 GBG): notarielle bzw. gerichtliche Beglaubigung der Unterschrift des Vollmachtgebers/der Vollmachtgeberin:

- Ich, ... (Name),
  als Zusatzbevollmächtigte/r (Ersatzbevollmächtigte/r bzw. Kollisionsbevollmächtigte/r), verpflichte mich, die Vollmacht in vollem Umfang auszuüben:

Ort: .... Datum: ....

Unterschrift: ....

❍ Die Vollmacht ist im Österreichischen Zentralen Vertretungsverzeichnis registriert (bei jedem Anwalt/jeder Anwältin oder jedem Notar/jeder Notarin und den Erwachsenenschutzvereinen möglich).

B Errichtung vor Rechtsanwalt/anwältin oder Notar/in oder Erwachsenenschutzverein

Erklärung des Rechtsanwalts/der Rechtsanwältin, Notars/Notarin oder des Erwachsenenschutz-vereines

Ich habe den Erklärenden/die Erklärende über die Rechtsfolgen einer Vorsorgevollmacht sowie die Möglichkeit des jederzeitigen Widerrufs, der zu seiner Wirksamkeit dem/der Bevollmächtigten zugehen muss, belehrt. Insbesondere habe ich darauf aufmerksam gemacht, dass die Einsetzung eines/einer Bevollmächtigten in aller Regel die Bestellung eines gerichtlichen Erwachsenenvertreters ersetzt und der/die Bevollmächtigte – anders als der gerichtliche Erwachsenenvertreter – nicht vom Gericht überwacht wird. Auch habe ich darauf hingewiesen, dass die österreichische Notariatskammer auf Anfrage den Gerichten und bestimmten anderen Stellen bzw. Personen Einsicht in das Verzeichnis zu gewähren hat.

Ergänzende Bemerkungen: ....
....
....
....

Name, Unterschrift und Stampiglie des Rechtsanwalts/der Rechtsanwältin bzw. des Notars/der Notarin bzw. des Erwachsenenschutzvereines:

Ort, Datum:. ....

Patientenverfügung

Diese Patientenverfügung wird gemäß Patientenverfügungs-Gesetz (BGBl. I Nr. 55/2006 i. d. g. F.) errichtet.

Meine Patientenverfügung

Ohne Druck und Zwang, nach reiflicher Überlegung und in Kenntnis der (rechtlichen) Tragweite erstelle ich diese Patientenverfügung für den Fall, dass ich nicht mehr entscheidungsfähig bin.

☐ **Diese Patientenverfügung soll verbindlich gelten.**

[1] Meine Daten

Vorname(n) ______________________________

Nachname(n) ______________________________

Geburtsdatum ______________ Telefon ______________

Straße/Nr. ______________________________

Postleitzahl __________ Wohnort ______________________

[2] Beschreibung meiner persönlichen Umstände und Einstellungen

Damit meine behandelnden Ärztinnen/Ärzte für den Fall, dass ich mich während meiner medizinischen Behandlung nicht mit ihnen verständigen kann, meinen Willen als Patient(in) besser beurteilen können, halte ich Folgendes über meine Einstellung zu meinem Leben, meiner Gesundheit und Krankheit, meinem Sterben und meinem Tod bzw. meiner religiösen Einstellung fest:

____

____

____

____

[3] Inhalt der Patientenverfügung

Meine Patientenverfügung soll in **folgenden Situationen** gelten:

____

____

____

____

____

____

____

____

Die medizinischen Behandlungen, die ich im Folgenden konkret beschreibe, **lehne ich ab:**

[4] Sonstige Anmerkungen

[5] Meine Vertrauenspersonen

Folgende Person(en) dürfen von Ärztinnen/Ärzten Informationen über meinen Gesundheitszustand erhalten:

Vor- und Nachname(n) ____________________

Straße/Nr., Postleitzahl, Wohnort ____________________

Telefon ____________________ E-Mail ____________________

Vor- und Nachname(n) ____________________

Straße/Nr., Postleitzahl, Wohnort ____________________

Telefon ____________________ E-Mail ____________________

[6] Hinweis auf eine Vorsorgevollmacht

Ich habe eine Vorsorgevollmacht bei Notarin/Notar, Rechtsanwältin/Rechtsanwalt oder einem Erwachsenenschutzverein erstellt. Die bevollmächtigte Person ist:

Vor- und Nachname(n) ______________________________

Straße/Nr., Postleitzahl, Wohnort ______________________________

Telefon ______________________ E-Mail ______________________

[7] Ärztin/Arzt, die/der mich beim Erstellen der Patientenverfügung aufgeklärt und beraten hat

Vor- und Nachname(n) ______________________________

Straße/Nr., Postleitzahl, Wohnort ______________________________

Telefon ______________________ E-Mail ______________________

[8] Ärztliche Aufklärung

Als Ärztin/Arzt habe ich mit der Patientin/dem Patienten ein ausführliches Gespräch geführt. Diese(r) ist zum Zeitpunkt der Beratung in der Lage, das Besprochene zu verstehen und ihren/seinen Willen danach zu richten. Im Gespräch haben wir die gesundheitliche Ausgangslage und die medizinischen Folgen der im Einzelnen abgelehnten Maßnahmen umfassend besprochen und ich beschreibe den **Inhalt dieses Gespräches** wie folgt:

____

____

____

____

____

____

Ich als Ärztin/Arzt habe die Patientin/den Patienten über Wesen und Folgen der Patientenverfügung für die medizinische Behandlung ausführlich informiert. Die Patientin/Der Patient schätzt die **medizinischen Folgen** der Patientenverfügung zutreffend ein, weil

____

____

____

____

____

Ort, Datum — Name, Unterschrift und Stempel Ärztin/Arzt

[9] Errichtung vor einer/einem rechtskundigen Mitarbeiterin/Mitarbeiter der Patientenvertretung oder des Erwachsenenschutzvereins oder vor einer Notarin/einem Notar bzw. einer Rechtsanwältin/einem Rechtsanwalt.

Ich habe die errichtende Person über das Wesen der verbindlichen Patientenverfügung und die rechtlichen Folgen sowie die Möglichkeit des jederzeitigen Widerrufs belehrt. Insbesondere habe ich darauf aufmerksam gemacht, dass die Verfügung von der Ärztin/vom Arzt in aller Regel befolgt werden muss, selbst dann, wenn die untersagte Behandlung medizinisch indiziert ist.

Ort, Datum Name, Unterschrift und Stempel

[10] Bestätigung meiner Patientenverfügung

Ich bestätige mit meiner Unterschrift, dass ich meine Patientenverfügung selbst errichtet habe.

Ort, Datum Unterschrift

[11] Zeugen

Nur für den Fall, dass die/der Erkrankte nicht in der Lage ist zu unterschreiben, muss sie/er bei „Unterschrift" ein Handzeichen setzen. Dieses muss entweder notariell oder gerichtlich beglaubigt sein oder vor zwei Zeuginnen/Zeugen erfolgen. Eine/r der Zeuginnen/Zeugen muss den Namen der Person, die mit Handzeichen gefertigt hat, unter dieses Handzeichen setzen.

Wenn auch ein Handzeichen nicht möglich ist, muss die Errichtung der Patientenverfügung von einer Notarin/einem Notar (oder einem Gericht) beurkundet werden.

1. Zeugin/Zeuge
Name und Unterschrift ______________________________

2. Zeugin/Zeuge
Name und Unterschrift ______________________________

Hinweis

Falls diese Patientenverfügung nicht alle Formvorschriften einer verbindlichen Patientenverfügung erfüllen sollte, ist sie dennoch bei der Ermittlung des Patientenwillens zu berücksichtigen (§§ 8, 9 Patientenverfügungs-Gesetz).

Dieses Formular wurde in Zusammenarbeit der ARGE PatientenanwältInnen und Hospiz Österreich erarbeitet und wird von dem Bundesministerium für Arbeit, Soziales, Gesundheit und Konsumentenschutz sowie den folgenden Institutionen empfohlen:

Patientenverfügung

Diese Patientenverfügung wird gemäß Patientenverfügungs-Gesetz (BGBl. I Nr. 55/2006 i.d.g.F.) errichtet.

Meine Patientenverfügung

Ohne Druck und Zwang, nach reiflicher Überlegung und in Kenntnis der (rechtlichen) Tragweite erstelle ich diese Patientenverfügung für den Fall, dass ich nicht mehr entscheidungsfähig bin.

☐ **Diese Patientenverfügung soll verbindlich gelten.**

[1] Meine Daten

Vorname(n) ____________________

Nachname(n) ____________________

Geburtsdatum ____________________ Telefon ____________________

Straße/Nr. ____________________

Postleitzahl ____________ Wohnort ____________________

[2] Beschreibung meiner persönlichen Umstände und Einstellungen

Damit meine behandelnden Ärztinnen/Ärzte für den Fall, dass ich mich während meiner medizinischen Behandlung nicht mit ihnen verständigen kann, meinen Willen als Patient(in) besser beurteilen können, halte ich Folgendes über meine Einstellung zu meinem Leben, meiner Gesundheit und Krankheit, meinem Sterben und meinem Tod bzw. meiner religiösen Einstellung fest:

____

____

____

____

[3] Inhalt der Patientenverfügung

Meine Patientenverfügung soll in **folgenden Situationen** gelten:

____

____

____

____

____

____

____

____

Die medizinischen Behandlungen, die ich im Folgenden konkret beschreibe, **lehne ich ab:**

[4] Sonstige Anmerkungen

[5] Meine Vertrauenspersonen

Folgende Person(en) dürfen von Ärztinnen/Ärzten Informationen über meinen Gesundheitszustand erhalten:

Vor- und Nachname(n) ____

Straße/Nr., Postleitzahl, Wohnort ________________________________

Telefon __________________ E-Mail __________________________

Vor- und Nachname(n) ____

Straße/Nr., Postleitzahl, Wohnort ________________________________

Telefon __________________ E-Mail __________________________

[6] Hinweis auf eine Vorsorgevollmacht

Ich habe eine Vorsorgevollmacht bei Notarin/Notar, Rechtsanwältin/Rechtsanwalt oder einem Erwachsenenschutzverein erstellt. Die bevollmächtigte Person ist:

Vor- und Nachname(n) ______________________________

Straße/Nr., Postleitzahl, Wohnort ______________________________

Telefon ______________________ E-Mail ______________________

[7] Ärztin/Arzt, die/der mich beim Erstellen der Patientenverfügung aufgeklärt und beraten hat

Vor- und Nachname(n) ______________________________

Straße/Nr., Postleitzahl, Wohnort ______________________________

Telefon ______________________ E-Mail ______________________

[8] Ärztliche Aufklärung

Als Ärztin/Arzt habe ich mit der Patientin/dem Patienten ein ausführliches Gespräch geführt. Diese(r) ist zum Zeitpunkt der Beratung in der Lage, das Besprochene zu verstehen und ihren/seinen Willen danach zu richten. Im Gespräch haben wir die gesundheitliche Ausgangslage und die medizinischen Folgen der im Einzelnen abgelehnten Maßnahmen umfassend besprochen und ich beschreibe den **Inhalt dieses Gespräches** wie folgt:

____

____

____

____

____

____

Ich als Ärztin/Arzt habe die Patientin/den Patienten über Wesen und Folgen der Patientenverfügung für die medizinische Behandlung ausführlich informiert. Die Patientin/Der Patient schätzt die **medizinischen Folgen** der Patientenverfügung zutreffend ein, weil

____

____

____

____

____

Ort, Datum — Name, Unterschrift und Stempel Ärztin/Arzt

[9] Errichtung vor einer/einem rechtskundigen Mitarbeiterin/Mitarbeiter der Patientenvertretung oder des Erwachsenenschutzvereins oder vor einer Notarin/einem Notar bzw. einer Rechtsanwältin/einem Rechtsanwalt.

Ich habe die errichtende Person über das Wesen der verbindlichen Patientenverfügung und die rechtlichen Folgen sowie die Möglichkeit des jederzeitigen Widerrufs belehrt. Insbesondere habe ich darauf aufmerksam gemacht, dass die Verfügung von der Ärztin/vom Arzt in aller Regel befolgt werden muss, selbst dann, wenn die untersagte Behandlung medizinisch indiziert ist.

Ort, Datum   Name, Unterschrift und Stempel

[10] Bestätigung meiner Patientenverfügung

Ich bestätige mit meiner Unterschrift, dass ich meine Patientenverfügung selbst errichtet habe.

Ort, Datum   Unterschrift

[11] Zeugen

Nur für den Fall, dass die/der Erkrankte nicht in der Lage ist zu unterschreiben, muss sie/er bei „Unterschrift" ein Handzeichen setzen. Dieses muss entweder notariell oder gerichtlich beglaubigt sein oder vor zwei Zeuginnen/Zeugen erfolgen. Eine/r der Zeuginnen/Zeugen muss den Namen der Person, die mit Handzeichen gefertigt hat, unter dieses Handzeichen setzen.

Wenn auch ein Handzeichen nicht möglich ist, muss die Errichtung der Patientenverfügung von einer Notarin/einem Notar (oder einem Gericht) beurkundet werden.

1. Zeugin/Zeuge
Name und Unterschrift ____________________

2. Zeugin/Zeuge
Name und Unterschrift ____________________

Hinweis

Falls diese Patientenverfügung nicht alle Formvorschriften einer verbindlichen Patientenverfügung erfüllen sollte, ist sie dennoch bei der Ermittlung des Patientenwillens zu berücksichtigen (§§ 8, 9 Patientenverfügungs-Gesetz).

Dieses Formular wurde in Zusammenarbeit der ARGE PatientenanwältInnen und Hospiz Österreich erarbeitet und wird von dem Bundesministerium für Arbeit, Soziales, Gesundheit und Konsumentenschutz sowie den folgenden Institutionen empfohlen:

Caritas

Hinweiskarte auf eine Patientenverfügung

Name ______________________________

____

Adresse ______________________________

____

____

____

Datum und Unterschrift

Meine Patientenverfügung befindet sich

____

Adresse(n) meiner Vertrauensperson(en)

Name ______________________________

Adresse ______________________________

Telefon ______________________________

Name ______________________________

Adresse ______________________________

Telefon ______________________________

Die Hinweiskarte können Sie
an der horizontalen Linie falten.

Die Hinweiskarte können Sie an der horizontalen Linie falten.

Hinweiskarte auf eine Patientenverfügung

Name ______________________________

____

Adresse ______________________________

____

____

____

Datum und Unterschrift

Meine Patientenverfügung befindet sich

____

Adresse(n) meiner Vertrauensperson(en)

Name ______________________________

Adresse ______________________________

Telefon ______________________________

Name ______________________________

Adresse ______________________________

Telefon ______________________________

Informationsblatt
Widerspruch gegenüber einer Organ- und/oder Gewebe- und/oder Zellenentnahme

Stand: September 2020

Erläuterungen

In Österreich sind Transplantationen und Organspenden bzw. Gewebe- und Zellspenden im Organtransplantationsgesetz bzw. Gewebesicherheitsgesetz geregelt (OTPG – BGBl I 2012/108, GSG – BGBl I 2008/49). Seit 13. 12. 2012 in Kraft, regelt das Organtransplantationsgesetz Spende, Entnahme, Vermittlung und Transplantation von Organen sowie den Widerspruch gegen eine Organspende nach dem Tod. Das OTPG schließt jeden Missbrauch aus und schafft Rechtssicherheit. Es sorgt für Transparenz und Chancengleichheit unter allen Organempfängern. Mit Ihrem Eintrag in das Widerspruchsregister sprechen Sie sich gegen jede Organ-, Gewebe- und Zellenentnahme nach Ihrem Tod aus.

Pro Person muss ein Formular ausgefüllt werden. Füllen Sie bitte das Formular „Widerspruch gegenüber einer Organ- und/oder Gewebe- und/oder Zellenentnahme" vollständig aus. Wenn Auswahlmöglichkeiten bestehen, kreuzen Sie bitte das dafür vorgesehene Feld an.

Sollten Sie beim Ausfüllen Schwierigkeiten haben, können Sie sich auch telefonisch (+43 1 515 61-0) oder per E-Mail (wr@goeg.at) an die Mitarbeiter/innen des Widerspruchsregisters wenden.

Das ausgefüllte und unterschriebene Formular senden Sie entweder per Post an die Gesundheit Österreich GmbH, Widerspruchsregister, Stubenring 6, 1010 Wien, oder eingescannt (in gut lesbarer Qualität) an wr@goeg.at. **Wir haben keinen Parteienverkehr, daher kann das Formular nicht bei uns persönlich abgegeben werden.**

Bei Übermittlung Ihrer Unterlagen per E-Mail ist Folgendes zu beachten:
Es werden nur E-Mail-Nachrichten von vertrauensvollen Absendern akzeptiert. Sollten Sie einen E-Mail-Ausgangsserver (SMTP) verwenden, dessen Vertrauenswürdigkeit von unserem System nicht nachgewiesen werden kann (Blacklist), wird Ihre Nachricht ohne weitere Verständigung nicht zugestellt. Dateianhänge in E-Mails können ein Überträger von Schadsoftware sein. Ausführbare Dateien (.exe) sind nicht der einzige Dateityp, der Bedrohungen enthalten kann. Beispielsweise können Microsoft Office-Dokumente (z. B. doc, docx, xlx, xlsx, ppt, pptx usw.), PDF-Dateien oder sogar Bilddateien (.jpg, .png) Software mit potenzieller Schadeinwirkung enthalten. Die Gesundheit Österreich GmbH behält sich das Recht vor, durch das Blockieren bestimmter Dateitypen und deren möglicherweise schädlichen Inhalt, dieses Risiko für ihre Systeme zu begrenzen. Bitte beachten Sie zudem, dass eine **E-Mail an wr@goeg.at nur bei der Gesundheit Österreich GmbH eingelangt ist, wenn Sie sofort nach dem Versand eine automatische E-Mail-Bestätigung erhalten.** Sollten Sie keine Bestätigung erhalten, wenden Sie sich bitte telefonisch +43 1 515 61-0 an uns.

Unabhängig davon, in welcher Form Sie die Unterlagen eingereicht haben, erhalten Sie eine Verständigung per Post, mit der die Bearbeitung Ihres Anliegens hinsichtlich Eintragung/Änderung/ Streichung bestätigt wird. Sollte Sie diese Bestätigung nicht erreichen, informieren Sie uns bitte mit beigelegtem Lichtbildausweis (in Kopie) via E-Mail oder auf dem Postweg.

Eine Lebendspende (Niere, Leber etc.) und eine Gewebeentnahme zwecks Biopsie sind unabhängig von einem Eintrag im Widerspruchsregister jederzeit möglich.

A. Personendaten inklusive Wohnadresse

Hier sind die persönlichen Daten jener Person einzutragen, die in das Widerspruchsregister aufgenommen wird bzw. deren Daten darin geändert oder gelöscht werden sollen. Das können unmündige Minderjährige sein (Personen unter 14 Jahren), mündige Minderjährige (Personen ab 14 Jahren), Erwachsene und nicht geschäftsfähige volljährige Personen, die eine gesetzliche Vertreterin / einen gesetzlichen Vertreter haben.

Bitte tragen Sie die geforderten Daten wahrheitsgemäß ein (Familienname, Vorname, akad. Grad/e, Geburtsdatum, Geschlecht, Straße, Postleitzahl und Ort sowie Bundesland bzw. Staat und Staatsbürgerschaft).

Alle österreichischen Staatsbürger/innen erhalten mit der Geburt eine eigene Sozialversicherungsnummer (10-stellig), die ebenfalls anzugeben ist.

In anderen Staaten (z. B. Deutschland, Schweiz) gibt es keine personenidentifizierende Sozialversicherungsnummer. Da wir für den Eintrag eine Identifikationsnummer benötigen, bitten wir Sie um Bekanntgabe einer Nummer, die auf Ihrem Reisepass oder Personalausweis oder Führerschein festgehalten ist, bzw. Ihrer Sozial- oder Identifikationsnummer.

B. Personendaten der Vertreterin / des Vertreters inklusive Wohnadresse

Wenn Sie als Erziehungsberechtigte/r die Daten der/des unmündigen Minderjährigen (jünger als 14 Jahre) oder als gesetzliche Vertreterin / gesetzlicher Vertreter einer Person unter „Punkt A. Personendaten" eintragen, deren Daten ändern oder löschen wollen, ist es unter „Punkt B. Personendaten der Vertreterin / des Vertreters" erforderlich, Ihre personenidentifizierenden Daten als Antragsteller/in anzugeben (Familienname, Vorname, akad. Grad/e, Geburtsdatum, Geschlecht, Straße, Postleitzahl und Ort sowie Bundesland bzw. Staat und Staatsbürgerschaft).

C. Änderungen

Hier geben Sie bitte gegebenenfalls den vorherigen und den jetzigen Namen bzw. die alte und die neue Wohnadresse bzw. die alte und neue Staatsbürgerschaft an. Wenn Sie bei der Aufnahme in das Widerspruchsregister Organ/e und/oder Gewebe und/oder Zellen vom Widerspruch ausgenommen haben und diese Ausnahmeregelung ändern wollen, nennen Sie bitte hier Organ/e und/oder Gewebe und/oder Zellen bzw. geben „keines" an. Dieser Punkt ist auch auszufüllen, wenn Sie sich zu einem späteren Zeitpunkt dafür entscheiden, doch ein Organ oder mehrere Organe, Gewebe oder Zellen zu spenden.

D. Ausnahmen vom Widerspruch

Unter diesem Punkt wird dem/der Antragsteller/in die Möglichkeit zur „organspezifischen" Zustimmung eingeräumt. Wer sich dafür entscheidet, einzelne Organe (z. B. Herz, Niere, Lunge), Gewebe (z. B. Herzklappen, Augenhornhaut) oder Zellen zu spenden, kann dies ankreuzen und vermerken.

E. Bestätigung

An dieser Stelle können Sie vermerken, wohin die Eintragungsbestätigung geschickt werden soll.

F. Erforderliche Dokumente

Die datenschutzrechtlichen Vorgaben sehen vor, dass dem ausgefüllten und unterschriebenen Formular die gut lesbare **Kopie eines amtlichen Lichtbildausweises** der Antragstellerin / des Antragstellers beizufügen ist (Reisepass, Personalausweis, Führerschein).

Widerspruch durch die gesetzliche Vertreterin / den gesetzlichen Vertreter: Falls Sie den Antrag für eine/n unmündige/n Minderjährige/n oder für die von Ihnen vertretene Person abgeben, benötigen wir weitere Unterlagen:

» Unmündige/r Minderjährige/r
  » gut lesbare Kopie eines amtlichen Lichtbildausweises der/des unmündigen Minderjährigen oder gut lesbare Kopie der Geburtsurkunde
  » gut lesbare Kopie eines amtlichen Lichtbildausweises der gesetzlichen Vertreterin / des gesetzlichen Vertreters
» Volljährige Person unter gesetzlicher Vertretung
  » gut lesbare Kopie des Nachweises über die gesetzliche Vertretung (Bestätigung über die Eintragung im ÖZVV – Österreichisches Zentrales Vertretungsverzeichnis)
  » gut lesbare Kopie eines amtlichen Lichtbildausweises der Vertreterin / des Vertreters

Wir weisen darauf hin, dass Ihr Anliegen ohne die erforderlichen Dokumente (in Kopie) nicht bearbeitet werden kann.

G. Hinweise und Datenschutz

Füllen Sie das Formular vollständig aus.

Widersprüche für unmündige Minderjährige (unter 14 Jahren), die von einer/einem Erziehungsberechtigten beantragt werden, werden mit vollendetem 14. Lebensjahr der/des Minderjährigen automatisch gelöscht. Selbstverständlich ist ein Neueintrag als mündige/r Minderjährige/r und Erwachsene/r jederzeit möglich.

Wir weisen ausdrücklich darauf hin, dass die Krankenanstalten vor jeder möglichen Organ-/Gewebe-/Zellentnahme zur Abfrage im Widerspruchsregister gesetzlich verpflichtet sind (siehe § 7 Organtransplantationsgesetz – BGBl I 2012/108 bzw. §°4 Abs. 5a Gewebesicherheitsgesetz – BGBl I 2008/49).

H. Unterschrift

Mit Ihrer Unterschrift stimmen Sie der elektronischen Verarbeitung der Daten im Widerspruchsregister zu, der Weitergabe des Widerspruches bei Abfrage durch berechtigtes Krankenanstaltenpersonal und in regelmäßigen Abständen dem Abgleich der Daten mit dem Datenbestand der Statistik Österreich (Sterberegister).

Widerspruch gegenüber einer Organ- und/oder Gewebe- und/oder Zellenentnahme

! Bitte unbedingt nur einen Punkt ankreuzen !

- ◯ Ich möchte keine Organe / kein Gewebe / keine Zellen spenden und ersuche um Aufnahme in das Widerspruchsregister.
- ◯ Ich möchte eine Änderung der erfassten Daten im Widerspruchsregister melden.
- ◯ Ich möchte eine Löschung der erfassten Daten im Widerspruchsregister, damit Organe/Gewebe/Zellen entnommen werden dürfen/darf.

An das
Widerspruchsregister
Gesundheit Österreich GmbH
Stubenring 6
1010 Wien

! Bitte beachten Sie die Erläuterungen auf dem beiliegenden Informationsblatt !

A Personendaten inklusive Wohnadresse (in Blockschrift auszufüllen)

Familienname .... Vorname ....

Akad. Grad/e .... Geburtsdatum __ . __ . ____ ◯ Männlich ◯ Weiblich

Straße .... Hausnr. ...... Stiege ...... Tür ......

Postleitzahl ...... Ort .... Bundesland/Staat .... Staatsbürgerschaft ....

◯ österreichische Sozialversicherungsnummer

◯ keine österreichische Sozialversicherungsnummer/
Bürger/innen anderer Staaten (nur eine Auswahl möglich)

- ◯ Reisepassnummer
- ◯ Personalausweisnummer
- ◯ Führerscheinnummer
- ◯ Sozialversicherungsnummer des jeweiligen Landes
- ◯ Identifikationsnummer
- ◯ Geburtsurkundennummer

Nummer ....

B Personendaten der gesetzlichen Vertreterin / des gesetzlichen Vertreters im Falle des Widerspruchs für eine/n unmündige/n Minderjährige/n (unter 14 Jahre) oder für eine erwachsene Person unter gesetzlicher Vertretung inklusive Wohnadresse (in Blockschrift auszufüllen)

Familienname .... Vorname ....

Akad. Grad/e .... Geburtsdatum __ . __ . ____ ◯ Männlich ◯ Weiblich

Straße .... Hausnr. ...... Stiege ...... Tür ......

Postleitzahl ...... Ort .... Bundesland/Staat .... Staatbürgerschaft ....

◯ österreichische Sozialversicherungsnummer

◯ keine österreichische Sozialversicherungsnummer/
Bürger/innen anderer Staaten (nur eine Auswahl möglich)

- ◯ Reisepassnummer
- ◯ Personalausweisnummer
- ◯ Führerscheinnummer
- ◯ Sozialversicherungsnummer des jeweiligen Landes
- ◯ Identifikationsnummer

Nummer ....

C Änderung/en von bereits im Widerspruchsregister erfassten Daten (Name, Wohnadresse, Staatsbürgerschaft oder Ausnahmen vom Widerspruch)

Namensänderung

von

....

auf

....

Änderung der Wohnadresse

von

....

Straße Hausnr. Stiege Tür

....

Postleitzahl Ort Bundesland/Staat

auf

....

Straße Hausnr. Stiege Tür

....

Postleitzahl Ort Bundesland/Staat

Änderung der Staatsbürgerschaft

von

....

auf

....

Änderung der Ausnahme vom Widerspruch (Organ/e, Gewebe und Zellen)

von

....

auf

....

Änderung des Identitätsnachweises (z. B. Wechsel von deutscher auf österreichische Sozialversicherungsnummer)

von

....

auf

....

D Ausnahmen vom Widerspruch

☐ Folgende Organe (z. B. Herz, Niere, Lunge) und/oder folgendes Gewebe (z. B. Herzklappen, Augenhornhaut, Blutgefäße) und/oder Zellen dürfen entnommen werden:

....

....

Da Spender/innen ausschließlich anonymisiert gemeldet werden, ist es nicht möglich, Organe ausgewählten Personen zu spenden (z. B. Familienangehörigen).

E Bestätigung der Aufnahme, Änderung, Streichung

Bitte Zutreffendes ankreuzen (nur eine Auswahl möglich):

Die Bestätigung über die erfolgte Eintragung ergeht

○ an die umseitig angeführte Wohnadresse

○ an folgende Postadresse (Bestätigungen werden nicht per E-Mail gesendet)

....

F Erforderliche Dokumente bei Aufnahme oder Änderung oder Streichung

Erforderliche Dokumente für die eigene Person:

» Kopie eines amtlichen Lichtbildausweises (Reisepass, Personalausweis, Führerschein etc.)

Erforderliche Dokumente für eine Vertreterin / einen Vertreter:

» Kopie eines amtlichen Lichtbildausweises der/des Vertretenen (bei unmündigen Minderjährigen genügt Kopie der Geburtsurkunde)

» Kopie eines amtlichen Lichtbildausweises der Vertreterin / des Vertreters (Reisepass, Personalausweis, Führerschein etc.)

» Zusätzlich Nachweis der Vertretungsbefugnis:

  » als gerichtliche/r Erwachsenenvertreter/in: Kopie des Beschlusses über die Bestellung zur / zum gerichtlichen Erwachsenenvertreter/in

  » als Vorsorgebevollmächtigte/r: Kopie der Bestätigung über die Eintragung im ÖZVV (Österreichisches Zentrales Vertretungsverzeichnis) und Kopie der Vollmacht

  » als gewählte/r Erwachsenenvertreter/in: Kopie der Bestätigung über die Eintragung im ÖZVV (Österreichisches Zentrales Vertretungsverzeichnis) und Kopie der schriftlichen Vereinbarung

  » als gesetzliche/r Erwachsenenvertreter/in: Kopie der Bestätigung über die Eintragung im ÖZVV (Österreichisches Zentrales Vertretungsverzeichnis)

Kopien aller erforderlichen Dokumente sind beigefügt: ○ Ja ○ Nein

G Hinweise und Datenschutz

Die Personendaten müssen vollständig ausgefüllt sein!

Wir weisen ausdrücklich darauf hin, dass bei Widersprüchen für unmündige Minderjährige (unter 14 Jahre) der Eintrag mit Vollendung des 14. Lebensjahres endet und eine automatische Löschung erfolgt. Ein Neueintrag als mündige/r Minderjährige/r (Personen ab 14 Jahre) und Erwachsene/r ist jederzeit möglich.

Die Antragstellerin/ der Antragsteller willigt mit Erklärung des Widerspruchs in die EDV-mäßige Erfassung und Verarbeitung der oben stehenden personenbezogenen Daten sowie in die Weitergabe des Widerspruches bei Anfrage durch berechtigtes Krankenanstaltenpersonal ein. Die Gesundheit Österreich GmbH ist berechtigt, bei der Bundesanstalt Statistik Österreich Informationen zum Todeszeitpunkt und zur Todesursache von Personen, deren Daten im Widerspruchsregister verarbeitet sind, anzufordern. Dieser Abgleich wird mittels eines Pseudonyms durchgeführt (Rechtsgrundlage: § 6 Bundesgesetz über die Transplantation von menschlichen Organen Organtransplantationsgesetz – OTPG, BGBl. I Nr. 108/2012 i.d.g.F.).

H Unterschrift

....
Ort, Datum Unterschrift

Herausgeberin: Gesundheit Österreich GmbH im Auftrag des Bundesministeriums für Soziales, Gesundheit, Pflege und Konsumentenschutz, Stand: September 2020

KK. F04.004

Informationsblatt

Widerspruch gegenüber einer Organ- und/oder Gewebe- und/oder Zellenentnahme

Stand: September 2020

Erläuterungen

In Österreich sind Transplantationen und Organspenden bzw. Gewebe- und Zellspenden im Organtransplantationsgesetz bzw. Gewebesicherheitsgesetz geregelt (OTPG – BGBl I 2012/108, GSG – BGBl I 2008/49). Seit 13. 12. 2012 in Kraft, regelt das Organtransplantationsgesetz Spende, Entnahme, Vermittlung und Transplantation von Organen sowie den Widerspruch gegen eine Organspende nach dem Tod. Das OTPG schließt jeden Missbrauch aus und schafft Rechtssicherheit. Es sorgt für Transparenz und Chancengleichheit unter allen Organempfängern. Mit Ihrem Eintrag in das Widerspruchsregister sprechen Sie sich gegen jede Organ-, Gewebe- und Zellenentnahme nach Ihrem Tod aus.

Pro Person muss ein Formular ausgefüllt werden. Füllen Sie bitte das Formular „Widerspruch gegenüber einer Organ- und/oder Gewebe- und/oder Zellenentnahme" vollständig aus. Wenn Auswahlmöglichkeiten bestehen, kreuzen Sie bitte das dafür vorgesehene Feld an.

Sollten Sie beim Ausfüllen Schwierigkeiten haben, können Sie sich auch telefonisch (+43 1 515 61-0) oder per E-Mail (wr@goeg.at) an die Mitarbeiter/innen des Widerspruchsregisters wenden.

Das ausgefüllte und unterschriebene Formular senden Sie entweder per Post an die Gesundheit Österreich GmbH, Widerspruchsregister, Stubenring 6, 1010 Wien, oder eingescannt (in gut lesbarer Qualität) an wr@goeg.at. **Wir haben keinen Parteienverkehr, daher kann das Formular nicht bei uns persönlich abgegeben werden.**

Bei Übermittlung Ihrer Unterlagen per E-Mail ist Folgendes zu beachten:
Es werden nur E-Mail-Nachrichten von vertrauensvollen Absendern akzeptiert. Sollten Sie einen E-Mail-Ausgangsserver (SMTP) verwenden, dessen Vertrauenswürdigkeit von unserem System nicht nachgewiesen werden kann (Blacklist), wird Ihre Nachricht ohne weitere Verständigung nicht zugestellt. Dateianhänge in E-Mails können ein Überträger von Schadsoftware sein. Ausführbare Dateien (.exe) sind nicht der einzige Dateityp, der Bedrohungen enthalten kann. Beispielsweise können Microsoft Office-Dokumente (z. B. doc, docx, xlx, xlsx, ppt, pptx usw.), PDF-Dateien oder sogar Bilddateien (.jpg, .png) Software mit potenzieller Schadeinwirkung enthalten. Die Gesundheit Österreich GmbH behält sich das Recht vor, durch das Blockieren bestimmter Dateitypen und deren möglicherweise schädlichen Inhalt, dieses Risiko für ihre Systeme zu begrenzen. Bitte beachten Sie zudem, dass eine **E-Mail an wr@goeg.at nur bei der Gesundheit Österreich GmbH eingelangt ist, wenn Sie sofort nach dem Versand eine automatische E-Mail-Bestätigung erhalten.** Sollten Sie keine Bestätigung erhalten, wenden Sie sich bitte telefonisch +43 1 515 61-0 an uns.

Unabhängig davon, in welcher Form Sie die Unterlagen eingereicht haben, erhalten Sie eine Verständigung per Post, mit der die Bearbeitung Ihres Anliegens hinsichtlich Eintragung/Änderung/ Streichung bestätigt wird. Sollte Sie diese Bestätigung nicht erreichen, informieren Sie uns bitte mit beigelegtem Lichtbildausweis (in Kopie) via E-Mail oder auf dem Postweg.

Eine Lebendspende (Niere, Leber etc.) und eine Gewebeentnahme zwecks Biopsie sind unabhängig von einem Eintrag im Widerspruchsregister jederzeit möglich.

A. Personendaten inklusive Wohnadresse

Hier sind die persönlichen Daten jener Person einzutragen, die in das Widerspruchsregister aufgenommen wird bzw. deren Daten darin geändert oder gelöscht werden sollen. Das können unmündige Minderjährige sein (Personen unter 14 Jahren), mündige Minderjährige (Personen ab 14 Jahren), Erwachsene und nicht geschäftsfähige volljährige Personen, die eine gesetzliche Vertreterin / einen gesetzlichen Vertreter haben.

Bitte tragen Sie die geforderten Daten wahrheitsgemäß ein (Familienname, Vorname, akad. Grad/e, Geburtsdatum, Geschlecht, Straße, Postleitzahl und Ort sowie Bundesland bzw. Staat und Staatsbürgerschaft).

Alle österreichischen Staatsbürger/innen erhalten mit der Geburt eine eigene Sozialversicherungsnummer (10-stellig), die ebenfalls anzugeben ist.

In anderen Staaten (z. B. Deutschland, Schweiz) gibt es keine personenidentifizierende Sozialversicherungsnummer. Da wir für den Eintrag eine Identifikationsnummer benötigen, bitten wir Sie um Bekanntgabe einer Nummer, die auf Ihrem Reisepass oder Personalausweis oder Führerschein festgehalten ist, bzw. Ihrer Sozial- oder Identifikationsnummer.

B. Personendaten der Vertreterin / des Vertreters inklusive Wohnadresse

Wenn Sie als Erziehungsberechtigte/r die Daten der/des unmündigen Minderjährigen (jünger als 14 Jahre) oder als gesetzliche Vertreterin / gesetzlicher Vertreter einer Person unter „Punkt A. Personendaten" eintragen, deren Daten ändern oder löschen wollen, ist es unter „Punkt B. Personendaten der Vertreterin / des Vertreters" erforderlich, Ihre personenidentifizierenden Daten als Antragsteller/in anzugeben (Familienname, Vorname, akad. Grad/e, Geburtsdatum, Geschlecht, Straße, Postleitzahl und Ort sowie Bundesland bzw. Staat und Staatsbürgerschaft).

C. Änderungen

Hier geben Sie bitte gegebenenfalls den vorherigen und den jetzigen Namen bzw. die alte und die neue Wohnadresse bzw. die alte und neue Staatsbürgerschaft an. Wenn Sie bei der Aufnahme in das Widerspruchsregister Organ/e und/oder Gewebe und/oder Zellen vom Widerspruch ausgenommen haben und diese Ausnahmeregelung ändern wollen, nennen Sie bitte hier Organ/e und/oder Gewebe und/oder Zellen bzw. geben „keines" an. Dieser Punkt ist auch auszufüllen, wenn Sie sich zu einem späteren Zeitpunkt dafür entscheiden, doch ein Organ oder mehrere Organe, Gewebe oder Zellen zu spenden.

D. Ausnahmen vom Widerspruch

Unter diesem Punkt wird dem/der Antragsteller/in die Möglichkeit zur „organspezifischen" Zustimmung eingeräumt. Wer sich dafür entscheidet, einzelne Organe (z. B. Herz, Niere, Lunge), Gewebe (z. B. Herzklappen, Augenhornhaut) oder Zellen zu spenden, kann dies ankreuzen und vermerken.

E. Bestätigung

An dieser Stelle können Sie vermerken, wohin die Eintragungsbestätigung geschickt werden soll.

F. Erforderliche Dokumente

Die datenschutzrechtlichen Vorgaben sehen vor, dass dem ausgefüllten und unterschriebenen Formular die gut lesbare **Kopie eines amtlichen Lichtbildausweises** der Antragstellerin / des Antragstellers beizufügen ist (Reisepass, Personalausweis, Führerschein).

<u>Widerspruch durch die gesetzliche Vertreterin / den gesetzlichen Vertreter:</u> Falls Sie den Antrag für eine/n unmündige/n Minderjährige/n oder für die von Ihnen vertretene Person abgeben, benötigen wir weitere Unterlagen:

- » Unmündige/r Minderjährige/r
  - » gut lesbare Kopie eines amtlichen Lichtbildausweises der/des unmündigen Minderjährigen oder gut lesbare Kopie der Geburtsurkunde
  - » gut lesbare Kopie eines amtlichen Lichtbildausweises der gesetzlichen Vertreterin / des gesetzlichen Vertreters
- » Volljährige Person unter gesetzlicher Vertretung
  - » gut lesbare Kopie des Nachweises über die gesetzliche Vertretung (Bestätigung über die Eintragung im ÖZVV – Österreichisches Zentrales Vertretungsverzeichnis)
  - » gut lesbare Kopie eines amtlichen Lichtbildausweises der Vertreterin / des Vertreters

Wir weisen darauf hin, dass Ihr Anliegen ohne die erforderlichen Dokumente (in Kopie) nicht bearbeitet werden kann.

G. Hinweise und Datenschutz

Füllen Sie das Formular vollständig aus.

Widersprüche für unmündige Minderjährige (unter 14 Jahren), die von einer/einem Erziehungsberechtigten beantragt werden, werden mit vollendetem 14. Lebensjahr der/des Minderjährigen automatisch gelöscht. Selbstverständlich ist ein Neueintrag als mündige/r Minderjährige/r und Erwachsene/r jederzeit möglich.

Wir weisen ausdrücklich darauf hin, dass die Krankenanstalten vor jeder möglichen Organ-/Gewebe-/Zellentnahme zur Abfrage im Widerspruchsregister gesetzlich verpflichtet sind (siehe § 7 Organtransplantationsgesetz – BGBl I 2012/108 bzw. §°4 Abs. 5a Gewebesicherheitsgesetz – BGBl I 2008/49).

H. Unterschrift

Mit Ihrer Unterschrift stimmen Sie der elektronischen Verarbeitung der Daten im Widerspruchsregister zu, der Weitergabe des Widerspruches bei Abfrage durch berechtigtes Krankenanstaltenpersonal und in regelmäßigen Abständen dem Abgleich der Daten mit dem Datenbestand der Statistik Österreich (Sterberegister).

Widerspruch gegenüber einer Organ- und/oder Gewebe- und/oder Zellenentnahme

! Bitte unbedingt nur einen Punkt ankreuzen !

- ◯ Ich möchte keine Organe / kein Gewebe / keine Zellen spenden und ersuche um Aufnahme in das Widerspruchsregister.
- ◯ Ich möchte eine Änderung der erfassten Daten im Widerspruchsregister melden.
- ◯ Ich möchte eine Löschung der erfassten Daten im Widerspruchsregister, damit Organe/Gewebe/Zellen entnommen werden dürfen/darf.

An das
Widerspruchsregister
Gesundheit Österreich GmbH
Stubenring 6
1010 Wien

! Bitte beachten Sie die Erläuterungen auf dem beiliegenden Informationsblatt !

A Personendaten inklusive Wohnadresse (in Blockschrift auszufüllen)

Familienname .... Vorname ....

Akad. Grad/e .... Geburtsdatum __.__.____ ◯ Männlich ◯ Weiblich

Straße .... Hausnr. ...... Stiege ...... Tür ......

Postleitzahl ...... Ort .... Bundesland/Staat .... Staatsbürgerschaft ....

◯ österreichische Sozialversicherungsnummer

◯ keine österreichische Sozialversicherungsnummer/ Bürger/innen anderer Staaten (nur eine Auswahl möglich)

- ◯ Reisepassnummer
- ◯ Personalausweisnummer
- ◯ Führerscheinnummer
- ◯ Sozialversicherungsnummer des jeweiligen Landes
- ◯ Identifikationsnummer
- ◯ Geburtsurkundennummer

Nummer ....

B Personendaten der gesetzlichen Vertreterin / des gesetzlichen Vertreters im Falle des Widerspruchs für eine/n unmündige/n Minderjährige/n (unter 14 Jahre) oder für eine erwachsene Person unter gesetzlicher Vertretung inklusive Wohnadresse (in Blockschrift auszufüllen)

Familienname .... Vorname ....

Akad. Grad/e .... Geburtsdatum __.__.____ ◯ Männlich ◯ Weiblich

Straße .... Hausnr. ...... Stiege ...... Tür ......

Postleitzahl ...... Ort .... Bundesland/Staat .... Staatbürgerschaft ....

◯ österreichische Sozialversicherungsnummer

◯ keine österreichische Sozialversicherungsnummer/ Bürger/innen anderer Staaten (nur eine Auswahl möglich)

- ◯ Reisepassnummer
- ◯ Personalausweisnummer
- ◯ Führerscheinnummer
- ◯ Sozialversicherungsnummer des jeweiligen Landes
- ◯ Identifikationsnummer

Nummer ....

C Änderung/en von bereits im Widerspruchsregister erfassten Daten (Name, Wohnadresse, Staatsbürgerschaft oder Ausnahmen vom Widerspruch)

Namensänderung

von

....

auf

....

Änderung der Wohnadresse

von

....

Straße Hausnr. Stiege Tür

....

Postleitzahl Ort Bundesland/Staat

auf

....

Straße Hausnr. Stiege Tür

....

Postleitzahl Ort Bundesland/Staat

Änderung der Staatsbürgerschaft

von

....

auf

....

Änderung der Ausnahme vom Widerspruch (Organ/e, Gewebe und Zellen)

von

....

auf

....

Änderung des Identitätsnachweises (z. B. Wechsel von deutscher auf österreichische Sozialversicherungsnummer)

von

....

auf

....

D Ausnahmen vom Widerspruch

☐ Folgende Organe (z. B. Herz, Niere, Lunge) und/oder folgendes Gewebe (z. B. Herzklappen, Augenhornhaut, Blutgefäße) und/oder Zellen dürfen entnommen werden:

....

....

Da Spender/innen ausschließlich anonymisiert gemeldet werden, ist es nicht möglich, Organe ausgewählten Personen zu spenden (z. B. Familienangehörigen).

E Bestätigung der Aufnahme, Änderung, Streichung

Bitte Zutreffendes ankreuzen (nur eine Auswahl möglich):

Die Bestätigung über die erfolgte Eintragung ergeht

○ an die umseitig angeführte Wohnadresse

○ an folgende Postadresse (Bestätigungen werden nicht per E-Mail gesendet)

....

F Erforderliche Dokumente bei Aufnahme oder Änderung oder Streichung

Erforderliche Dokumente für die eigene Person:

» Kopie eines amtlichen Lichtbildausweises (Reisepass, Personalausweis, Führerschein etc.)

Erforderliche Dokumente für eine Vertreterin / einen Vertreter:

» Kopie eines amtlichen Lichtbildausweises der/des Vertretenen (bei unmündigen Minderjährigen genügt Kopie der Geburtsurkunde)
» Kopie eines amtlichen Lichtbildausweises der Vertreterin / des Vertreters (Reisepass, Personalausweis, Führerschein etc.)
» Zusätzlich Nachweis der Vertretungsbefugnis:
  » als gerichtliche/r Erwachsenenvertreter/in: Kopie des Beschlusses über die Bestellung zur / zum gerichtlichen Erwachsenenvertreter/in
  » als Vorsorgebevollmächtigte/r: Kopie der Bestätigung über die Eintragung im ÖZVV (Österreichisches Zentrales Vertretungsverzeichnis) und Kopie der Vollmacht
  » als gewählte/r Erwachsenenvertreter/in: Kopie der Bestätigung über die Eintragung im ÖZVV (Österreichisches Zentrales Vertretungsverzeichnis) und Kopie der schriftlichen Vereinbarung
  » als gesetzliche/r Erwachsenenvertreter/in: Kopie der Bestätigung über die Eintragung im ÖZVV (Österreichisches Zentrales Vertretungsverzeichnis)

Kopien aller erforderlichen Dokumente sind beigefügt: ○ Ja ○ Nein

G Hinweise und Datenschutz

Die Personendaten müssen vollständig ausgefüllt sein!

Wir weisen ausdrücklich darauf hin, dass bei Widersprüchen für unmündige Minderjährige (unter 14 Jahre) der Eintrag mit Vollendung des 14. Lebensjahres endet und eine automatische Löschung erfolgt. Ein Neueintrag als mündige/r Minderjährige/r (Personen ab 14 Jahre) und Erwachsene/r ist jederzeit möglich.

Die Antragstellerin/ der Antragsteller willigt mit Erklärung des Widerspruchs in die EDV-mäßige Erfassung und Verarbeitung der oben stehenden personenbezogenen Daten sowie in die Weitergabe des Widerspruches bei Anfrage durch berechtigtes Krankenanstaltenpersonal ein. Die Gesundheit Österreich GmbH ist berechtigt, bei der Bundesanstalt Statistik Österreich Informationen zum Todeszeitpunkt und zur Todesursache von Personen, deren Daten im Widerspruchsregister verarbeitet sind, anzufordern. Dieser Abgleich wird mittels eines Pseudonyms durchgeführt (Rechtsgrundlage: § 6 Bundesgesetz über die Transplantation von menschlichen Organen Organtransplantationsgesetz – OTPG, BGBl. I Nr. 108/2012 i.d.g.F.).

H Unterschrift

....
Ort, Datum Unterschrift

Herausgeberin: Gesundheit Österreich GmbH im Auftrag des Bundesministeriums für Soziales, Gesundheit, Pflege und Konsumentenschutz, Stand: September 2020

KK, F04.004

Widerspruch nach § 268 (1) 4 ABGB gegen die gesetzliche Erwachsenenvertretung

(Dient der Vorlage an eine Rechtsanwältin/einen Rechtsanwalt, eine Notarin/einen Notar oder einen Erwachsenenschutzverein zur Registrierung)

Widerspruch gegen die Vertretungsbefugnis einer/eines einzelnen nächsten Angehörigen

(Bitte pro Angehöriger/m nur ein Formular verwenden)

Ich,

Titel..
Nachname..
Vorname..
geboren am..

wohnhaft in

Straße/Hausnummer..
Postleitzahl/Ort..
Land..

widerspreche für den Fall, dass ich einmal wegen einer psychischen Krankheit oder geistigen Behinderung meine Angelegenheiten nicht mehr selbst besorgen kann, der gesetzlichen Vertretung durch

---

❍ meine Ehefrau
❍ meinen Ehemann
❍ meine Lebensgefährtin
❍ meinen Lebensgefährten
❍ meine eingetragene Partnerin
❍ meinen eingetragenen Partner
❍ meine Tochter
❍ meinen Sohn
❍ meine Mutter
❍ meinen Vater
❍ meine Großmutter
❍ meinen Großvater
❍ meine Schwester
❍ meinen Bruder
❍ meine Nichte
❍ meinen Neffen
❍ mein Enkelkind
❍ der Person aus Erwachsenenvertreter-Verfügung

Titel..
Nachname..
Vorname..
geboren am..

in folgenden Angelegenheiten nach § 269(1) ABGB:

❍ 1. Vertretung in Verwaltungsverfahren und verwaltungsgerichtlichen Verfahren
❍ 2. Vertretung in gerichtlichen Verfahren
❍ 3. Verwaltung von Einkünften, Vermögen und Verbindlichkeiten
❍ 4. Abschluss von Rechtsgeschäften zur Deckung des Pflege- und Betreuungsbedarfs
❍ 5. Entscheidung über medizinische Behandlungen und Abschluss von damit im Zusammenhang stehenden Verträgen
❍ 6. Änderung des Wohnortes und Abschluss von Heimverträgen
❍ 7. Vertretung von nicht in 5. und 6. genannten personenrechtlichen Angelegenheiten
❍ 8. Abschluss von nicht in 4. bis 6. genannten Rechtsgeschäften

---

Datum...Ort..

Unterschrift der/des Widersprechenden..

Widerspruch nach § 268 (1) 4 ABGB gegen die gesetzliche Erwachsenenvertretung

(Dient der Vorlage an eine Rechtsanwältin/einen Rechtsanwalt, eine Notarin/einen Notar oder einen Erwachsenenschutzverein zur Registrierung)

Widerspruch gegen die Vertretungsbefugnis einer/eines einzelnen nächsten Angehörigen

(Bitte pro Angehöriger/m nur ein Formular verwenden)

Ich,

Titel...
Nachname..
Vorname..
geboren am..

wohnhaft in

Straße/Hausnummer...
Postleitzahl/Ort...
Land...

widerspreche für den Fall, dass ich einmal wegen einer psychischen Krankheit oder geistigen Behinderung meine Angelegenheiten nicht mehr selbst besorgen kann, der gesetzlichen Vertretung durch

---

❍ meine Ehefrau
❍ meinen Ehemann
❍ meine Lebensgefährtin
❍ meinen Lebensgefährten
❍ meine eingetragene Partnerin
❍ meinen eingetragenen Partner
❍ meine Tochter
❍ meinen Sohn
❍ meine Mutter
❍ meinen Vater
❍ meine Großmutter
❍ meinen Großvater
❍ meine Schwester
❍ meinen Bruder
❍ meine Nichte
❍ meinen Neffen
❍ mein Enkelkind
❍ der Person aus Erwachsenen-vertreter-Verfügung

Titel...
Nachname..
Vorname..
geboren am..

in folgenden Angelegenheiten nach § 269(1) ABGB:

❍ 1. Vertretung in Verwaltungsverfahren und verwaltungsgerichtlichen Verfahren
❍ 2. Vertretung in gerichtlichen Verfahren
❍ 3. Verwaltung von Einkünften, Vermögen und Verbindlichkeiten
❍ 4. Abschluss von Rechtsgeschäften zur Deckung des Pflege- und Betreuungsbedarfs
❍ 5. Entscheidung über medizinische Behandlungen und Abschluss von damit im Zusammenhang stehenden Verträgen
❍ 6. Änderung des Wohnortes und Abschluss von Heimverträgen
❍ 7. Vertretung von nicht in 5. und 6. genannten personenrechtlichen Angelegenheiten
❍ 8. Abschluss von nicht in 4. bis 6. genannten Rechtsgeschäften

---

Datum..Ort...

Unterschrift der/des Widersprechenden...